Klaus Bergmann

Tropenband-Handbuch

Siebel Verlag

CIP-Titelaufnahme der Deutschen Bibliothek

Bergmann, Klaus:
Tropenband-Handbuch / Klaus Bergmann. – Meckenheim :
Siebel, 1989

ISBN 3–922221–37–8

ISBN 3–922221–37–8

1. Auflage 1989

© Copyright: **Siebel Verlag GmbH, Meckenheim 1989**

Sämtliche Rechte, insbesondere das Recht der Vervielfältigung, Verbreitung und Übersetzung vorbehalten.

Kein Teil des Buches darf in irgendeiner Form (durch Fotokopie, Mikrofilm, elektronische Datenverarbeitung bzw. Datenspeicherung oder andere Verfahren) ohne schriftliche Genehmigung des Verlages vervielfältigt, verarbeitet oder verbreitet werden.

Herstellung: betz-druck gmbh, Darmstadt-Arheilgen

Inhaltsverzeichnis

Tropenband-DX – Einführung ... 4
Was sind eigentlich „Tropenbänder"? ... 5
Welche Arten von Stationen können wir in den Tropenbändern empfangen? ... 6
Technisches Rüstzeug: Empfänger und Antennen ... 7
Kurzwellenausbreitung – kurz gemacht ... 10
Welche Bedeutung haben MUF und LUF? ... 12
Besondere Ausbreitungsaspekte ... 13
   Fading ... 13
   Unregelmäßige Störungen des Funkverkehrs ... 13
   Ausbreitung in der Dämmerungszone ... 14
Das Tropenbandjahr ... 15
Der Tropenband-Tag ... 17
Tips für den Einstieg ... 19
Indikatorstationen ... 22
Stationskennung im Tropenband ... 24
Empfangsberichte an Lokalsender ... 27
Literatur – Hilfe für den Tropenband-DXer ... 32
Afrikaempfang im Tropenband ... 34
Empfangsmöglichkeiten afrikanischer Stationen ... 36
Indikatorstationen ... 38
Hörbare Stationen aus Afrika (siehe auch Länderregister Seite 188) ... 39
Lateinamerikaempfang im Tropenband ... 62
Empfangsmöglichkeiten lateinamerikanischer Stationen ... 65
Indikatorstationen ... 67
Hörbare Stationen aus Lateinamerika (siehe auch Länderregister Seite 188) ... 68
Asienempfang im Tropenband ... 107
Empfangsmöglichkeiten asiatischer Stationen ... 109
Indikatorstationen ... 112
Hörbare Stationen aus Asien (siehe auch Länderregister Seiten 188 + 189) ... 113
Pazifikempfang im Tropenband ... 150
Hörbare Stationen aus dem Pazifik (siehe auch Länderregister Seite 189) ... 152
Tropenband-Empfang aus der UdSSR ... 159
Tropenbandempfang aus Europa und Nordamerika ... 164
Frequenzliste hörbarer Tropenbandsender ... 167
Länderregister ... 188
ITU-Landeskenner ... 189
Leserservice ... 191

Tropenband-DX – Einführung

Über Kurzwellen-Frequenzen können bekanntlich Radiosignale weite Entfernungen überwinden. Für viele von uns ist der Empfang von Auslandsdiensten aus Ländern rund um den Globus kein besonderes Ereignis mehr. Ein einfacher, trennscharfer Empfänger mit eingebauter Teleskopantenne reicht aus, um uns „die Welt ins Haus" zu holen.

Neben den gut und einfach hörbaren Auslandsdiensten stoßen wir früher oder später auf schwächere Signale in uns manchmal unverständlichen Sprachen. Diese kleineren Stationen, deren Signale weite Entfernungen überbrücken können, sind meist nicht dafür bestimmt, per Auslandsdienst andere Erdteile über die Vorzüge ihrer Heimat zu informieren, sondern strahlen einen Inlandsdienst für das eigene Land aus. Daß dieses Signal bis nach Europa dringt, ist ein Nebeneffekt, aber nicht der Hauptzweck dieser Sender.

Wir sehen am Empfang solcher Stationen, daß die Kurzwelle in vielen Ländern neben der Information des Auslands noch eine andere Funktion hat: zur Versorgung des oft riesigen eigenen Landes werden häufig gerade in der sogenannten „dritten Welt" Kurzwellensender eingesetzt. Ein dichtes Netz von UKW-Sendern lohnt sich in dünn besiedelten Gegenden nicht; ist viel zu teuer für Länder, die häufig ganz andere Probleme etwa bei der Versorgung der Bevölkerung mit Nahrungsmitteln haben. Die Mittelwelle ist in den Gegenden um den Äquator herum stärkeren atmosphärischen Störungen als bei uns ausgesetzt, die Tagreichweite ist darüber hinaus nicht sonderlich groß. Weiterreichende Sender, die nicht viel kosten, müssen eingesetzt werden – und damit fällt die Wahl fast zwangsläufig auf Kurzwellenfrequenzen.

In den überbelegten Kurzwellen-Rundfunkbändern ist der Empfang dieser Sender dank starker Auslandsdienste auch mit trennscharfen, empfindlichen Empfängern leider nur begrenzt möglich. Es gibt jedoch für Inlandsdienste noch einige Exklusivbereiche, in denen Auslandsdienste offiziell nicht senden dürfen, in denen Inlandsprogramme auch mit geringer Leistung landesweit empfangen werden können und in denen bei guten Bedingungen der Empfang leistungsschwacher Rundfunksignale auch in entfernten Weltgegenden möglich ist – die Tropenbänder von 120 bis 60 Meter.

Dieses Buch informiert über die Empfangsmöglichkeiten, die die Tropenbänder auch in Zeiten hoher Sonnenfleckenaktivität und damit nicht so guten Tropenbandbedingungen dem mitteleuropäischen Hörer bieten. Wir bemühen uns bei der Auflistung hier in Europa hörbarer Stationen um Vollständigkeit, geben aber auch dem Tropenbandneuling Hinweise darauf, welche Stationen auch mit geringem Aufwand ziemlich regelmäßig empfangen werden können. Den Neulingen legen wir darüber hinaus die einleitenden Kapitel ans Herz, die ein systematisches Vorgehen bei den ersten erfolgreichen Tropenband-Empfangsversuchen erleichtern werden.

Was sind eigentlich „Tropenbänder"?

Neben den Kurzwellen-Rundfunkbändern, die den Hörern internationaler Rundfunkdienste bestens bekannt sind, gibt es im Kurzwellenbereich noch eine ganze Reihe von anderweitig belegten Frequenzbereichen. Neben den kleinen, den Funkamateuren vorbehaltenen Bereichen, sind es vor allem kommerzielle Funkdienste wie Seefunk, Flugfunk, Presseagenturen oder militärische Stationen, für die zwischen den Kurzwellen-Rundfunkbändern Bereiche reserviert sind.

Einen Sonderstatus nehmen die sogenannten Tropenbänder ein. Es handelt sich dabei um die Meterbänder

120-Meterband:	2300 – 2498 kHz
90-Meterband:	3200 – 3400 kHz
(75-Meterband:	3900 – 4000 kHz)
60-Meterband:	4750 – 5060 kHz.

120-, 90- und 60-Meterband wurden von der ITU (International Tellecommunications Union) für Rundfunksendungen im Tropengürtel der Erde (zwischen den nördlichen und südlichen Wendekreisen) und einige angrenzende Gebiete reserviert. Länder, die anderweitig nicht die Möglichkeit haben, eine landesweite Rundfunkversorgung zu betreiben, sollen in diesen Bereichen die Möglichkeit erhalten, ungestört von den sonst auf Kurzwelle vorherrschenden internationalen Diensten mit wenigen, relativ leistungsschwachen Sendern eine komplette Inlandsversorgung zu erzielen.

Das dazwischenliegende 75-Meterband (3900 – 4000 kHz) nimmt insofern eine Sonderstellung ein, als hier Stationen aus Afrika und Asien sowie einige Auslandsdienste aus Europa zu empfangen sind – nicht jedoch Sender vom amerikanischen Kontinent. Hier wird dieser Frequenzbereich durch Funkamateure benutzt.

Vom ursprünglichen Gedanken – Reservierung eines Exklusiv-Bereiches für Stationen der sogenannten Dritten Welt – ist noch einiges übriggeblieben, wie man allabendlich auch bei uns beobachten kann. Zwar werden diese Bänder entgegen den ITU-Bestimmungen inzwischen auch für Auslandsübertragungen (etwa aus der UdSSR, der VR China und Südafrika) sowie für Inlandsversorgung in „tropischen" Ländern wie Albanien und Österreich genutzt, jedoch ist es nach wie vor möglich, Rundfunkdienste aus Afrika, Asien und Lateinamerika in sonst nur selten erreichter Qualität zu empfangen.

Auch die Länder, die diesen Bereich offiziell benutzen dürfen, halten sich nicht unbedingt an die ITU-Vorgaben: Einsatz leistungsstarker Sender und Versorgung der manchmal nicht gerade befreundeten Nachbarländer mit Anschauungen aus dem eigenen Land tragen manchmal schon den Charakter kleiner Auslandsdienste. Ein Senderiese wie Afrika Nr. 1 aus Gabun, der im 60-Meterband 250 kW starke Sender einsetzt, kann nur dadurch existieren, daß das Programm über das Land Gabun hinaus empfangen werden kann – also im gesamten frankophonen Afrika. Kommerzielle Rundfunkstationen etwa aus Lateinamerika mit geringen Sendeleistungen auf 60 Meter freuen sich manchmal darüber, daß das Programm im Ausland empfangen werden kann – kann man Berichte doch auch im Kampf um Werbeetats als Argumentationshilfe einsetzen.

Dennoch bleibt die Inlandsversorgung bei den meisten Sendern vorherrschendes Ziel des eingesetzten Tropenbandsenders. Aus eingangs beschriebenen finanziellen und ausbreitungstechnischen Gründen wird diese Frequenznutzung über die nächsten Jahre hinaus anhalten, so daß auch europäische DXer die Möglichkeit haben, im hiesigen Grenzwellenbereich auf die Suche nach Inlandsdiensten aus der Tropenzone zu gehen.

Allerdings wird der Empfang in den nicht zum Tropengürtel der Erde gehörenden Ländern häufig erschwert. Als „Störer" treten hier nicht wie in den anderen KW-Rundfunkbändern die Vielzahl von internationalen Diensten auf, sondern vor allem kommerzielle und Militär-Funkdienste, die von Standorten etwa in Europa legal in diesen Bereichen senden dürfen. Funkfernschreiben, Faksimile-Ausstrahlungen, Sprechfunk und Morsezeichen gehören also zu dem Geräuschpegel, aus dem die an „exotischen" Stationen interessierten Hörer die Rundfunksignale herausfiltern müssen.

Da an den Wochenenden der kommerzielle Funkverkehr gewöhnlich etwas nachläßt, ist es übrigens von Nutzen, gerade an Wochenenden auf die Suche nach seltenen Tropenband-Stationen zu gehen.

Welche Arten von Stationen können wir in den Tropenbändern empfangen?

Das Spektrum hörbarer Sender ist faszinierend groß. Es reicht vom zentralen Staatsrundfunk mit einem oder zwei Programmen (vorherrschend etwa in Afrika oder Teilen Asiens), der mit einer relativ großen Personalbesetzung Rundfunk machen kann, über dezentral organisierten Distriktsrundfunk (Beispiele sind Indonesien, Papua Neuguinea, Nigeria oder Kamerun) bis hin zu rein privat organisierten Sendern, die jedoch unter mehr oder weniger starker Kontrolle der jeweiligen Aufsichtsbehörde stehen.

Diese Art von Stationen ist zweifelsohne für uns besonders faszinierend und in sich ungemein facettenreich. Hier gibt es die großen kommerziellen Programmanbieter wie etwa das eingangs bereits erwähnte „Afrika Nr. 1" aus Gabun sowie viele kleinere und kleinste, ebenfalls an wirtschaftlichem Erfolg interessierte Sender, vor allem in Lateinamerika. Dort finden sich auch zahlreiche Stationen, die von Kirchen oder Sekten betrieben werden, oft Sendungen in Indianersprachen ausstrahlen und sonst Programme mit erzieherischem Charakter anbieten.

Daneben gibt es – wie schon erwähnt – Auslandsprogramme für benachbarte Länder (etwa von Mocambique Richtung Südafrika ausgestrahlt), sowie eine ganze Reihe „inoffizieller" Sender, sogenannter „clandestines". Sie werden oft von Befreiungsbewegungen betrieben und haben ihren Senderstandort entweder in günstig gewogenen Nachbarländern oder im Inland selbst. Manche dieser Stationen, etwa Radio Venceremos (gegen die Regierung von El Salvador gerichtet) oder Radio Truth (von der Republik Südafrika aus gegen Zimbabwe operierend) kann man auch bei uns empfangen.

Technisches Rüstzeug: Empfänger und Antennen

Welche Investitionen in die Empfangsanlage muß man betreiben, damit man die ersten Schritte im Tropenbandbereich erfolgreich meistert?

Die meisten Leser dieses Buches werden einen Empfänger besitzen, der für die Kurzwellenbänder einen zumindest zufriedenstellenden Empfang der meisten Auslandsdienste gewährleistet. Grundvoraussetzungen wie Trennschärfe und ausreichende Empfindlichkeit muß ein Empfänger auch in diesen Bereichen mitbringen, damit man auf Dauer zufriedenstellende Empfangsergebnisse erzielen kann.

Dieser Empfänger sollte – sofern die Frequenzbereiche der Tropenbänder abgedeckt sind – für die ersten Empfangsversuche auf diesen Frequenzbereichen schon ausreichen. Zwar darf man nicht die Empfangsqualität vom deutschsprachigen Programm von Radio Moskau auf Mittelwelle erwarten. Wenn man seine Ansprüche an die Verständlichkeit dessen, was man hört, etwas zurückschraubt, wird man mit diesem Empfänger jedoch zumindest die eine oder andere afrikanische oder lateinamerikanische Station hören.

Der Verfasser hat etwa mit einem Grundig Satellit 2000 über einige Jahre gute Empfangserfolge in den Tropenbändern erzielt. Dieser „alte" Satellit ist im Grenzwellenbereich noch als Einfachsuper ausgelegt. Die analoge Skala läßt mit einiger Übung eine Frequenzschätzung auf +/- 5 kHz zu, was auch ausreicht, wenn man sich in den Bereichen etwas auskennt. SSB-Empfang (manchmal erforderlich, um gestörte AM-Signale im jeweils ungestörten Seitenband empfangen zu können) war nur mit dem bekannten SSB-Zusatzkästchen möglich. Trotzdem hat dieser Empfänger bei guten Bedingungen auch einige seltenere Stationen hereingebracht.

Falls die Ansprüche höher werden, sollte man jedoch schon an die Anschaffung eines Gerätes in der Preisklasse zwischen 1000 und 1600 DM denken. Der Yaesu FRG-8800, der Grundig Satellit 650 oder der Sony ICF-2001 D bieten bereits einiges, was dem Hörer eine dauerhaftere Freude an den Tropenband-Bereichen vermittelt.

Worauf kommt es bei der Suche nach einem guten Tropenband-Empfänger in erster Linie an?

Wichtig ist vor allem – da die Stationen in diesem Bereich noch mit verhältnismäßig geringen Sendeleistungen operieren – eine ausreichende Empfindlichkeit gerade in den Tropenbändern. Hier nutzt es wenig, wenn der Empfänger oberhalb 20 MHz schwächste Signale hereinholt. Da im Tropenbandbereich die Störungen durch kommerzielle Funkdienste stärker sind als in den KW-Rundfunkbändern, sind steilflankige, trennscharfe Filter eine wesentliche Hilfe, um die Signale auf Nachbarfrequenzen voneinander trennen zu können. Ein gutes 2- bis 3-kHz-Filter sollte der Empfänger also schon besitzen.

Neben den Möglichkeiten zum SSB-Empfang (von denen man im Tropenband häufig Gebrauch machen wird) ist der Einsatz eines Notch-Filters sehr hilfreich. Falls der Empfänger kein eigenes ZF- oder NF-Notchfilter besitzt, kann man ein separates NF-Notch vorschalten und so den Empfang oft einschneidend verbessern.

Features wie Paßband-Tuning, variable Bandbreitenregelung oder Synchrondetektor helfen in Grenzfällen, sind aber für den „normalen" Tropenband-Empfang nicht unbedingt erforderlich.

In Vergleichen hat sich gezeigt, daß eigentlich die mehr oder weniger hohe Empfindlichkeit die größten Unterschiede zwischen Tropenband-Empfängern ausmacht. Oft sind übrigens gerade in diesem Punkt alte, kommerziell eingesetzte Empfänger den heute auf dem Markt befindlichen Geräten überlegen. Wer sich „ernsthaft" mit Tropenband-DX beschäftigt, sollte sich überlegen, ob er sich nicht erst auf dem Gebrauchtmarkt etwa nach einem guten Collins R390A/URR umsehen sollte. Mit Dreifachsuperprinzip im Tropenbandbereich, einer (analogen!) Ablesegenauigkeit auf 100 Hz und steilflankigen mechanischen ZF-Filtern leistet dieser Empfänger aus den fünfziger Jahren heute noch zahlreichen Tropenband-Spezialisten gute Dienste.

Da der Preis für ordentlich erhaltene Geräte um DM 1500,– schwankt, bietet dieser Empfänger echte Alternativen zu doppelt so teuren Neugeräten, die ihre Vorteile allerdings in anderen Frequenzbereichen besitzen.

Für den Einstieg ins Tropenband-DX reicht bei den gebräuchlichen Kurzwellenempfängern die eingebaute Teleskopantenne oft aus. Hiermit wird man bei guten Bedingungen durchaus die eine oder andere seltenere Station empfangen können. In Grenzfällen sind allerdings mit einer Langdraht-Antenne bessere Erfolge zu erzielen. Ein 30-Meter-Draht bringt beim fade-in oder bei schwachen Signalen mehr Leistung an den Empfänger als die häufig eher für die Kurzwellen-Rundfunkbereiche vorgesehene Teleskopantenne. In den Tropenbändern besteht auch kaum die Gefahr des Übersteuerns durch starke Signale; ein Effekt, der z.b. im 49- oder 31-Meterband häufiger zu beobachten ist.

Insbesondere bei Langdrahtantennen bewährt sich der Einsatz vorgeschalteter Antennenanpaßgeräte. Bei Empfängern ohne eingebauten Preselector sollte zur Vermeidung von Kreuz- und Intermodulationsprodukten ein vorgeschalteter Preselector zumindest ausprobiert werden.

Wenn man die Gelegenheit hat, einen langen Draht zu spannen, sollte man sie für Tropenband-DX in jedem Fall nutzen. Da das nicht bei allen KW-Hörern der Fall ist, helfen sich viele mit im Handel angebotenen Aktivantennen. Diese Antennen sind im Tropenbandbereich jedoch eher mit Vorsicht zu genießen, da die Haupt-Empfangsleistungen ab etwa 6 MHz erbracht werden. Eine Ausnahme bilden die AD-270 oder AD-370 von Datong, die zumindest im 60-Meterband zufriedenstellende Ergebnisse erbringen können. Auf 90 oder gar 120 Meter wird man aber an Aktiv- wie an Teleskopantennen keine allzu große Freude mehr haben.

Es hängt natürlich auch vom Empfänger ab, welche Antenne man benutzen muß. Die neueren im Handel erhältlichen Kurzwellenempfänger bringen bereits mit der eingebauten Teleskopantenne recht gute Empfangsergebnisse. Auch ein kurzer im Hausinneren gespannter Draht kann schon eine deutliche Verbesserung der Empfangsqualität bringen. Alte, kommerzielle oder militärisch eingesetzte Empfänger wie etwa der oben erwähnte Collins R390A arbeiten jedoch nur an langen Drähten zufriedenstellend. Wenn man nicht die entsprechenden Antennenmöglichkeiten hat, sollte man vom Kauf eines solchen Gerätes absehen.

Die ideale Tropenband-Empfangsanlage sollte also auf jeden Fall eine lange Drahtantenne beinhalten. Bei den Empfängern leisten daran sowohl guterhaltene gebrauchte kommerzielle Empfänger als auch Neugeräte gute Dienste. Falls die Antennenmöglichkeiten nicht gegeben sind, bringen neuere Empfänger auch an kurzen oder Behelfsantennen gute Ergebnisse. Der Verfasser benutzt zur Zeit einen NRD 525 G mit einer 6 Meter „langen" Behelfs-Innenantenne und kommt damit zumindest im 60-Meterband zu recht ordentlichen Empfängen (die sich natürlich erheblich verbessern, wenn der Empfänger eine lange Antenne bekommt).

Um den Leser nicht zu verunsichern: wie eingangs erwähnt, sind viele der in diesem Buch genannten Stationen auch mit einfacher Kurzwellenausrüstung (Mittelklasse-Empfänger und Teleskopantenne) regelmäßig bei uns zu empfangen! Eine Spitzen-Ausrüstung bringt bei stärkeren Signalen lediglich Verbesserungen bei der Hörqualität.

Kurzwellenausbreitung – kurz gemacht

Tropenbandempfang ist aufgrund der geringen Sendeleistungen und der oft benutzten Rundstrahlantennen eine nicht ganz einfache Angelegenheit. Der erfolgreiche Empfang schwacher Stationen hängt naturgemäß in viel stärkerem Maße von äußeren, ausbreitungstechnisch bedingten Faktoren ab als der Empfang von nach Europa gerichteten Signalen von 500-kW-Sendern der internationalen Auslandsdienste. Während solche Stationen täglich in fast gleichbleibender Qualität zu empfangen sind, kann man Tropenbandsender oft nur an wenigen Tagen im Jahr, zu bestimmten Tages- oder Jahreszeiten oder abhängig von längerfristigen Ausbreitungszyklen empfangen.

Grund genug also für den Tropenbandhörer, sich etwas mit den Ausbreitungsbedingungen auf Kurzwelle und speziell in dem für ihn interessanten Bereich vertraut zu machen. So kann er besser einschätzen, welche Stationen wann empfangen werden können – und wann nicht.

Daß Kurzwellen-Fernausbreitung dadurch möglich wird, daß die Radiowellen an bestimmten Schichten der Erdatmosphäre reflektiert und wieder zur Erde zurückgesandt werden, wird den meisten von uns bekannt sein. Diese Reflexion kann mehrfach hintereinander stattfinden; das Signal wird also zum Beispiel erst in der Atmosphäre, dann an der Erdoberfläche und wieder in der Atmosphäre reflektiert, erreicht den jeweiligen Empfänger also nach zwei oder mehr „Sprüngen". Diese „Sprünge" können Entfernungen zwischen 3000 und 4000 km überbrücken – man kann sich also ausrechnen, wie oft etwa Signale aus Papua Neuguinea reflektiert werden müssen, bevor sie bei uns hörbar werden. In welchem Zustand das Signal am Empfänger ankommt, hängt vornehmlich von der zwischendurch auftretenden Dämpfung ab.

Einflußfaktoren der Kurzwellenausbreitung sind die Wellenlänge der eingesetzten Frequenz und der Ionisationsgrad bestimmter Schichten in der Ionosphäre, dem Bereich der Atmosphäre, in dem sich die erwähnten Reflexionsvorgänge abspielen. Je länger die Welle des ausgestrahlten Signals, desto eher wird es an einer Ionosphärenschicht refelektiert – je stärker der Ionisationsgrad, desto höherfrequente Wellen werden reflektiert.

Welche Schichten durchläuft ein Rundfunksignal auf dem Weg vom Erdboden Richtung Ionosphäre – wo wird unter welchen Umständen reflektiert und welchen Außeneinflüssen ist das Signal auf seinem Weg ausgesetzt? Im einzelnen sind dies

- die Troposphäre, die für das Wettergeschehen auf der Erde von Bedeutung ist. Sie reicht bis in etwa 10 km Höhe. Rundfunksignale können hier etwa durch atmosphärische Störungen (lokale Gewitter usw.) stark beeinträchtigt werden.

- die D-Schicht, in etwa 60–90 km Höhe die unterste Schicht der Ionosphäre. Sie ist nur bei Tageslicht ausgeprägt und reflektiert Wellen unterhalb einer Frequenz von 300 kHz. Für die am Tropenbandempfang interessierten DXer ist sie insoweit von Interesse, als höherfrequente Signale, die diese Schicht durchdringen, mehr oder weniger stark gedämpft werden. Hierbei gilt: je geringer die Frequenz, desto stärker die Dämpfung.
- die E-Schicht, zwischen 100 und 130 km. Sie verhält sich ähnlich wie die D-Schicht, wird nur tagsüber aufgebaut, reflektiert Wellen bis zum Mittelwellenbereich und dämpft sämtliche Radiowellen, die diese Schicht passieren.
- die F1-Schicht, zwischen 150 und 250 km Höhe. Sie ist tagsüber als separate Schicht ausgeprägt und vereinigt sich nachts mit der F2-Schicht. Sonst verhält sie sich ähnlich wie die E-Schicht, dämpft also unser Tropenbandsignal entsprechend ab.
- die F2-Schicht; zwischen 250 und je nach Jahreszeit 350 bis 450 (Winter) km. Sie behält ihre Reflexionseigenschaften auch bei Nacht bei und ist damit für die „Spiegelung" des Radiosignals von entscheidender Bedeutung.

Bis zu welcher Frequenz Rundfunksignale an der F2-Schicht reflektiert werden, hängt stark vom Ionisationsgrad dieser Schicht ab. Dieser wiederum wird entscheidend durch die Energie-Ausstrahlungen der Sonne beeinflußt. Je stärker UV-Strahlung von der Sonne abgegeben wird, desto höher ist die Elektronendichte in der F2-Schicht und desto höhere Frequenzen können hier reflektiert werden.

Ein Gradmesser für diese Energieausstrahlung ist die Zahl der Sonnenflecken: je mehr Sonnenflecken beobachtet werden können, desto stärker der Ionisationsgrad in der F2-Schicht. Die Sonnenfleckenrelativzahl gibt nach Glättung von Tagesunterschieden einen zuverlässigen Indikator für die zu erwartenden noch reflektierten Frequenzen ab. Daß diese Sonnenfleckenrelativzahl einem regelmäßigen, ca. 11-jährigen Zyklus unterliegt, werden die meisten von uns wissen. Daß wir uns zur Zeit auf dem Weg zum Sonnenfleckenmaximum befinden, zeigen uns Tag-Beobachtungen im 10-Meter-Amateurfunkband, auf dem derzeit ohne Schwierigkeiten wieder zahlreiche DX-Stationen hörbar sind. Während des Sonnenfleckenminimums „geht" hier nichts.

Ein weiterer, kurzfristiger Zyklus wird ausgelöst durch die Rotation der Sonne. Da ein größerer Teil der Sonnenflecken recht langlebig sein kann, treten manchmal nach einer Sonnenrotation dieselben oder ähnliche Empfangssituationen erneut auf. Der 27-tägige Rhythmus wird dadurch bestimmt, daß die meisten Sonnenflecken um den Sonnenäquator herum angesiedelt sind und eine Umdrehung hier 27 Tage benötigt. Also kann es oft sinnvoll sein, falls etwa heute nichts im Tropenband zu empfangen ist, in einer Woche oder in 14 Tagen wieder hereinzuhören – in 27 Tagen wäre die Wahrscheinlichkeit für eine ähnlich schlechte Empfangskonstellation wieder hoch.

Welche Bedeutung haben MUF und LUF?

Die **MUF** stellt die maximal nutzbare Frequenz für eine Sender-Empfänger-Verbindung dar. Das ist die höchste Frequenz, die auf diesem Ausbreitungsweg zu einer bestimmten Jahreszeit noch den Radiohörer am Empfänger erreichen kann. Die MUF ist, wie wir gesehen haben, stark abhängig vom Ionisationsgrad der F2-Schicht und damit vom Sonnenfleckenzyklus und natürlich der jeweiligen Sonneneinstrahlung – also der Tageszeit am Reflexionspunkt.

Für den Tropenband-DXer ist die MUF eher von zweitrangiger Bedeutung, denn Signale aus dem Frequenzspektrum zwischen zwei und sechs MHz werden auch bei schlechtesten Sonnenfleckenrelativzahlen immer an der F2-Schicht reflektiert – vorausgesetzt, sie kommen dort an.

Der zweite Begriff, die **LUF**, ist für den Tropenbandhörer schon von größerer Bedeutung. Sie gibt die niedrigste Frequenz an, deren Signal auf einem bestimmten Ausbreitungsweg noch beim Empfänger ankommt (lowest usuable frequency). Nach obigen Ausführungen wird klar sein, daß die LUF nicht von Reflexionseigenschaften, sondern von der Signaldämpfung vor allem in der D- und E-Schicht der Ionosphäre abhängig ist. Tagsüber liegt die LUF für transkontinentale Verbindungen generell über 6 MHz, also über dem hier interessierenden Tropenbandbereich.

In Zeiten hoher Sonnenfleckenrelativzahlen wandert auch die LUF nach oben – zwar in geringerem Ausmaß als die MUF; aber immerhin so stark, daß der mögliche Empfangszeitraum in den Tropenbändern um mehr als zwei Stunden eingeschränkt werden kann. Somit sind in Zeiten hoher Sonnenfleckenaktivität eher schlechte Tropenbandbedingungen zu erwarten, während im Sonnenfleckenminimum in diesen Frequenzbereichen bessere Empfänge zu erwarten sind.

Als Schlußfolgerung dieses Kapitels und Faustregel für den erfolgreichen Tropenbandempfang kann man angeben:

Übersee-Empfang in den Tropenbändern ist dann möglich, wenn die Reflexionspunkte an der F2-Schicht im Dunklen und die Dämpfung in der D- und E-Schicht zwischen Sender und erstem Reflexionspunkt sowie letztem Reflexionspunkt und Empfänger noch nicht zu stark ist.

Besondere Ausbreitungsaspekte

Bevor nachfolgend über die Praxis des Tropenbandempfangs informiert wird, sollen noch einige ausbreitungstechnische Begriffe vorgestellt werden, die für den Tropenband-DXer von Interesse sein können.

Fading

Unter Fading versteht man mehr oder weniger regelmäßige Schwankungen der Signalstärke, die auf einer Frequenz beobachtet werden können. Für den Tropenbandhörer ist insbesondere interessant das Interferenz-Fading, das durch mehrere Signale gleicher Frequenz, aber unterschiedlicher Laufzeit ausgelöst werden kann. Beispiele hierfür sind der – nur auf hohen Frequenzen mögliche – Empfang eines Signals auf direktem und indirektem Weg oder der Empfang von unterschiedlich oft reflektierten Signalen auf einem Ausbreitungsweg.

Unregelmäßige Störungen des Funkverkehrs

Durch häufig auftretende Sonnen-Eruptionen kommt es zu keinem Zyklus unterworfenen Störungen des Funkverkehrs, die sich gerade in den Tropenbändern stärker auswirken. Solche Störungen sind zum Beispiel sogenannte Ionosphärenstürme, die durch die Korpuskularstrahlung der Sonneneruptionen ausgelöst werden. Diese auf die Ionosphäre einwirkende Materie bewirkt Veränderungen insbesondere der F2-Schicht, die dazu führen können, daß die Reflexionseigenschaften dieser Schicht stark schwanken oder kurzfristig ganz verloren gehen.

SID's (sudden ionospheric disturbances) treten im Gegensatz zu den Ionosphärenstürmen unmittelbar nach starken Sonneneruptionen auf. Sie werden durch die bei diesen Ausbrüchen freigesetzte Strahlung ausgelöst, die insbesondere den Ionisationsgrad der D-Schicht erhöht und so die Absorption der diesen Bereich durchdringenden Funksignale verstärkt.

Beide beschriebenen Effekte treten vermehrt in Zeiten höherer Sonnenfleckenaktivität auf, verändern die Funkwellenausbreitung aber nur kurzfristig. Wer nähere Informationen über die aktuelle Empfangssituation auf den Kurzwellenbändern erhalten will, sollte z.B. im DX-Telegramm von Radio Österreich International ausgestrahlte kurzfristige Empfangsvorhersagen einschalten, die über aktuell zu erwartende Ausbreitungsbedingungen informieren.

Ausbreitung in der Dämmerungszone

Nachdem bislang soviel von Störungen die Rede war, soll jetzt eine Ausbreitungs-Eigentümlichkeit beschrieben werden, die insbesondere uns Tropenband-DXern zugute kommt.

Einige von uns werden schon bemerkt haben, daß Funksignale in den Tropenbändern oft zu Beginn und Ende einer Übertragungsphase in besserer Qualität zu empfangen sind als während der Haupt-Ausbreitungsphase. Ostafrikanische Stationen kommen etwa im Sommer oft zum Beginn der technischen Übertragungsmöglichkeit (dem sogenannten fade-in), also zwischen 1700 und 1800 Uhr Weltzeit stärker bei uns herein als nach 1800 Uhr, wo die Empfangsmöglichkeiten theoretisch ebenso gegeben wären. Stationen aus dem zentralen Südamerika können zum fade-in gegen 2300 Uhr häufig mit stärkeren Signalen als später beobachtet werden. Um die Jahreswende ist der Empfang südamerikanischer Stationen manchmal bis weit nach Einbruch der Tagesdämmerung, also noch etwa um 1000 Uhr, bei uns möglich.

„Schuld" an diesen zeitweilig besonders guten Empfangsmöglichkeiten ist die sonst für uns eher als Signalabsorber relevante D-Schicht. Sie ist, wie eingangs beschrieben, nur am Tage vorhanden – nachts werden Signale zur reflektierenden F2-Schicht durchgelassen. Während der Morgen- oder Abenddämmerung wird diese Schicht auf- beziehungsweise abgebaut – und in diesem Zeitraum werden Funksignale im Tropenbandbereich in der D-Schicht nicht absorbiert, sondern der Einfallswinkel der Signale verändert sich. Vom Sender relativ steil abgestrahlte Signale werden in der D-Schicht abgelenkt und flacher an die F2-Schicht weitergeleitet. Beim Rücksprung Richtung Erde kommt es zum umgekehrten Effekt: das aus Richtung F-Schicht ankommende flach einfallende Signal wird in der D-Schicht wieder gekrümmt, falls auch die Eintrittsstelle in der Dämmerungszone liegt. Durch diesen Effekt ist es möglich, wesentlich größere Entfernungen zu überbrücken als bei fehlender D-Schicht – also nachts. Die Signale kommen – da nicht so oft reflektiert – auch ungestörter beim Empfänger an.

Erfahrene Tropenband-DXer nutzen diesen Empfang in der Dämmerungszone häufig für ihre Empfangsversuche. Gerade diese „Extremempfänge" können oft erstaunlich gute Signale weit entfernter Stationen bringen. Da die Empfangsmöglichkeiten an der Dämmerungslinie, der sogenannten „Grey Line", oft nur von kurzer Dauer sind, ist allerdings eine genaue Kenntnis der Empfangsmöglichkeiten für planmäßige DX-Versuche erforderlich – und damit eine Kenntnis der jahreszeitlich abhängigen Schwankungen der Empfangsmöglichkeiten.

Das Tropenbandjahr

Wie zuvor beschrieben, ist transkontinentaler Empfang in den Tropenbändern nur dann möglich, wenn die Reflexionspunkte an der F2-Schicht auf dem gesamten Ausbreitungsweg im Dunklen liegen. Somit ist auch klar, daß die Empfangsmöglichkeiten im Laufe des Jahres stark schwanken. Im hiesigen Winter sind die möglichen Empfangszeiten länger als im Sommer, wo die Nächte bekanntlich relativ kurz sind.

Somit sind die Beobachtungen von Stationen aus bestimmten Weltregionen auf den Winter beschränkt. Nachmittags-Empfang indonesischer Lokalsender gegen 1400 Uhr Weltzeit ist nur in den Wintermonaten möglich, genauso wie der Morgenempfang südamerikanischer Sender gegen 0800 Uhr oder der Pazifik-Empfang um dieselbe Zeit.

Der Verlauf der für uns so interessanten Dämmerungszone ist ebenfalls von den Jahreszeiten abhängig. Die Sonne steht zur Tag-Nacht-Gleiche am 21. März und 21. September über dem Äquator, am 21. Juni hat sie den (nördlichen) Wendekreis des Krebses (23 Grad nördlicher Breite) erreicht, am 21. Dezember steht sie über dem (südlichen) Wendekreis des Steinbocks.

Daraus wird klar, daß sich der Verlauf der Dämmerungs- und Dunkelzone im Lauf der Jahreszeiten erheblich ändert. Um 13.00 Uhr mitteleuropäischer Zeit können bei uns im Dezember bereits die ersten ostasiatischen Stationen aufgenommen werden – die Dämmerungszone reicht über den europäischen Teil der Sowjetunion und den östlichen Iran Richtung Indischer Ozean. Indien selbst, Indonesien und Australien liegen bereits im Nachtbereich. Die ostasiatischen und pazifischen Stationen sind somit die ersten hier hörbaren Tropenbandsender. Die Sonne selbst steht über dem südlichen Wendekreis und leuchtet den Norden nicht mehr vollständig aus.

Im Juli ergibt sich um diese Zeit ein umgekehrtes Bild. Die Sonne steht über dem nördlichen Wendekreis und leuchtet gegen 13.00 Uhr mitteleuropäischer Zeit den Raum südlich des Äquators bis auf etwa 70 Grad südlicher Breite aus (bezogen auf unsere geographische Länge). Die Dämmerungszonen sind von unserem Standort weit entfernt, somit ist um diese Zeit auch kein Übersee-Empfang in den Tropenbändern möglich.

Im Vergleich dazu ist die Situation in den Monaten März und September, also dann, wenn die Sonne direkt über dem Äquator steht, grundlegend anders. Nord- und Südhalbkugel der Erde werden gleichmäßiger ausgeleuchtet; Gebiete, in denen um 12.00 Uhr Ortszeit keine Sonneneinstrahlung zu verzeichnen ist, gibt es nicht. Die Dämmerungszonen verlaufen wesentlich steilflankiger als in den Winter- bzw. Sommermonaten, wo sie relativ flach abfallen.

Zu Zeiten der hiesigen Abenddämmerung, also etwa gegen 17.00 Uhr Ortszeit, verläuft die Dämmerungszone annähernd senkrecht – Ost- und Südafrika liegen also jetzt schon im dunklen Bereich und sind somit ab Einbruch der Dämmerung bei uns hörbar. Im Dezember wären bei dem (früheren!) Einbruch der Dämmerung lediglich asiatische Stationen bei uns hörbar, da über Ostafrika zu diesem Zeitpunkt noch Tageslicht herrscht. Ostafrika-Empfang in den Tropenbändern wäre bei uns im Winter erst deutlich nach Ende der Dämmerung, etwa ab 1700 Uhr mitteleuropäischer Zeit möglich, wenn die Dämmerung in dieser Weltgegend einsetzt.

Es würde zu weit führen, an dieser Stelle noch ausführlicher auf den Verlauf der „Grey Line" und damit den Wechsel von Tag und Nacht über die einzelnen Monate hinweg einzugehen. Es wird jedoch klar geworden sein, daß der unterschiedliche Verlauf der Dämmerungszone übers Jahr zu einer Vielzahl von Sonder-Empfangssituationen führen kann – einige davon werden wir bei Vorstellung der Empfangsmöglichkeiten einzelner Kontinente nachfolgend erwähnen.

Wichtig ist außerdem, daß die Wintermonate länger Beobachtungen in den Tropenbändern zulassen als im Sommer.

Wer sich näher mit dieser Thematik beschäftigen will und viel Geld übrig hat, sollte sich die Anschaffung eines Leuchtglobus mit Dunkelzonen leisten. Hier läßt sich über die Monate für jede Tageszeit sehr anschaulich die Dunkelzone einstellen – viel instruktiver, als das Abbildungen vermögen. Solche Globen sind etwa in guten Büroartikel-Geschäften oder Buchhandlungen erhältlich.

Preiswerter ist in jedem Fall der „DX Edge", eine kleine Weltkarte, über die für jeden Monat Schablonen mit den Dunkelzonen gelegt werden können. Sie ist über den DARC-Verlag (Postfach 1155, D-3507 Baunatal) zu beziehen und kostet um DM 40,–.

Für ihre Mitglieder hält der Kurzwellenhörerclub adxb-dl (Postfach 443, 3000 Hannover 1) eine etwas unübersichtliche, aber brauchbare und sehr preiswerte Hilfe bereit, die das Bestimmen der Dunkelzonen für bestimmte Monate ermöglicht. Nähere Informationen sind unter der o.a. Adresse zu erfragen (Rückporto).

Der Tropenband-Tag

Wie sieht ein Tag im Tropenband-Bereich für den mitteleuropäischen DXer aus? Aus welchen Weltregionen können wann Signale beobachtet werden? Wir wollen nachfolgend versuchen, diese Fragen zu beantworten, um einen ersten Überblick darüber zu geben, was wann in diesem Frequenzbereich gehört werden kann. Der besseren (längeren!) Empfangsmöglichkeiten wegen nehmen wir einen Wintertag als Beispiel. Der Tropenband-Tag beginnt dann gegen 1300 Uhr Weltzeit.

Die ersten Stationen, die nachmittags empfangen werden können, kommen aus Asien. Je nach den herrschenden Bedingungen sind das Stationen aus Ostasien (z.B. Sender aus der Volksrepublik China) oder aus dem pazifischen Raum (Papua Neuguinea, Australien) bzw. den östlichen Inseln Indonesiens. Diese Stationen haben oft schon kurz nach fade-in Sendeschluß, sind also nur über einen kurzen Zeitraum hinweg empfangbar.

Am späteren Nachmittag werden weiter westlich gelegene Stationen aus Asien hörbar – also aus dem südostasiatischen Raum (Malaysia, Burma), aus der Mitte der VR China und aus Mittelasien (Taschkent, Radio Afghanistan). Es folgen bis etwa 1500 Uhr indische Stationen, Sender aus dem Westen der VR China, der Mongolei und – falls aktiv – dem Yemen. Gegen 1600 Uhr sind auch die sowjetischen Stationen vollständig vertreten – von Taschkent, Aschkhabad und Alma Ata über Tiflis, Baku und Yerewan bis nach Kiew.

Gegen 1600 Uhr können die ersten afrikanischen Stationen empfangen werden. Hier kommen zunächst ost-, dann südafrikanische Stationen herein; gegen 1700 Uhr sind auch die ersten Westafrikaner hörbar.

Im Sommer beginnt der Tropenband-Tag etwa gegen 1700 Uhr mit den asiatischen Stationen, die dann noch nicht Sendeschluß haben (Pakistan, Afghanistan, UdSSR, Westchina u.a.). Fast gleichzeitig tauchen ost- und südafrikanische Stationen auf, anschließend werden auch im Sommer die ersten Westafrikaner hörbar.

Die meisten asiatischen Stationen haben ihren Sendeschluß bis 1800 Uhr Weltzeit vollzogen – jetzt sind also vorwiegend Afrikaner und Europäer (UdSSR) in diesem Frequenzbereich zu hören.

Aber nicht mehr lange beschränken sich die Empfangsmöglichkeiten auf Afrikaner. In Australien oder Papua Neuguinea beginnen die ersten Stationen bereits gegen 1900 Uhr wieder mit ihren Frühprogrammen. Im Winter kann man einige dieser Sender bei sehr guten Bedingungen auch bei uns empfangen – bis zum fade-out (Ende der dortigen Morgendämmerung), der etwa bei Stationen aus Papua gegen 2100 Uhr liegt.

Es folgen den Zeitzonen entsprechend weitere Stationen aus Asien, etwa aus der VR China. Stationen aus dem Osten sind hier schon ab 2130 Uhr mit ihren ersten Programmen zu hören; der Zentralrundfunk beginnt seine Sendungen sogar schon um 2000 Uhr. Weiter westlich gelegene Stationen wie etwa der Volksrundfunk aus Xinjiang starten erst um 2300 Uhr. Alle asiatischen Stationen sind bei uns im Winter bis zum Ende der dortigen Morgendämmerung empfangbar. Radio Afghanistan wäre also im Winter bis nach 0300 Uhr zu empfangen.

Gegen 2200 Uhr wird es im Winter noch interessanter mit dem Empfang der ersten südamerikanischen Sender. Im Frühsommer – die „Grey Line" läuft dann von Brasilien aus Richtung Nordeuropa – sind die ersten Brasilianer mit ihrem fade-in schon gegen 2000 Uhr zu empfangen, um dann in der Signalstärke wieder zurückzugehen.

Erste Südamerikaner sind Brasilianer insbesondere aus dem Nordosten des Landes und Venezolaner. Anschließend, gegen 2300 Uhr, werden auch Stationen aus dem zentralen Südamerika bei uns hörbar, also aus Peru, Bolivien und Ekuador. Diese Stationen haben beim fade-in ein erstes Signalmaximum. Ebenfalls gegen Mitternacht können einige Sender aus Mittelamerika hereinkommen.

Kurz vor Mitternacht sind also Stationen aus drei Erdteilen im Tropenband gleichzeitig zu empfangen – aus Afrika (sofern die Stationen noch nicht Sendeschluß hatten), aus Asien (bis zur dortigen Morgendämmerung) und aus Südamerika. Bei der Vielfalt der Empfangsmöglichkeiten muß man schon genau hinhören, um festzustellen, welchen Sender man gerade empfangen hat.

Nach dem Sendeschluß der meisten afrikanischen Stationen (spätestens um Mitternacht) bleiben für einige Zeit noch Lateinamerikaner und Asiaten auf dem Band. Nach dem fade-out der asiatischen Sender tauchen schon bald die ostafrikanischen Stationen auf dem Band auf – allerdings nur kurz: die Dämmerungslinie verläuft von Südwesten nach Nordosten, so daß die ostafrikanischen Sender im Winter morgens schnell aus dem Hörbarkeitsbereich verschwinden. Im Sommer ist's genau umgekehrt: die Dämmerungszone läuft von Nordwesten nach Südosten, so daß sogar echter Grey-Line-Empfang ostafrikanischer Sender ab 0300 Uhr möglich wird.

Zwischen 0300 und 0400 Uhr machen auch schon einige kleinere lateinamerikanische Stationen Sendeschluß. Empfangschancen bestehen im Winter aber für 24-Stunden-Stationen aus dem gesamten südamerikanischen Raum bis zur hiesigen Morgendämmerung.

Zwischen 0500 und 0600 Uhr haben die meisten westafrikanischen Stationen ihre Sendungen wieder aufgenommen. Sie können nach Sendebeginn von uns beobachtet werden, haben aber bis auf die westlichste Station (ORTM Nouakchott aus Mauretanien) spätestens um 0700 Uhr fade-out gehabt. Um diese Zeit sind lediglich noch einige südamerikanische 24-Stunden-Stationen und insbesondere Brasilianer, die ihre Sendungen häufig gegen 0700 Uhr wieder aufnehmen, bei uns zu hören.

In Zeiten des Sonnenfleckenminimums können gegen 0800 Uhr im Tropenband Stationen aus dem pazifischen Raum empfangen werden. Es gibt hierfür zwei mögliche Ausbreitungswege: den „langen Weg", über den etwa Radio Australia im 31-Meterband Europa um diese Zeit in guter Qualität erreicht, und den Weg entlang der Dämmerungslinie über Sibirien und Nordeuropa. Diese Empfangsmöglichkeiten bleiben jedoch DXern mit hochwertigster Ausrüstung vorbehalten.

Bis zum fade-out der letzten südamerikanischen Stationen vergeht im Winter noch einige Zeit: Noch gegen 1000 Uhr Weltzeit können bei guten Bedingungen lateinamerikanische Stationen bei uns empfangen werden. Im Sommer ist naturgemäß schon früher Schluß – die westafrikanischen Stationen sind nur selten hörbar, und die letzten Südamerikaner verschwinden bereits gegen 0500 Uhr – womit die Tropenband-Nacht beendet wäre.

Tips für den Einstieg

Einen Überblick über die theoretischen Empfangsmöglichkeiten auf den Tropenbändern sollte der Leser nun gewonnen haben. Es hat sich gezeigt, daß es auch in diesem Frequenzbereich bei entsprechenden Bedingungen und zu bestimmten Jahres- und Tageszeiten möglich ist, Signale von Sendern auf der entgegengesetzten Seite der Erde aufzunehmen. Was liegt also näher, als sich selbst an den Empfänger zu setzen und auszuprobieren, ob diese seltenen Stationen gerade heute zu empfangen sind?

Ein derartiger Einstieg in die Beobachtungen des Tropenbandes ist recht gefährlich. Zum einen wird man frustriert, wenn man die sich zum Ziel gesetzten Sender (die ja oft nur an wenigen Tagen im Jahr zu empfangen sind) natürlich nicht hört. Zum anderen kann es nicht schaden, sich langsam an die in diesem Frequenzbereich schwachen Signalstärken und die ungewohnte Interferenz-Situation zu gewöhnen. Dies gilt insbesondere, wenn man mit einer Mittelklasse-Empfangsanlage die ersten Empfangsversuche auf den Tropenbändern macht, da hier – wie eingangs geschildert – schon leichte Abstriche an die Empfangssignalstärke und die Trennschärfe des Empfängers gemacht werden müssen.

Es ist schon etwas anderes, ein schwaches Tropenbandsignal unter Störungen kommerzieller Funkdienste – Funkfernschreiben, Morsezeichen, Faksimile-Übertragungen oder Sprechfunk – herauszufiltern, als ein relativ starkes Signal eines internationalen Auslandsdienstes unter Störungen vom Nachbarkanal in den Kurzwellen-Rundfunkbändern zu empfangen. Man sollte sich langsam an die besonderen Empfangsverhältnisse in den Tropenbändern gewöhnen – wenn einem erst einmal der Störpegel vertraut ist, wird man auch schwächere, seltenere Stationen wahrnehmen und identifizieren können.

Noch etwas ist wichtig: man sollte nicht gleich aufgeben, wenn man die erwarteten Stationen nicht hört. Einer in den Kurzwellenhörer-Zeitschriften veröffentlichten Logmeldung einer seltenen Station gehen oft zahlreiche vergebliche Empfangsversuche an den Vortagen voraus – die natürlich im Logbuch nicht auftauchen. Somit wird in diesen Zeitschriften immer ein Spiegelbild einer idealen Empfangssituation wiedergegeben. Das, was in guten Logbüchern veröffentlicht wird, kann an einem Tag normalerweise nicht „auf einmal" empfangen werden. Hier hilft das Glück, am richtigen Tag zur richtigen Zeit die richtigen Stationen beobachtet zu haben – und natürlich eine Portion Ausdauer. Was heute nicht zu hören ist, kann bereits morgen mit ordentlichem Signal hereinkommen.

Nicht beeindrucken lassen sollte man sich auch von den oft recht großzügigen Empfangsbewertungen seltener Stationen in den Logbüchern. Ein „guter" Empfang ist für gewöhnte Tropenbandohren in diesem Frequenzbereich oft etwas anderes als in den Kurzwellen-Rundfunkbändern. Es werden hier manchmal andere Maßstäbe angelegt, in denen die Freude, eine seltene Station empfangen zu haben, mit ihren Ausdruck findet. Guter Empfang im Tropenband ist nur in seltenen Ausnahmefällen wirklich wertfrei betrachtet guter Empfang. Also: nicht davon beeindrucken lassen, das andere DXer mit oft ähnlicher Empfangsanlage einige Stationen anscheinend in viel besserer Qualität hereinbekommen. Vieles an diesen Bewertungen ist subjektiver Eindruck, anderes ist das Glück, gerade exzellente Bedingungen vorgefunden zu haben. In jedem Fall sind die genannten Stationen hier hörbar, wenn auch nicht jeden Tag.

Der Tropenbandneuling sollte sich im übrigen zunächst auf Empfangsversuche im 60-Meterband beschränken. Hier sind auch bei schlechten Bedingungen meist einige Stationen zu empfangen, während im 90- und 120-Meterband die Signale schwächer und die Störungen durch andere Funkdienste stärker werden. Die meisten hier sendenden Stationen sind nur bei guten Bedingungen bei uns zu empfangen. Zudem stellt der Empfang auf größeren Wellenlängen höhere Anforderungen an die Empfangsantenne (Langdrähte!) als der Empfang von Signalen im nahe am Kurzwellen-Rundfunkbereich liegenden 60-Meterband. Hier leistet die eingebaute Teleskopantenne schon ordentliches.

Der erfolgversprechendste Einstieg in den Tropenbandempfang liegt in den Abendstunden – also zwischen 1800 und 2200 Uhr Weltzeit.

Hier sind im 60-Meterband neben den sowjetischen Stationen (Radio Kiew, 4940 kHz, ist immer zu hören) das ganze Jahr über afrikanische Sender ziemlich sicher aufzunehmen. Auch mit wenig geeigneten Empfangsanlagen dürfte der Empfang etwa von Afrika No. 1 aus Gabun (4830 kHz) sowie am späteren Abend ORTM Nouakchott aus

Mauretanien (4845 kHz) ziemlich schnell glücken. Mit etwas Übung sind dann aus dem Störpegel bei guten Bedingungen auch andere, seltene Signale hier aufzunehmen. Die ersten Asiaten beleben das Band ab etwa 2200 Uhr – hier sind vor allem chinesische Sender wie die Volksrundfunkstation Xinjiang (ab 2300 Uhr auf 4735 und 4500 kHz) regelmäßiger aufzunehmen.

Nachdem man sich abends (zu hiesiger „menschenwürdiger" Zeit) mit den Empfangsbedingungen auf dem 60-Meterband vertraut gemacht hat, kann man die erste durchwachte Nacht einigermaßen erfolgreich mit dem Empfang lateinamerikanischer Stationen verbringen. Die Signale sind meist schwächer als die der abends hörbaren Afrikaner, allerdings sind die Störungen in der zweiten Nachthälfte bei uns erheblich geringer als abends oder am Tage. Somit sind auch in den Morgenstunden afrikanische Sender oft besser zu hören als mit gestörten Signalen abends.

An Empfangsversuche asiatischer Stationen an Winternachmittagen sollte man sich wirklich erst dann begeben, wenn man sich zu anderen Tageszeiten mit den Tropenband-Störungen vertraut gemacht hat. Die Signale asiatischer Sender sind meist schwach (Ausbreitung über einen langen Landweg) und zudem um diese Tageszeit von europäischen Utility-Funkdiensten stark gestört. Trotzdem gibt es auch hier für Neulinge Erfolgserlebnisse (z.B. der Empfang von Radio Afghanistan auf 4740 kHz, allerdings über einen Sender im asiatischen Teil der UdSSR).

Die nachfolgende, nach Erdteilen geordnete Vorstellung der Stationen, die bei uns empfangen werden können, richtet sich übrigens nach dem oben beschriebenen schrittweisen Vorgehen: erst nach afrikanischen und lateinamerikanischen Stationen werden die Empfangschancen asiatischer Sender beschrieben.

Der Hinweis aufs Wochenende sollte nicht fehlen: hier sind nach langjährigen Beobachtungen die Störungen durch andere Funkdienste oft geringer als an Werktagen, so daß einige uns interessierende Rundfunksender klarer als sonst beobachtet werden können.

Nachdem die ersten Empfangserfolge nicht ausgeblieben sein werden, experimentieren viele Tropenbandhörer mit der Empfangsanlage, um weitere Verbesserungen der Empfangsqualität zu erzielen oder schwächere Stationen hereinzubekommen. Falls die eingebaute Teleskopantenne nicht mehr befriedigende Ergebnisse bringt, kann man Langdrahtantennen ausprobieren und so auch schwache Signale an den Empfänger bringen. Mit der Zeit kommt allerdings auch die Routine, mit nicht so guter Empfangsanlage und viel Geduld beim Warten auf gute Bedingungen zahlreiche neue Stationen zu empfangen, über die sich andere, besser ausgestattete Hörer nur wundern können.

Indikatorstationen

Da in den Tropenbändern der Empfang von Übersee-Stationen nur in den Nacht- oder Dämmerungsstunden möglich ist, stellt sich für jeden Tropenband-DXer bald die Frage, wie man möglichst effizient möglichst seltene Stationen hören kann, ohne ein allzu großes Schlafdefizit aufzuweisen.

Tropenband-DX, die Suche nach seltenen Stationen, hat nur dann Sinn, wenn die Bedingungen so gut sind, daß diese seltenen Signale auch bei uns aufnehmbar sein können. Wie stellt man jedoch fest, ob die Bedingungen für den Empfang einer bestimmten Weltregion gut oder schlecht sind?

Viele DXer orientieren sich dabei an sogenannten Indikatorstationen. Das sind Sender, die aus einer bestimmten Erdregion ziemlich regelmäßig bei uns zu empfangen sein können. Kommen sie mit stärkerem Signal als üblich, stehen die Chancen nicht schlecht, auch andere, seltenere Sender aus dieser Gegend empfangen zu können. Kommen die Indikatoren nur schlecht oder gar nicht, kann man getrost den Empfänger abstellen und sich anderen interessanten Tätigkeiten widmen. Im Regelfall sind dann nämlich seltenere Stationen aus der entsprechenden Gegend nicht zu hören.

Ein wichtiges Kriterium für Indikatorstationen ist natürlich auch, daß sie relativ frequenzstabil sind und mit hoher Zuverlässigkeit tatsächlich senden. Das ist bei Sendern etwa aus Afrika oder Lateinamerika gar nicht so selbstverständlich.

In den nachfolgenden Vorstellungen der Empfangsmöglichkeiten von Stationen aus den unterschiedlichen Erdteilen werden wir ausführlich auf die empfehlenswerten Indikatorstationen eingehen. Trotzdem seien die wichtigsten davon hier genannt, um gebietsübergreifend eine Übersicht über einige dieser Stationen zu geben.

Für Ostafrika-Empfang am Abend ist etwa Radio Tanzania Daressalam auf 5050 kHz ein recht zuverlässiger Indikator, der zwar nie stark, aber ziemlich regelmäßig bei uns hereinkommt. Südafrikabedingungen können anhand von LNBS Maseru aus Lesotho (4800 kHz) überprüft werden. Westafrikabedingungen zeigt Afrique No.1 aus Gabun für den Südwesten (4830 kHz) bzw. ORTM Nouakchott aus Mauretanien für den Nordwesten (4845 kHz) an. Beide Sender kommen im Regelfall recht stark bei uns herein.

Für Lateinamerikaempfang sind recht zuverlässige Indikatoren Radio Táchira aus Venezuela auf 4830 kHz für Venezuela / Kolumbien, Radio Madre de Diós aus Peru auf 4951 kHz fürs zentrale Südamerika und Radio Impacto aus Costa Rica auf 5030 kHz für Mittelamerika. Für Brasilienempfang gibt Radio Cultura do Pará auf 5045 kHz erste Hinweise.

Aus Asien können Radio Singapore (5052/5010 kHz), die Volksrundfunkstationen Gansu (4865 kHz) und Xinjiang (4500, 4735 kHz) aus der Volksrepublik China, Radio Nepal (5005 kHz), All India Radio Delhi (3925 kHz) bzw. Hyderabad (4800 kHz) oder

Radio Afghanistan (4740 kHz) Hinweise auf Empfangsmöglichkeiten von Stationen aus der jeweiligen Region geben.

An der Empfangsstärke dieser Stationen kann man sich bei seinen Empfangsversuchen gut orientieren. Insbesondere zu den Zeiten, zu denen Stationen aus verschiedenen Erdteilen gleichzeitig beobachtet werden können, geben diese Indikatoren Hinweise, auf welchem der möglichen offenen Ausbreitungspfade die derzeit besten Bedingungen zu verzeichnen sind.

Natürlich kann es vorkommen, daß obwohl eine Indikatorstation nicht hörbar ist, sonst schwächere Stationen aus dieser Region bei uns zu empfangen sind. Gründe dafür sind dann meistens Sende- oder Antennenprobleme des „Indikators"; Sonderbedingungen für den Empfang benachbarter Stationen treten zwar ab und zu auf, sind aber meistens nicht so ausgeprägt, daß der Indikator gar nicht mehr zu hören sein wird.

Für Neulinge und Top-DXer bieten die Indikatoren somit eine gute Beurteilungsmöglichkeit, ob es sich lohnt, weiter und intensiver auf die Suche nach Stationen aus der jeweiligen Region zu gehen. Auf diese Weise kann man sich manche vergeblich durchwachte Nacht ersparen.

Stationserkennung im Tropenband

Wissen um die Stationen, die theoretisch zur jeweiligen Tages- oder Nachtzeit bei uns im Tropenband auf bestimmten Frequenzen empfangen werden können, reicht oft nicht aus, um Gewißheit zu haben, daß es sich bei einem bestimmten Empfang tatsächlich um den erwarteten Sender handelt. Manche Sender schweigen häufig aus technischen Gründen – dafür sind auf diesen Frequenzen dann andere, sonst nicht empfangbare Stationen zu hören. Andere Sender driften häufig von ihrer angestammten Frequenz weg und tauchen überraschend weit abseits in guter Qualität wieder auf. Der Tropenband-Hörer ist vor solchen Überraschungen nie sicher. So sollte man sich bei der Stationserkennung etwas Mühe geben – auch wenn man eigentlich weiß, daß es sich um nichts anderes handeln kann als Radio XYZ...

Die genaue Identifikation von Tropenbandsendern ist für Ungeübte oft nicht einfach. Die Inlandsdienste in diesem Frequenzbereich kommen in der Regel nur mit schwachen und oft gestörten Signalen herein, die phasenweise das gesprochene Wort für uns unverständlich werden lassen. Es empfiehlt sich also gerade in diesem Bereich, einen Cassettenrecorder mitlaufen zu lassen. Nach mehrmaligem Abhören kann man oft wichtige Programmdetails und vielleicht sogar eine Stationsansage eher mitbekommen, als wenn man am Lautsprecher oder Kopfhörer das ganze nur einmal hören kann. Der Recorder empfiehlt sich auch für die Suche nach Details für eventuelle Empfangsberichte. Darüber später mehr.

Wie identifiziert man eine Station, die in einer Sprache sendet, die man nicht versteht? Vor diesem Problem steht der Tropenband-DXer relativ häufig. Deutschsprachige Programme werden im Tropenband so gut wie gar nicht ausgestrahlt (Ausnahmen: Namibia, Swaziland und u.U. lateinamerikanische Stationen mit Programmübernahmen). Mit Englischkenntnissen kommt man vor allem Richtung Asien und Afrika schon weiter. Einige von uns werden auch Spanisch und Französisch verstehen und sind damit für Lateinamerika- und Afrikaempfang gut gerüstet. Es bleiben aber immer noch genügend Signale in Sprachen, mit denen man überhaupt nichts anfangen kann. Wer von uns kann schon Chinesisch, Kisuaheli oder Quechua verstehen?

Hilfreich für eine Stationsidentifikation wäre zumindest, anhand der Programmsprache herauszubekommen, aus welchem Land oder welcher Region die gehörte Station sendet. Während die Identifikation der Weltsprachen nach einiger Zeit Kurzwellen-Empfangspraxis nicht mehr allzu schwer fallen wird, muß man sich bei den Lokalsprachen etwas mehr Mühe geben – aber mit einiger Erfahrung ist es auch dem Sprachunkundigen möglich, sie voneinander zu trennen. Chinesisch und Mongolisch lassen sich mit der Zeit von Indonesisch oder Hindi unterscheiden – und mehr will man ja gar nicht verlangen. Damit wird auf jeden Fall schon die ungefähre Herkunft der Station geklärt sein.

Eine gute Übung ist es, bei guten Bedingungen im Tropenband eine Station in einer uns unbekannten Sprache über längere Zeit zu hören. Man gewöhnt sich so an das Klangbild der Sprache und kann sich bei Bedarf, etwa beim Empfang eines selteneren Senders, wieder daran erinnern. Hierbei kann auch die Beobachtung von Auslandsdiensten in Fremdsprachen wie Indonesisch, Hindi usw. nützlich sein, da deren Signale in den Kurzwellen-Rundfunkbändern oft stärker einfallen als Inlandsdienste aus der entsprechenden Region im Tropenband.

Genau wie mit der Sprache kann man auch mit den Musikbeiträgen einer Station die Region, aus der das Signal zu uns gelangt, ungefähr eingrenzen. Auch hier spielt die Übung eine gewisse Rolle – also der Empfang von Stationen aus der jeweiligen Region. Man kann aber dadurch nachhelfen, daß man sich im hiesigen Rundfunk oder per Schallplatte mit der Folklore anderer Erdteile vertraut macht. Viele Tropenband-DXer interessieren sich für die Musik anderer Länder und sind somit in der Lage, etwa Musikstile aus unterschiedlichen Ländern Lateinamerikas oder Afrikas auseinanderzuhalten. Manche Musikrichtungen sind für bestimmte Länder sehr charakteristisch.

Leider internationalisieren die Inlandsdienste aus der Tropenzone ihre Musikauswahl manchmal so stark, daß die Identifikation einer Senderegion kaum möglich ist. Hierzu trägt sowohl die englischsprachige Popmusik-Szene bei, die aus allen Regionen gehört werden kann, als auch Musikstile, die für einen Kontinent produziert werden: bestimmte lateinamerikanische oder afrikanische Schlager sind quer über den jeweiligen Erdteil zu empfangen und haben somit überregionale Bedeutung.

Hilfreich sind auch Kenntnisse über Geschichte, Kultur und Religion der jeweiligen Sendeländer. Wenn wir etwa eine Station mit Koran-Rezitationen beobachten, handelt es sich mit Sicherheit um einen Sender in einem Land mit überwiegend moslemischen Bevölkerungsanteil. Die Übertragung eines christlichen Gottesdienstes läßt auf den Empfang von Missionsstationen oder Inlandsdiensten aus christlich geprägten Ländern schließen. Auch solche Informationen können die Auswahl der in Frage kommenden Stationen stark eingrenzen.

Zur vollen Stunde (Lokalzeit!) bringen viele Tropenbandstationen Nachrichten. Hier erhalten wir weitere Hinweise auf die Weltregion, aus der die jeweilige Station sendet. Die Nennung von Orten und Städten in vorwiegend einem Land läßt darauf schließen, daß auch die gerade gehörte DX-Station aus diesem Land kommt. Die Auswertung von Nachrichten ist übrigens gar nicht so schwierig – auch in Sprachen, von denen man sonst überhaupt nichts versteht, sind Ortsnamen und Namen von bekannten Politikern mit einiger Übung (und wiederum Cassettenrecorder!) herauszuhören. Sie sind übrigens auch gute Details für den Empfangsbericht.

Was kann noch zur geographischen Einkreisung der empfangenen Station beitragen? Verlängerte Programme, etwa aus Anlaß eines Staatsfeiertages, sind im Regelfall unschwer als solche zu erkennen. Wenn man dann noch die richtigen Termine kennt ...

Viele südamerikanische Stationen bringen Werbung aus der jeweiligen Region. Hier kann man eventuell sogar die Stadt, aus der die Station sendet, erkennen. Gerade die Werbespots sind bei kleineren Stationen für eine Region durchaus charakteristisch – und ein beliebtes Programmdetail auch für den Empfangsbericht. „Inca Cola" und für die Glücksspieler unter den Tropenband-DXern die „Lotería de Caracás" haben sich eingeprägt und deuten auf Peru und Venezuela als wahrscheinliche Sendestandorte. Natürlich hilft bei den oft recht kleinen Orten genau wie bei der Detailerkennung bei Nachrichtensendungen oder Wetterberichten ein guter bis sehr guter Atlas.

Zeitansagen sind eine weitere Hilfe bei der Stationserkennung – falls man sie versteht. Dann ist zumindest möglich, die jeweilige Zeitzone, aus der die Station sendet, zu bestimmen. Bei lateinamerikanischen Sendern ist das oft eine große Hilfe.

Beste Möglichkeiten der Stationsidentifikation bietet natürlich die Stationsansage selbst. In Sprachen, deren man nicht mächtig ist, kann man auf Schlüsselworte achten, die solche Ansagen häufig einleiten. Mit „Inilah" beginnen etwa indonesische Stationen ihre Identifikation. „Yenmin guangbó diántai" heißt auf Chinesisch Volksrundfunkstation und kommt in Stationsansagen grundsätzlich **nach** Nennung der Provinzhauptstadt vor, aus der die Sendung ausgestrahlt wird. Mit einiger Übung und dem mehrfach erwähnten Cassettenrecorder kann man auch auf Identifikationen in solch fremden Sprachen erfolgreich warten.

Stationsansagen kommen bei vielen Stationen wie bei uns zur vollen oder halben Stunde, manchmal überhaupt nicht, und am sichersten zum jeweiligen Sendebeginn oder -schluß. Hier bieten sich erfahrungsgemäß die besten Chancen einer Identifizierung. Lateinamerikanische Sender halten sich an diese Vorgaben nicht ganz so exakt – manche Stationen identifizieren sich sehr häufig zwischen Musikstücken und Werbeblöcken, manche vor der vollen/halben Stunde – es lohnt sich in vielen Fällen, zu warten.

Der Leser sieht, daß es für den Tropenband-Empfang eigentlich gar nicht erforderlich ist, auf weitere Informationen zurückzugreifen. Mit etwas Mühe läßt sich jede Station ohne weitere Hilfsmittel ziemlich eindeutig identifizieren. Trotzdem sind Rundfunk-Jahrbücher oder Frequenzlisten natürlich eine schöne Hilfe. Jedoch darf man nicht den Fehler machen, Stationen allein nach diesen Listen zu „identifizieren".

Diese Veröffentlichungen stellen eine Obermenge der hier hörbaren Stationen vor, die zum jeweiligen Redaktionsschluß gerade aktiv waren. Es können mittlerweile gerade im Tropenband Stationen ihren Sendebetrieb eingestellt haben, gedriftet sein oder den Eigentümer (und Namen) gewechselt haben. Neue Stationen können aufgetaucht sein; lange Jahre inaktive Stationen können plötzlich auf ihren alten Frequenzen wieder senden, weil ein engagierter Techniker den verstaubten Kurzwellensender wieder „lauffähig" gemacht hat. Hier kann es sich lohnen, das alte „Sender & Frequenzen" oder WRTH nicht nach Erscheinen des neuen Jahrbuches auf dem Kurzwellen-Flohmarkt verkauft, sondern aufbewahrt zu haben, so daß man sehen kann, welche Stationen auf der betreffenden Frequenz früher einmal gesendet haben.

In jedem Fall kann es nur nützlich sein, neben der „Frequenzlisten-Identifkation" auch noch eine echte Stationsansage gehört zu haben, um sicher zu sein, welchen Sender man gerade gehört hat. In jedem Fall ist das erforderlich, wenn sich ein Empfangsbericht (und eine QSL für die Sammlung) anschließen soll.

Empfangsberichte an Lokalsender

Viele Kurzwellenhörer sammeln QSL-Karten oder -Briefe, also Empfangsbestätigungen von den Rundfunkanstalten, die sie empfangen haben. Mit diesen Karten bestätigen die Sender, daß der DXer die jeweilige Station wirklich gehört hat. Je detaillierter solche QSLs sind, desto besser – Datum, Frequenz und Sendezeit sollten nicht fehlen, damit eine QSL als „authentisch" gelten und vor den Augen der Hobby-Kollegen bestehen kann.

QSLs zu sammeln ist also eine Art Hobby im Hobby. Mit dem Empfang seltener Stationen hat diese Sammelleidenschaft eigentlich nichts zu tun, viel eher schon mit dem Interesse an Briefkontakten mit dem Ausland. Eine große Rolle spielt sicher auch die Portion Fernweh, die aufkommt, wenn zum Beispiel ein mit Briefmarken vollgeklebter Antwortbrief aus Peru im heimischen Briefkasten landet. Und natürlich ist das Interesse, sich den Empfang einer seltenen Station schriftlich verbriefen zu lassen, ebenfalls von Bedeutung.

QSLs zu verschicken ist eigentlich eine Geste zwischen Funkamateuren, die sich auf diese Weise ihre Verbindungen gegenseitig bestätigen. Die internationalen Auslandsdienste auf Kurzwelle haben diese Sitte übernommen und bestätigen dem Hörer, daß sie gehört worden sind. Diese Stationen sind an Kontakten mit Hörern aus dem jeweiligen Zielgebiet stark interessiert und haben für die Beantwortung von Empfangsberichten meist eigenes Personal. Oft werden auch die Motive der QSL-Karten regelmäßig gewechselt, um dem Hörer einen Anreiz zu bieten, mehr als einmal in Kontakt mit der entsprechenden Station zu treten. Für den Kurzwellenhörer besteht also kein großes Problem, an QSL-Karten dieser Stationen heranzukommen.

Anders ist es da bei den im Tropenband sendenden Lokalstationen. Sie sind wie eingangs beschrieben natürlich vornehmlich an der Inlandsversorgung interessiert. Daß Zaungäste aus Übersee ihre Programme ebenfalls hören können, ist ein schöner Nebeneffekt – allerdings nicht mehr. Somit ist die Beantwortung von Briefen aus dem

Ausland, in denen nichts weiter steht, als daß das Programm von Radio New Ireland aus Papua Neuguinea auch im fernen Deutschland empfangen werden kann, eine reine Gefälligkeit, die zudem noch Zeit und Geld kostet.

Natürlich mag sich eine kleine und relativ selten gehörte Station wie die oben beschriebene noch freuen, wenn vereinzelt ein Bericht aus Übersee bei ihr eintrifft. Man wird die Details prüfen und einen freundlichen Antwortbrief abfassen. Anders sieht es jedoch aus, wenn die Station dank einer zufällig freien Frequenz regelmäßig im Ausland empfangen werden kann und die Empfangsberichte zu Hunderten bei dem Sender eingehen. Daß der Etat für die Beantwortung solcher Hörerpost, die weiter nichts einbringt als Arbeit (aus dem Tropenband-DXer wird kaum ein Stammhörer einer Station werden), relativ klein ist, führt dazu, daß die Post aus Übersee manchmal waschkörbeweise bei den Stationen gelagert wird.

Trotzdem ist es möglich, von den meisten Stationen früher oder später eine Antwort zu erhalten. Voraussetzung dafür ist meist ein an Auslandskontakten interessierter Mitarbeiter beim Sender, der die Berichte manchmal sogar in seiner Freizeit beantwortet. Einige, meist staatliche Stationen haben die Beantwortung von Empfangsberichten so institutionalisiert wie die internationalen Kurzwellendienste. Von diesen Sendern eine QSL zu erlangen, ist für uns meist nicht sonderlich schwierig.

Genaue Angaben über die gerade aktuellen Bestätigungsgewohnheiten einer Station zu erhalten, ist schwierig. Probieren geht da oft über studieren. So ist es durchaus möglich, von einer Station, die jahrelang als Nichtbestätiger gegolten hat, plötzlich eine QSL zu erhalten. Vielleicht ist ein neuer, an Auslandskontakten interessierter Mitarbeiter zur Station gestoßen, vielleicht hat man beim staatlichen Sender die Außenwirkung von QSLs als direkten Kontakt zu Hörern in anderen Ländern erkannt. Genauso möglich ist es allerdings, von einem „zuverlässigen" Bestätiger keine QSL zu bekommen. Das kann allerdings nicht nur an der Station, sondern auch am eigenen Empfangsbericht liegen.

Wie sollte ein Empfangsbericht aussehen, damit die Wahrscheinlichkeit einer Rückantwort relativ hoch ist?

Grundregel Nummer eins: Schicken Sie nur Berichte an Sender, die Sie zweifelsfrei gehört haben!

Sobald einige Details eher darauf hinweisen, daß man nicht die seltene, sondern die auf derselben Frequenz häufiger zu empfangene Station empfangen hat, sollte man die seltene auch nicht mit einem „Empfangsbericht" belästigen, bei dem der Wunsch Vater des Gedankens ist. Hier hilft eine gute Portion Ehrlichkeit und Realitätssinn gegenüber sich selbst, Porto zu sparen und die betreffende Station nicht durch einen „Geisterbericht" zu verärgern. Schon einige Sender haben Empfangsbestätigungen an Hörer in Übersee ganz eingestellt, weil zuviele Berichte eintrafen, die offensichtlich falsch waren.

Grundregel Nummer zwei: Lassen Sie die Empfangsberichtsvordrucke im Schreibtisch und schreiben Sie einen richtigen Brief in persönlicher Form!

Die Sachbearbeiter bei der empfangenen Station haben oft mehr Interesse an der Person, die den Empfangsbericht schreibt als an der Empfangsbeobachtung selbst. Also dürfen ein paar Worte über die eigene Person nicht fehlen. Angaben über Alter, Beruf und Hobbys helfen dem Leser, sich ein persönliches Bild vom Schreiber zu machen. Handschriftliche Berichte sind zwar sehr persönlich, aber oft eine Zumutung für den Leser, so daß Maschinen- oder Computerdrucker-Schrift gewählt werden sollte.

Einige Worte über das Hobby Rundfunkfernempfang und die Freude, eine neue seltene Station empfangen zu haben, können zu Anfang des Berichtes nicht schaden.

Hier stellt sich allerdings schnell ein Sprachproblem. Empfangsberichte an Inlandssender sollten eigentlich immer in der Sprache geschrieben werden, in der das Programm gehört wurde. So kann man sicher sein, daß der Bericht auch verstanden wird. In Lateinamerika wird man also Portugiesisch (Brasilien) oder Spanisch als Berichtssprache wählen. Nach Afrika und Asien kann es, da man die Regionalsprachen wahrscheinlich nicht beherrscht, sinnvoll sein, den Bericht in der Sprache der ehemaligen Kolonialmacht oder einer in der Region vorherrschenden Weltverkehrssprache wie Englisch oder Französisch zu verfassen. Im allgemeinen werden Berichte in diesen Sprachen auch bei kleineren Stationen von einigen Personen verstanden.

Falls man mit der Berichtsgestaltung in diesen Sprachen Probleme hat, kann man sich gut an sogenannten Musterbriefen orientieren, die etwa im DX-Vokabular von Peter Schreiber (erschienen im Siebel-Verlag, siehe Leserservice) zusammengestellt wurden. Mit diesen Standard-Formulierungen kann auch ein der jeweiligen Sprache Unkundiger einen Empfangsbericht zusammenstellen. Allerdings ist es sinnvoll, einige eigenständige Formulierungen einzuflechten, damit der Bericht nicht zu standardmäßig aussieht. Hier kann vielleicht der ausländische Nachbar oder der Kollege auf der Arbeitsstelle helfen.

Grundregel Nummer drei: Ihr Empfangsbericht muß vollständige Empfangsangaben enthalten.

Dazu gehören Datum und Zeitangabe, die sich jedoch auf die Lokalzeit am Sendestandort beziehen sollten. Mit Angaben in Weltzeit ist den regional operierenden Stationen meist nicht gedient – die Umrechnung müssen schon wir anhand einer Zeitzonentabelle vornehmen und dürfen dabei die regionalen Sommerzeiten nicht unberücksichtigt lassen. Über Empfangszeiträume von weniger als 15 Minuten sollte eigentlich nicht berichtet werden – kürzere Berichte werden schwer nachzuvollziehen sein. Beim Datum sollte der Monat ausgeschrieben werden, damit es nicht zu Verwechslungen zwischen Tag und Monat kommen kann.

Die Frequenzangabe in kHz (oder in wenigen Ländern wie Indonesien die Angabe der Wellenlänge in Meter) ist ebenso unerläßlich wie die Angabe der Sendesprache.

Wenn man sich nicht ganz sicher ist, um welche afrikanische Lokalsprache es sich bei der Empfangsbeobachtung gehandelt hat, sollte man das auch zugeben und nicht versuchen, die genaue Sendesprache zu erraten. Für die Angaben zur Empfangsanlage genügen grobe Anhaltspunkte wie Art, Länge, Höhe und eventuell Richtung der verwendeten Antenne oder die Einstufung des Empfängers als Portable, Kommunikationsempfänger usw. Das genaue Empfängermodell sollte man zwar angeben, aber oft wird der Leser des Berichtes damit wenig anfangen können.

Die Beurteilung der Empfangsqualität sollte natürlich nicht fehlen. Dabei löse man sich von den bei internationalen Rundfunkstationen beliebten SINPO- oder SIO-Codes. Sie sind bei Lokalstationen nicht geläufig. Die Empfangsqualität sollte stattdessen verbal beschrieben werden, wobei das oben erwähnte DX-Vokabular gute Hilfe leistet. Von Interesse sein könnte auch eine Beschreibung der Empfangsbedingungen, die zur Empfangszeit geherrscht haben (welche anderen Stationen aus dem Land / der Region konnten noch gehört werden?). Auch beim Bericht an die gehörte Station sollte in punkto Empfangsqualität nicht übertrieben werden – daß das Signal kristallklar bei uns aufgenommen werden konnte, glaubt ohnehin keiner.

Grundregel Nummer vier: Im Bericht sollen eindeutig identifizierbare Programmdetails angeführt werden!

Durch die Programmdetails soll der Rundfunkstation gezeigt werden, daß der Tropenband-DXer gerade ihr Signal auf der entsprechenden Frequenz aufgenommen hat. Zwar wird das Stationstagebuch von Station zu Station unterschiedlich genau geführt und die Berichte ebenso unterschiedlich auf Richtigkeit geprüft, jedoch sollte man der Station in jedem Fall zeigen, daß man sie tatsächlich empfangen hat – und das mit unverwechselbaren Details.

Weiter oben haben wir schon angeführt, welche Programmdetails dazu beitragen können, eine Station zu identifizieren. Diese Details sind auch für den Empfangsbericht gut zu verwenden – also Details aus den Nachrichten, klar erkannte Werbespots mit Nennung der Firmen oder wörtlich ausgeschriebene Stationsansagen. Hier ist der Cassettenrecorder unverzichtbares Hilfsmittel für den Tropenband-DXer – nach mehrmaligem Abhören kommen meistens genügend Details für einen Empfangsbericht zusammen.

Besonders gut ist es natürlich, wenn man Namen von Sprechern oder den Titel gehörter Programme im Bericht angeben kann. Dagegen kann die Nennung einzelner Musiktitel oder Interpreten insbesondere bei lateinamerikanischen Sendern nur begrenzt nachgeprüft werden, da das Stationslog solche Details meist nicht festhält.

Klar, daß die Details in eine zeitliche Reihenfolge gebracht werden sollten – auch hier ist wieder an die richtige Lokalzeit zu denken..

Kaum ein Tropenband-DXer wird vergessen, am Schluß eines Berichtes um eine Empfangsbestätigung zu bitten – die Abkürzung „QSL" ist nicht unbedingt bei jeder

Lokalstation bekannt. Wimpel oder Aufkleber sollten nur bei Stationen angesprochen werden, bei denen man weiß, daß solche Souvenirs auch vorhanden sind.

Grundregel Nummer fünf: Denken Sie ans Rückporto und an kleine „Souvenirs"!

Lokalstationen in der Dritten Welt sollten Empfangsbestätigungen an Hörer in Europa nicht aus eigener Portokasse bezahlen müssen. Schließlich ist der Versand einer QSL eine Gefälligkeit gegenüber dem Übersee-Hörer, die schon genug Arbeit und Zeit kostet, die oft von der eigentlichen Aufgabe der Stations-Mitarbeiter abgeht. Somit sollte jedem Empfangsbericht an eine Lokalstation Rückporto beigelegt werden – entweder in Form eines Internationalen Antwortscheines (IRCs – bei jedem Postamt erhältlich) oder in Form postfrischer Briefmarken des Empfängerlandes, die eventuell über den Briefmarkenhandel bezogen werden können. Diese letzte Form ist für die jeweilige Station natürlich einfacher und oft die einzig mögliche, falls etwa IRCs beim lokalen Postamt nicht eingetauscht werden können. Einige wenige Länder, die nicht dem Weltpostverein angeschlossen sind, lösen IRCs generell nicht ein.

Mittlerweile zumindest in der Bundesrepublik Deutschland billiger als ein IRC ist die Beilage einer US-Dollar-Note, mit der die meisten Stationen auch etwas anfangen können. Hierbei sind natürlich die entsprechenden Devisenbestimmungen zu beachten.

Neben dem Rückporto könnten dem Bericht noch weitere Souvenirs beigelegt werden, die den Brief für die Beantwortung interessanter machen können. Dazu zählen Briefmarken des eigenen Landes, Ansichtskarten oder Bilder der heimischen Empfangsanlage. Oft bedanken sich die Stationen mit der Rücksendung von Briefmarken des Senderlandes, die für unsere Sammlung eine interessante Bereicherung darstellen können.

Allzu umfangreiche Beilagen lassen den Bericht vielleicht nicht nur für den Empfänger, sondern auch für den Postboten im Empfängerland interessant werden. Falls der Brief dennoch ankommt, verderben umfangreiche Beilagen aber auch die Preise, denn die Stationen könnten an Nachfolgeberichte ähnliche Anforderungen stellen, bevor bestätigt wird. So gibt es bei einigen lateinamerikanischen Stationen Sammler ausländischer Geldscheine, die auch darum bitten, den Berichten solche beizulegen – was unter Umständen gegen die gültigen Devisenbestimmungen verstoßen kann.

Dem Brief, der nach Möglichkeit mit Luftpost verschickt werden sollte (der Landweg ist zwar billiger, aber unhöflich – nach drei Monaten ist die Information über eine Empfangsbeobachtung nun einmal veraltet), sollte von außen höchst unauffällig aussehen. Wenige Briefmarken der Dauerserie reichen für die Frankatur aus, sie können ruhig schon den einen oder anderen Zahn verloren haben. Je unauffälliger der Brief aussieht, desto größer ist die Chance, daß er auch beim Empfänger ankommt. Repräsentative Sondermarken auf dem Umschlag bewirken in manchen Ländern eher das Gegenteil.

Da in einigen Ländern nicht gesichert ist, daß ein dorthin abgeschickter Brief auch ankommt, sollte man sich mit „Mahnschreiben" an Lokalstationen weitgehend zurückhalten. Auch sollte der Verfasser von Empfangsberichten nicht ungeduldig werden, wenn nach zwei bis vier Wochen die ersehnte QSL noch nicht eingetroffen ist. QSL-Laufzeiten können bei Tropenbandstationen durchaus mehrere Jahre betragen – vielleicht findet sich im Laufe der Zeit jemand, der Interesse an der Überseepost hat. Somit ist ein zweiter neuer Bericht oft viel wirkungsvoller als mehrere „Anmahnungen" auf einen Jahre zurückliegenden Bericht, den ohnehin niemand mehr nachprüfen kann und der vielleicht gar nicht angekommen ist. Die meisten Tropenbandstationen sind nicht so selten bei uns zu empfangen, daß man sich nicht die Mühe einer zweiten Empfangsbeobachtung machen kann.

Viel sinnvoller wäre es, sich nach einer erhaltenen QSL für diese Empfangsbestätigung zu bedanken. Oft geben sich die QSL-Unterzeichner bei kleinen Stationen mit der Antwort sehr viel Mühe und hören, nachdem die QSL abgeschickt wurde, von den Übersee-Hörern nichts mehr. Dankschreiben motivieren für weitere Bestätigungen an andere Hobbyfreunde – diese Geste sollte sich mehr einbürgern.

Wer sich an die oben angeführten Grundregeln hält, wird für exakte Berichte an Tropenbandstationen in vielen (aber nicht allen) Fällen auch Antworten erhalten.

Literatur – Hilfe für den Tropenband-DXer

Nachfolgend sollen nützliche Veröffentlichungen oder andere Informationsquellen für den Tropenband-Hörer vorgestellt werden.

Über die aktuelle Empfangssituation auf dem interessierenden Frequenzbereich geben aktuelle Veröffentlichungen wie die monatlich oder gar in vierzehntägigem Abstand erscheinenden Publikationen der DX-Clubs oder Verlage Auskunft. Im deutschsprachigen Raum sind das vor allem die Zeitschriften „Radiowelt" (beam-Verlag, Bahnhofstr. 30, D-3550 Marburg), „weltweit hören" (AGDX e.V., Postfach 11 07, D-8520 Erlangen) und ADDX-Kurier (ADDX e.V., Postfach 13 01 24, D-4000 Düsseldorf 13). Sie informieren über die hiesige Empfangssituation mit Logbüchern und DX-Meldungen.

Noch interessanter für den Tropenband-DXer ist der Bezug der monatlich erscheinenden „Shortwave News" der Danish Short Wave Clubs International (DSWCI, Tavleager 31, DK-2670 Greve Strand, Dänemark). Das Logbuch dieser Publikation ist gerade im Tropenbandbereich sehr umfangreich und zuverlässig.

Wer noch aktueller informiert werden will, sei auf die DX-Programme von Radio Österreich International, Radio Nederland und Adventist World Radio Europe (letztere in Englisch) verwiesen, die aktuelle Empfangstips in kompetenter Zusammenstellung enthalten. Insbesondere das Sonntagsprogramm von AWR Europe ist für den Tropenband-DXer sehr empfehlenswert.

Wichtige Informationsquellen sind die alljährlich erscheinenden Rundfunkjahrbücher „Sender & Frequenzen" und das „World Radio TV Handbook". Während S&F vorwiegend Hinweise auf Empfangschancen seltener Stationen in Mitteleuropa gibt und nur Stationen aufführt, die nach Meinung der Autoren auch bei uns empfangen werden können, ist das WRTH auf Vollständigkeit bedacht und gibt eine Übersicht über die meisten Rundfunkstationen auf der Erde. Hier wird der Tropenband-DXer die hörbaren Stationen stärker herausfiltern müssen als aus der Frequenzliste von S&F, dafür hat er eine Auswahl, die über die bisher in Europa empfangenen Stationen herausgeht. Beide Handbücher geben Informationen über Adressen und Sende-/Empfangszeiten der Rundfunkstationen, ergänzen sich ideal und sind über den Siebel-Verlag zu beziehen (siehe Siebel-Verlag-Leserservice am Ende dieses Buches).

Gleiches gilt auch für den „Tropical Bands Survey", der alljährlich im Sommer vom DSWCI aufgelegt wird und ziemlich exakte Informationen über Hörbarkeit und Sendezeiten von Tropenbandstationen enthält.

Weitere Hilfen beim Tropenband-Hobby sind – wie schon erwähnt – ein guter bis sehr guter Atlas, der auch in für uns sonst nicht so interessanten fernen Weltgegenden einen genügend hohen Detailgrad besitzt. Der Times-Weltatlas (in deutscher Ausgabe bei Knaur erschienen) wäre für unsere Zwecke ideal. Ein jährlich erscheinender Weltalmanach (z.B. von Fischer als Taschenbuch) gibt uns Informationen über Regierungsform und Staatsoberhaupt, Sprache, Nationalfeiertage und Religionen auch „exotischer" Länder und hilft uns vielleicht, Nachrichten und Programme der von uns empfangenen Stationen besser zu verstehen. Falls man sich mehr und mehr für eine bestimmte Region interessiert, wird man sich ohnehin um entsprechende landeskundliche Literatur kümmern.

Für die Empfangsberichtschreiber unter den Tropenband-DXern ist das DX-Vokabular von Peter Schreiber (siehe Leserservice am Ende dieses Buches) eine nützliche Hilfe beim Abfassen von Berichten.

Wer sich insbesondere für ausbreitungstechnische Aspekte des Tropenband-Hobbys interessiert, findet in der Veröffentlichung „Tropenband spezial" von Josef Heissenberger (EAWRC, c/o Hardy Borger, Eifelwall 46, D-5000 Köln 1) weitergehende Informationen.

Der schon erwähnte „DX Edge" (zu beziehen über den DARC Verlag, Postfach 11 55, D-3507 Baunatal) leistet bei der Veranschaulichung von Hell- und Dunkelzonen gute Dienste.

Afrikaempfang im Tropenband

Wie bereits vorab angeführt, ist der Empfang afrikanischer Sender in den Tropenbändern ideal für Einsteiger. Erstens sind die Empfangszeiten am Abend für Tropenband-DX noch relativ „zivil" auch für Normalbürger, zweitens sind uns die Sendesprachen häufig verständlich und drittens kommt manches in den Kurzwellen-Rundfunkbändern eher seltene Land hier nahezu regelmäßig.

Welche Art von Stationen können wir aus diesem Erdteil empfangen, welche Sendestile prägen das Bild – wem gehört der Rundfunk in Afrika?

In den meisten Ländern Schwarzafrikas ist der Rundfunk Regierungssache – und die Regierung ist oft Sache einer Partei oder einer gesellschaftlichen Gruppierung. Der Rundfunk ist also wie bei uns Spiegelbild der gesellschaftlich-politischen Situation – und damit ist klar, daß sich aus diesen Ländern vorwiegend staatliche Zentral-Rundfunkdienste melden.

Die Programme, die wir von afrikanischen Stationen in den Tropenbändern hören, machen oft einen nicht allzu lebendigen Eindruck. Der Sendestil der meisten staatlichen Rundfunksender ist eher ruhig – ganz im Sinne ursprünglicher öffentlich-rechtlicher Programmkonzepte nehmen Nachrichten in den Landessprachen einen breiteren Raum ein. Oft ist die Sprache des ehemaligen Koloniallandes auch eine der Haupt-Sendesprachen, und so ist einiges von den Sendungen auch von uns zu verstehen.

Ein weiterer Grund für die Bedeutung von Informationssendungen im Radio ist natürlich auch, daß das Radio in vielen dieser Länder das bedeutendste Massenmedium darstellt. Fernsehen ist oft nur im Bereich von Großstädten zu empfangen, und in Ländern mit nicht so hoher Alphabetisierungsquote spielen Zeitungen und Zeitschriften keine allzu große Rolle – sie sind häufig auch bedingt durch logistische Probleme nicht pünktlich beim Leser. Somit sind die Einwohner in vielen Fällen aufs Transistorradio angewiesen, um Nachrichten und Erziehungsprogramme empfangen zu können.

Musiksendungen sind natürlich auch hörbar. Moderne afrikanische Musik prägt das Hör-Bild, jedoch sind auch traditionelle Musik oder internationale Unterhaltungsmusik zu empfangen. Wie bei uns ist der späte Abend bei vielen Sendern für die Jugend reserviert – afrikanische und englische Popsongs dominieren hier.

Ein Problem ist in vielen Ländern der Dritten und Vierten Welt die finanzielle Sicherstellung des Sendebetriebes – auch für den Staat, der die meisten Stationen kontrolliert. Rundfunkdienst kostet Devisen – Sender, Studioeinrichtungen und Ersatzteile, aber auch Schulungspersonal für die Ausbildung einheimischer Fachkräfte müssen oft in ausländischen Währungen bezahlt werden. Somit kann man von relativ armen Ländern nicht den Rundfunk-Service erwarten, den wir mittlerweile auch in der bundesdeutschen Medienlandschaft „genießen". Oft gibt es nur eine oder zwei Senderketten innerhalb eines Landes. Vielfach wird nur zu bestimmten Zeiten gesendet – morgens, mittags und abends – zwischendurch werden die Sendeanlagen abgeschaltet. Einen 24-Stunden-Dienst leistet sich zumindest im Tropenband kaum eine Station vom afrikanischen Kontinent.

Häufig werden auch im Rahmen von Entwicklungshilfeprojekten Reformen der Rundfunkorganisation und -ausstattung in einzelnen Ländern vorgenommen. Diese Hilfe, die oft eine echte „Hilfe zur Selbsthilfe" ist, wird von den meisten afrikanischen Ländern gern entgegengenommen. Sie reicht von der Finanzierung neuer Sendeeinrichtungen über organisatorische Hilfen bis hin zur Ausbildung afrikanischer Journalisten im Partnerland. Bei der Deutschen Welle sind etwa immer eine Reihe afrikanischer Kollegen zu Gast, um zu beobachten, wie Rundfunk bei uns gemacht wird – und natürlich auch, um einen (möglichst positiven) Eindruck vom Partnerland zu bekommen.

Mit der häufig chronisch knappen Devisensituation hängen auch die gerade bei afrikanischen Stationen nicht seltenen technischen Probleme zusammen. Regelmäßig kommen Senderausfälle über mehrere Monate gerade im Tropenband vor. Grund dafür sind meist fehlende Ersatzteile, die nirgendwo im Land aufgetrieben werden oder aus Gründen der Devisenbewirtschaftung nicht ohne bürokratischen und zeitlichen Aufwand beschafft werden können. Manchmal irritieren den Tropenband-DXer auch driftende Stationen – so „geisterte" Radio Conacry im letzten Jahr von der Stammfrequenz 4910 kHz aus quer durchs 60-Meterband, bevor es seinen Sendebetrieb nach mehreren Monaten Irrfahrt ganz einstellte. Aus diesem Grund ist der Afrika-DXer trotz regelmäßiger Empfangsmöglichkeiten der meisten Stationen nie vor Überraschungen sicher.

Natürlich gibt es zwischen Ausstattung und Programmformat der einzelnen Stationen auch in Afrika große Unterschiede. Neben den oben beschriebenen, meist einfach ausgestatteten Staatsrundfunksendern vieler schwarzafrikanischer Länder gibt es noch einige religiös orientierte Rundfunksender – die von international tätigen Missionsgesellschaften betrieben werden und für ihre Sendetätigkeit in Devisen oder sonstigen Hilfsleistungen im jeweiligen Land zahlen. Ein unserem europäischen Rundfunksystem verwandtes Sendenetz gibt es eigentlich nur in der Republik Südafrika. Kommerzieller Rundfunk bleibt in Afrika selten: die Großsendeanlage von Afrika No.1 in Gabun ist eine Ausnahme – und das Werk europäischer Investoren.

Empfangsmöglichkeiten afrikanischer Stationen

Wann kann der mitteleuropäische DXer afrikanische Stationen in den Tropenbändern empfangen?

Da der Empfangsweg weitgehend in Süd-Nord-Richtung verläuft, läßt sich die theoretische Empfangsmöglichkeit für afrikanische Sender als Faustregel relativ einfach angeben: sie sind zwischen Abend- und Morgendämmerung bei uns zu empfangen, allerdings kaum lange über den Beginn oder das Ende der hiesigen Dämmerung hinaus. Da die meisten Stationen nachts eine Sendepause einlegen, beschränken sich unsere Empfangsmöglichkeiten auf eine Abendperiode zwischen fade-in (1600–1800 Uhr) und Sendeschluß (–2400 Uhr Weltzeit) und eine Morgenperiode zwischen Sendebeginn der ersten Stationen (gegen 0300 Uhr) und fade-out (0500–0800 Uhr – je nach Jahreszeit).

Während der Abend- und Nachtempfang das ganze Jahr über relativ stabil ist, unterliegen die Empfangsmöglichkeiten in der Abend- und Morgendämmerung jahreszeitlichen Schwankungen. Da gerade die Empfangsmöglichkeiten in den Dämmerungsphasen wie eingangs erwähnt oft recht gut sind, werden wir diese jahreszeitlichen Unterschiede nachfolgend näher beschreiben.

Die ersten afrikanischen Sender sind abends im Dezember bereits gegen 1600 Uhr Weltzeit zu empfangen. Die „Grey Line" läuft in nordwestlich-südöstlicher Richtung, und so sind die ersten Sender aus Ostafrika bereits um diese Zeit zu empfangen. Gegen 1800 Uhr Weltzeit liegt ganz Afrika in der Dunkelzone – jetzt sind auch die weiter westlich gelegenen Stationen zu hören.

Im Laufe der Folgemonate nimmt die Dämmerungslinie einen etwas steileren Verlauf. Das bedeutet, daß bei uns zwar immer noch Stationen aus Ostafrika als erste zu empfangen sind, jedoch später als im Dezember. Die ersten afrikanischen Sender sind somit im Februar gegen 1700 Weltzeit zu hören, Westafrika liegt erst gegen 1900 Uhr im Dunkelbereich. Nach der Tag-Nacht-Gleiche am 21. 3. verändert sich die Richtung der Abend-Dämmerungszone – sie läuft jetzt von Südwesten nach Nordosten, zunächst wieder relativ steil und bis zum 21. 6. flacher werdend. So sind im Mai die ersten Stationen aus Ost- und Südafrika kaum vor 1730 Uhr bei uns zu hören – beide fallen im Gegensatz zum Winter relativ gleichzeitig ein, da für den erfolgreichen Empfang jetzt im Sommer nicht mehr der Dämmerungsbeginn am Sender-, sondern am Empfängerstandort ausschlaggebend ist. Westafrikanische Stationen sind jetzt erst gegen 2000 Uhr zu empfangen.

Zwischen Juli und September wird der Verlauf der „Grey Line" wieder steiler – bis zur Tag-Nachtgleiche, wo eine weitere Richtungsänderung der Dämmerungslinie eintritt. Sie verläuft ab 21. 9. wieder von Südost nach Nordwest; zunächst steiler, dann weiter abflachend. Frühere Empfangsmöglichkeiten und ein stärkeres Auseinanderziehen der fade-in-Zeiten für unterschiedliche Gegenden dieses Kontinents sind die Folge.

Für die morgendliche Empfangsperiode vom Sendebeginn der ersten ostafrikanischen Stationen bis zum fade-out ergibt sich ein umgekehrtes Bild. Im Dezember läuft die „Grey Line" hier von Südwest nach Nordost – und flach. So sind Ostafrikampfänge am Morgen nur für einen sehr kurzen Zeitraum möglich, da bereits kurz nach 0300 Uhr dieser Teil des Kontinents aus der Dunkelzone verschwindet. Dagegen können westafrikanische Stationen vom Sendebeginn gegen 0600 Uhr an noch relativ zuverlässig und störungsfreier als am Abend empfangen werden. Gegen 0800 Uhr driftet die letzte, westlichste Station (ORTM Nouakchott, Mauretanien) aus der Dunkelzone. Der Winter bietet die einzige Möglichkeit, morgens eine Reihe westafrikanischer Stationen zu empfangen.

Die Dämmerungszone verändert ihre Lage im Lauf der Jahreszeiten wie oben beschrieben. Sie verläuft zunächst steiler. Am Ostafrikaempfang ändert das nicht viel, dagegen ist Westafrika dank der früheren Morgendämmerung im Empfangsgebiet nicht mehr so spät zu empfangen. Am 21. 3. ändert sich die Richtung der „Grey Line" auf Nordwest – Südost. In den Sommermonaten Mai bis Juli herrschen gute Empfangsmöglichkeiten insbesondere für ostafrikanische Stationen. Hierbei handelt es sich um echtes „Grey Line"-DX, da sowohl bei uns als auch am Sendestandort gerade die Sonne aufgeht. Gute Empfangschancen bieten sich jetzt von 0300 Uhr an – aber nicht lange, denn kurz nach Ende der hiesigen Morgendämmerung ist im Sommer keine afrikanische Station mehr in den Tropenbändern zu hören.

Nachdem die Dämmerungszone gegen Herbst wieder steiler verläuft (im September bieten sich gegen 0400 Uhr Grey-Line-Bedingungen Richtung Südafrika), nähert man sich in den Folgemonaten wieder den Winterbedingungen an. Folge sind längere Empfangsmöglichkeiten vor allem für westafrikanische Stationen.

Fassen wir zusammen:

Während die Empfangsmöglichkeiten in den europäischen Nachtstunden Richtung Afrika übers Jahr konstant bleiben, sind Stationen von diesem Kontinent im Winter länger hörbar – Beobachtungen ostafrikanischer Sender lohnen sich vor allem nachmittags (unter Störungen aus Asien), morgens sind westafrikanische Sender oft störungsfrei hörbar.

Im Sommer ist der theoretische Empfangszeitraum zwar kürzer, aber gerade die Morgenperiode läßt über eine längere Zeitspanne den Empfang ostafrikanischer Sender zu. Auch Ost- und Südafrika-DX am frühen Abend ist manchmal in ordentlicher Qualität möglich, was insbesondere für Jahre mit geringer Sonnenfleckenaktivität (und damit geringerer Dämpfung) gilt.

Indikatorstationen

Bevor wir im einzelnen hörbare Stationen aus den verschiedenen Regionen Afrikas vorstellen, sei hier auf Indikatorstationen hingewiesen, deren Abhören uns unter Umständen vergebliche Empfangsversuche seltener Stationen ersparen kann.

Aus Ostafrika kommt ziemlich regelmäßig Radio Tanzania auf 5050 kHz herein – zwar oft in nicht allzu guter Qualität, aber immerhin häufig. Auch die Voice of Kenya zählte früher zu den Indikatoren für guten Ostafrikaempfang, doch seit die starken Sender nur unregelmäßig auf wechselnden Frequenzen eingesetzt werden, kann man hier keine über längere Zeit gültigen Prognosen wagen. In letzter Zeit konnte die Station am besten auf 4934 kHz empfangen werden.

Für Empfänge aus dem südlichen Teil Afrikas ist im 60-Meterband etwa LNBS Maseru aus Lesotho ein guter Indikator. Setzt sich diese Station am frühen Abend auf ihrer Frequenz 4800 kHz gegen All India Radio Hyderabad durch, sind sicher auch andere Stationen aus dieser Region zu empfangen. Als weiterer Indikator sei Radio Botswana (4820 kHz) angeführt.

Eigentlich kein Indikator, da immer zu empfangen, ist Afrika No. 1 aus Gabun auf 4830 kHz. Für Westafrikabedingungen sind eher die Stationen aus Nigeria (Kaduna auf 4770 kHz sowie Lagos auf 4990 kHz am Morgen) oder Kamerun (Garoua auf 5010 kHz kommt ziemlich zuverlässig) zu prüfen. Auch ORTM Nouakchott auf 4845 kHz kann man ab Sendebeginn um 2000 Uhr Weltzeit zu den Indikatoren zählen.

Auch im 90-Meterband sind einige Stationen häufiger als andere zu empfangen, natürlich unter größeren Störungen und seltener als auf 60 Meter. Südafrikabedingungen können etwa durch den Empfang von Radio Oranje aus Südafrika (3215 kHz) oder SWABC Windhoek (3270/3290 kHz) getestet werden. Für Zentralafrika kann Radio Rwanda (3330 kHz) als Indikator gelten, aus Westafrika ist GBC Accra aus Ghana hier manchmal zu empfangen (3366 kHz).

Hörbare Stationen aus Afrika

Generell sei an dieser Stelle nochmals gesagt, daß es in einem Buch, das für einen längeren Zeitraum Hilfestellungen beim Hobby geben soll, schwierig ist, konkrete Tropenband-Empfangstips zu geben. Die Situation auf den Tropenbändern ändert sich ständig – neue Stationen kommen hinzu, Senderausfälle und Driften altbekannter Stationen sowie neu hinzukommende „Störer" aus dem kommerziellen Bereich machen heute gut zu empfangende Sender morgen unhörbar.

Wir haben trotzdem nicht darauf verzichtet, Hinweise auf den Empfang einzelner Sender zu geben. Beachten Sie dabei aber bitte, daß die hier beschriebene Empfangssituation sich auf den Zeitraum der Erstellung dieses Buches (Anfang 1989) bezieht und sich im Laufe der Jahre aus oben beschriebenen Gründen ändern kann.

Aktuellere Informationen über die Empfangsmöglichkeiten im Tropenband bietet etwa das Jahrbuch „Sender & Frequenzen", das mit seinen Nachträgen in regelmäßigen Abständen aktualisiert wird. Auch DX-Programme oder DX-Zeitschriften informieren über aktuelle Entwicklungen in diesem Frequenzbereich.

Nachfolgend sind alle Zeitangaben in UTC (GMT/Weltzeit). Zur Umrechnung:

18 Uhr Weltzeit = 19 Uhr mitteleuropäische Zeit
= 20 Uhr mitteleuropäische Sommerzeit.

Vor den aufgelisteten Tropenbandfrequenzen befindet sich eine Angabe über die Hörbarkeit der betreffenden Station in Mitteleuropa. Dabei bedeuten

+	gut und regelmäßig hörbar
o	öfters hörbar
-	selten, bei guten Bedingungen hörbar
--	äußerst selten, nur bei sehr guten Bedingungen möglich
i	inaktiv

Wir haben bei der Auflistung der einzelnen Länder die Adressen für Empfangsberichte mit angegeben. Die meisten afrikanischen Stationen bestätigen Empfangsberichte mit Formbrief oder Karte, wenn für Rückporto gesorgt wurde. Bei den Stationen, von denen eine QSL schwieriger zu erhalten ist, haben wir dies im Text vermerkt.

Dem tageszeitlichen fade-in der Tropenbandstationen folgend, beginnen wir mit einer Übersicht über Stationen aus Ostafrika.

Ostafrika.

Dschibuti

Der Tropenbandsender der Radiodiffusion-Télévision de Djibouti ist bei uns manchmal in den Abendstunden ab 1800 Uhr zu empfangen. Er gehört nicht zu den ersten ostafrikanischen Stationen, die bei uns hereinkommen. Gesendet wird in Französisch, Arabisch, Afar und Somali.

Tropenbandfrequenzen:

-o 4780 kHz: RTV Djibouti. Sendebeginn hat die Station um 0300 Uhr, Sendeschluß ist um 1900 Uhr Weltzeit. Während des islamischen Fastenmonats Ramadan wird an einigen Tagen rund um die Uhr gesendet.

Adresse: Radiodiffusion-Télévision de Djibouti, B.P. 97, Djibouti.

Kenia

Der offizielle Rundfunkdienst „Voice of Kenya" ist in Mitteleuropa mit mehreren Programmen zu empfangen. Ein 250-kW-Sender wird zu unterschiedlichen Zeiten auf den Tropenbandfrequenzen eingesetzt.

Tropenbandfrequenzen:

-o 4885 kHz: National Service in Swahili: 1830–2110 Uhr. Eastern Service in Lokalsprachen: 0200–0715, 1330–1745 Uhr ... Empfangsmöglichkeit ab Einsetzen der Abenddämmerung bis zum Sendeschluß und morgens ab Sendebeginn bis zur Morgendämmerung

-o 4915 kHz: Central Service in Lokalsprachen und Hindi:
0230–1930 Uhr ... Empfangschancen wie oben; am späten Abend dominiert hier aber GBC Accra aus Ghana.

o 4934 kHz: General Service in Englisch; 0200–0620 und 1315–2110 Uhr;
zu hören ebenfalls am frühen Morgen und am Abend um etwa 1800 Uhr. In den letzten Monaten wurde die VoK hier am häufigsten empfangen.

Die Frequenzen 4804 und 4950 kHz sind derzeit nicht im Einsatz.

Adresse: Voice of Kenya, P.O. Box 30456, Nairobi.

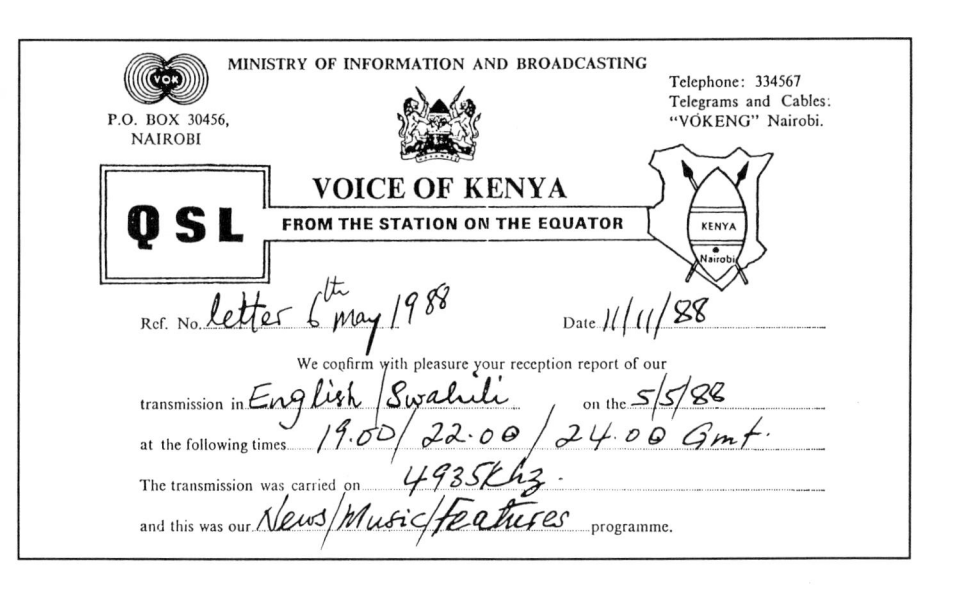

```
MINISTRY OF INFORMATION AND BROADCASTING
P.O. BOX 30456,                                          Telephone: 334567
NAIROBI                                                  Telegrams and Cables:
                                                         "VOKENG" Nairobi.

QSL     VOICE OF KENYA
        FROM THE STATION ON THE EQUATOR

Ref. No. letter 6th May 1988              Date 11/11/88
           We confirm with pleasure your reception report of our
transmission in English / Swahili       on the 5/5/88
at the following times  19.00 / 22.00 / 24.00 Gmt.
The transmission was carried on  4935 Khz
and this was our News / Music / Features       programme.
```

Komoren

Radio Comoro, der Staatsrundfunk aus dieser Inselrepublik, ist bei uns mit Sendungen in Komorisch und Französisch nur sehr selten zu empfangen.

Tropenbandfrequenzen:

-- 3331 kHz: Radio Comoro. Die Station ist am ehesten morgens ab 0300 Uhr (Sendebeginn) bis 0400 Uhr (im Sommer) sowie im Winter abends ab etwa 1630 Uhr zu empfangen. Radio Komoro hat früheres fade-in als der auf 3330 kHz sendende Staatsrundfunk aus Ruanda, der am späteren Abend hier stärker zu empfangen ist.

Adresse: Radio Comoro, B.P. 250, Moroni, Grand Comoro.

Madagaskar

Nur selten ist der Inselrundfunk mit Programmen in Malegassisch und Französisch im Tropenband zu empfangen.

Tropenbandfrequenzen:

- 2495 kHz: RTV Malagasy – leichte Drift; im Winter abends bei sehr guten Bedingungen
- 3232 kHz: RTV Malagasy Service Commercial; unregelmäßig eingesetzt, v.a. nachmittags zu hören

-o 3287 kHz: RTV Malagasy – im Winter an Nachmittagen bereits gegen 1600 Uhr – beste Empfangsmöglichkeit
- 4960 kHz: RTV Malagasy, v.a. morgens eingesetzt
-o 5010 kHz: RTV Malagasy – im Sommer morgens, falls die Frequenz eingesetzt wird (Alternative: 4960 kHz).

Sendebeginn ist morgens bereits um 0200 Uhr. Abends ist Sendeschluß um 2100 Uhr, jedoch sind die Empfangschancen in der Dämmerung am besten.

Adresse: Radio Madagasikara, B.P. 1202, Antananarivo.

Tansania

Aus der Hauptstadt Dar-es-Salam und aus Sansibar können Sendungen des nationalen Rundfunks aus Tansania bei uns im Tropenband empfangen werden. Die Sendesprache ist Kisuaheli.

Tropenbandfrequenzen:

-- 3339 kHz: Radio Tanzania Sansibar; die Frequenz wurde in letzter Zeit nicht eingesetzt und ist sonst vor allem nachmittags zu empfangen.
- 4785 kHz: Radio Tanzania Dar-es-Salam; die Frequenz wird für den National Service eingesetzt und ist bei uns u.U. morgens ab 0300 Uhr hörbar. Abends wird die QRG durch Radio Baku blockiert.
o 5050 kHz: „Commercial Service" in Kisuaheli; zu hören öfters nachmittags bis zum Sendeschluß um 2015 Uhr. Ab 0300 Uhr Übernahme des National Service.

Adressen: Radio Tanzania, P.O.Box 9191, Dar-es-Salam
               Radio Tanzania, P.O.Box 1178, Zanzibar

Uganda

Gar nicht so selten kann bei uns der Inlandsdienst aus Kampala, der Hauptstadt Ugandas, empfangen werden. Beide Tropenbandfrequenzen sind hier hörbar, obwohl die Senderleistung nur 20 bzw. 50 kW beträgt. Sendesprachen sind Englisch und Kisuaheli.

Tropenbandfrequenzen:

-o 4976 kHz: Radio Uganda, „red network"

-o 5026 kHz: Radio Uganda, „blue network".

Auf beiden Frequenzen ist Empfang sowohl abends bis zum Sendeschluß um 2100 Uhr als auch morgens ab Sendebeginn um 0300 Uhr möglich. Um 1900 Uhr werden auf beiden Kanälen englischsprachige Nachrichten ausgestrahlt. Empfangsberichte werden nur unregelmäßig bestätigt.

Adresse:

Radio Uganda, Chief Broadcasting Engineer,
P.O.Box 7142, Kampala.

Untergrund

Inoffiziellen Rundfunk gibt es in allen Erdteilen. Bei den unter dieser Rubrik aufgeführten Sendern handelt es sich zum Beispiel um Stationen, die von Befreiungsbewegungen betrieben werden und ihren Standort meist in Nachbarländern, manchmal jedoch schon in einem von ihnen kontrollierten Gebiet im Lande selbst haben. Einige dieser Sendungen können auch bei uns empfangen werden.

- 3940 kHz: Voice of the Broad Masses of Eritrea; der Sender der Volksbefreiungsfront Eritreas benutzt die Frequenz zwischen 1500 und 1600 Uhr.

Kontaktadresse:

EPLF Europe, Stichting Eritrea Relief Committee, P.O.Box 1873, NL-3000 BW-Rotterdam, Niederlande.

Südafrika

Angola

Da im Südwesten des Kontinents gelegen, kommen angolanische Stationen bei uns eher spät herein – vor 1900 Uhr sind meist keine Empfänge zu verzeichnen. Dagegen können die Sender bei guten Bedingungen auch noch am späteren Abend empfangen werden. Allerdings sind die Sendeleistungen schwach, die Sender der Regionalstationen sind zudem häufig inaktiv. So ist Angola-DX eher schon eine Sache für Spezialisten.

Radio Nacional Angola sendet ein 24-Stunden-Programm; die Regionalstationen machen nachts Sendepause. Die Sendeschlüsse variieren zwischen 21 und 23 Uhr.

Tropenbandfrequenzen:

- 3355 kHz: Radio Nacional Angola – nachts mit dem A-Programm nur selten zu empfangen. Am frühen Abend dominiert hier Radio Botswana.
- 3375 kHz: Radio Naconal Angola, B-Programm – selten, am besten am späten Abend
-- 3970 kHz: Em.R. da Huila (inaktiv – variabel bis 3994 kHz)
- 4770 kHz: Em.R. do Lunda Norte (inaktiv – variabel bis 4940)
-- 4780 kHz: Em.R. do Kuando-Kubango
- 4820 kHz: Em.R. da Huila
-- 4860 kHz: Em.R. do Lunda Sul (inaktiv)
- 4885 kHz: Em.R. do Zaire (falls Frequenz nicht von Vo Kenya belegt)
o 4952 kHz: Radio Nacional Angola, B-Programm – nachts, nicht selten zu empfangen
-o 4970 kHz: Em.R. de Cabinda (inaktiv)
- 5043 kHz: Em R. de Benguela
-- 5060 kHz: Em.R. do Huambo (länger nicht zu empfangen gewesen; die Station wurde auch auf 5027 kHz gemeldet).
-o 5191 kHz: Em.R. do Moxico

Adressen:
Emissor Regional de Benguela, C.P. 19, Benguela
Emissor Regional de Cabinda, Cabinda

Emissor Regional do Huambo, C.P. 125, Huambo
Emissor Regional da Huila, C.P. 111, Lubango
Emissor Regional do Kubango, C.P. 36, Menongue
Emissor Regional da Lunda-Norte, C.P. 1247, Luachimo
Emissor Regional da Lunda-Sul, C.P.116, Saurimo
Emissor Regional do Moxico, C.P. 74, Luena
Emissor Regional de Namibe, C.P. 174, Namibe
Emissor Regional do Zaire, M'Banza Kongo
Radio Nacional de Angola, C.P. 1329, Luanda

Botswana

Radio Botswana kann bei uns mit 50-kW-Sendern recht häufig am frühen Abend (Sendeschluß um 2100 Uhr) und im Sommer morgens ab 0350 Uhr empfangen werden.

Tropenbandfrequenzen:

- 3355 kHz: Radio Botswana
o 4820 kHz: Radio Botswana, // zu 3355 kHz.

Adresse: Radio Botswana,
           Private Bag 0060, Gaborone,
           Botswana.

Lesotho

Der Inlandsrundfunk aus Maseru ist bei uns morgens ab 0250 Uhr und am frühen Abend (Sendeschluß ist um 2200 Uhr) ziemlich regelmäßig zu empfangen. Das BBC-Relais hingegen richtet seine Sendungen ins südliche Afrika und ist hier kaum zu hören.

Tropenbandfrequenzen:

- 3255 kHz: BBC Relais Lesotho
o 4800 kHz: Lesotho National Broadcasting Service (LNBS).

Adressen: LNBS Maseru, P.O.Box 553, Maseru 100
            BBC London, Bush House, London WC2B 4PH,
            Großbritannien.

Malawi

Nur selten zu empfangen war in der letzten Zeit der 100-kW-Sender der Malawi Broadcasting Corporation aus Blantyre. Bei guten Bedingungen – und falls die Tropenbandfrequenz eingesetzt wird – hören wir die Station vor allem abends ab fade-in bis zum Sendeschluß um 2210 Uhr. Morgens ist Sendebeginn um 0250 Uhr.

Tropenbandfrequenz:

- 3380 kHz: MBC Blantyre

Adresse: Malawi Broadcasting Corporation, P.O.Box 20133, Chichiri, Blantyre 3.

Mosambik

Radio Mocambique ist im Tropenband vor allem mit der Zentralrundfunkstation in Maputo bei uns zu empfangen. Sowohl Morgen- wie auch Abendsendungen sind hier zu empfangen.

Tropenbandfrequenzen:

-o 3211 kHz: Radio Mocambique Maputo. Sendebeginn ist um 0250 Uhr, Sendeschluß ist gegen 2200 Uhr.

- 3280 kHz: Radio Mocambique Beira; kann bei sehr guten Bedingungen abends gehört werden

- 3340 kHz: Radio Mocambique Maputo e Gaza. Die Frequenz ersetzt 3265 kHz fürs Auslandsprogramm in Englisch von 1800–1900 Uhr.

-- 3370 kHz: Radio Mocambique Beira; sehr selten!

- 4855 kHz: Radio Mocambique Maputo; Auslandsprogramm 1800–1900 Uhr.

-o 4868 kHz: Radio Mocambique Maputo, // 3210 kHz. Nicht immer aktiv.

i 5004 kHz: Radio Mocambique Pemba; seit längerem inaktiv.

Adressen:

Radio Mocambique, C.P. 2000, Maputo
Radio Mocambique, C.P. 1781, Beira
Radio Mocambique, C.P. 45, Pemba.

KEEP IN TUNE WITH RADIO MAPUTO

Namibia

Die South West African Broadcasting Corporation aus Windhoek ist bei uns abends und nachts auf den Frequenzen im 90-Meterband zu empfangen.

Tropenbandfrequenzen:

-o 3270 kHz: SWABC Windhoek 1 – bis 2100 Uhr und ab 0400 Uhr bei uns zu beobachten; am besten in der Dämmerung.

-o 3290 kHz: SWABC Windhoek 2 – siehe oben. Hier werden um 1800 Uhr deutschsprachige Nachrichten ausgestrahlt. Auf dieser Frequenz wird nachts nicht abgeschaltet, sondern der All Night Service der SWABC übertragen.

Die Frequenzen 4930 und 4965 kHz werden tagsüber eingesetzt.

Adresse: SWABC, P.O.Box 321, Windhoek 9000.

Sambia

Zambia Broadcasting Services heißt der staatliche Rundfunkdienst aus Lusaka, den wir allerdings nur bei guten Bedingungen bei uns empfangen können.

Tropenbandfrequenzen:

-- 3290 kHz: ZBS Lusaka – hier dominiert SWABC Windhoek

i 3346 kHz: ZBS Lusaka – zuletzt inaktiv; sonst abends bei guten Bedingungen

-o 4910 kHz: ZBS Lusaka – nicht selten gegen 1800 Uhr zu empfangen. Morgendlicher Sendebeginn ist um 0350 Uhr.

Adresse: ZBS, Broadcasting House, P.O.Box 50015, Lusaka.

Südafrika

Aus der Kap-Republik sind mit der South African Broadcasting Corporation (SABC) und Radio RSA Inlands- und Auslandsdienst im Tropenband hörbar. Zusätzlich wird in der Transkei mit Capital Radio ein Sender betrieben, der kommerzielle Programme Richtung Südafrika sendet.

Tropenbandfrequenzen:

-o 3215 kHz: SABC Radio Oranje; in Afrikaans morgens ab 0300 Uhr und abends bis 1930 Uhr.

o 3320 kHz: SABC Radio South Africa (0300–1930 Uhr) in Englisch. Nachts wird hier „Radio Orion" übertragen.

-o 3927 kHz: Capital Radio, Transkei – der 20-kW-Sender überträgt Pop-Programme zwischen 0230–0400 und 1535–2300 Uhr.

- 3955 kHz: SABC Radio South Africa/Radio Orion. Nur im Sommer hörbar, falls die Frequenz nicht durch die BBC geblockt wird.

o 4880 kHz: SABC Radio Five – zwischen 0300–2200 Uhr mit Programm in Englisch, abends regelmäßig hörbar.

o 4990 kHz: Radio RSA – die Frequenz wird im Sommer morgens um 0400 Uhr fürs Englischprogramm und bei Bedarf abends eingesetzt.

Adressen: Capital Radio, Technical Services, Box 806, Umtata / Transkei
Radio RSA, P.O.Box 4559, Johannesburg 2000
SABC, P.O.Box 8606, Johannesburg 2000.

Swasiland

Seit nunmehr fünfzehn Jahren strahlt Trans World Radio Swaziland Gottes Wort im Tropenband aus – und ist manchmal auch bei uns zu hören. Swaziland Commercial Radio richtet seine Programme zur Republik Südafrika aus und ist bei uns nur bei guten Bedingungen zu empfangen.

Tropenbandfrequenzen:

-o 3200 kHz: TWR Manzini – morgens ab 0300 Uhr in Ndebele; sendet auch abends, ist aber in Europa um diese Zeit kaum hörbar.

-o 3240 kHz: TWR Manzini – ab 0300 Uhr in Shona (alternativ wurden früher 3275 und 3365 kHz eingesetzt)

- 4760 kHz: TWR Manzini – zu wechselnden Zeiten hörbar; falls gesendet wird, etwa im Sommer gegen 1700 Uhr.
Danach sendet hier ELWA Monrovia religiöse Programme.

- 4980 kHz: Swaziland Commercial Radio – bei guten Bedingungen zwischen 1700 und 1800 Uhr.

- 5055 kHz: TWR Manzini – wenn überhaupt, dann hier nur unter starken Störungen hörbar (Albanien 5057 kHz).

Adressen: Swaziland Commercial Radio, Chief Engineer,
P.O.Box 23114, Joubert Park 2044, Südafrika
Trans World Radio, P.O.Box 64, Manzini.

Zimbabwe

Nicht sehr häufig kann die Zimbabwe Broadcasting Corporation (ZBC) auf ihren beiden Tropenbandfrequenzen bei uns empfangen werden. Daran hat sich auch nicht viel geändert, seit die Station ins 60-Meterband gewechselt ist.

Tropenbandfrequenzen:

i	3306 kHz:	ZBC-2; alternativ zu 4828 kHz eingesetzt. In den letzten Jahren „beste" Frequenz.
i	3396 kHz:	ZBC-1; alternativ zu 5012 kHz eingesetzt. War in den letzten Jahren hier nur selten zu empfangen.
-	4828 kHz:	ZBC-2 in Ndebele, Shona und Englisch; morgens ab Sendebeginn um 0320 und abends gegen 1800 Uhr bis zum Sendeschluß um 2100 Uhr; nur bei sehr guten Ostafrikabedingungen zu hören.
-	5012 kHz:	ZBC-1 in Englisch; Zeiten wie oben; nach dem Frequenzwechsel in Europa gegen 1800 Uhr schon empfangen worden.
	Adresse:	ZBC, P.O.Box HG 444, Highlands, Harare

TWR Swaziland

Untergrund

Im südlichen Afrika sind einige Untergrundsender im Tropenband aktiv – und bei uns hörbar.

Tropenbandfrequenzen:

- -- 4950 kHz: A Voz de Verdade; gegen die angolanische Regierung gerichtete Station mit Programmen in Portugiesisch von 0300–0400 und 2000–2100 Uhr. Hier hörbar – der Staatsrundfunk aus Luanda ist auf 4952 kHz aber stärker.
- 4973 kHz: A Voz de Resistencia do Galo Negro; Programme u.a. in Portugiesisch und Englisch von 1730–2000 und 0330–0600 Uhr. Die Station wird von der UNITA betrieben und richtet sich ebenfalls gegen die angolanische Regierung.
- 5015 kHz: Radio Truth; zwischen 0400–0500 und 1700–1800 Uhr Programme in Englisch gegen die Regierung von Zimbabwe. Der Sendestandort wird in der Republik Südafrika vermutet.
- Adressen: A Voz de Resistencia do Galo Negro, Free Angola Information Service, P.O.Box 65463, Washington D.C., 20035, USA.
Radio Truth, c/o Mr. Maxwell Thomas, P.O.Box 996, Vienna, VA 22180, USA.

Zentralafrika

Burundi

Der Regierungsfunk aus Burundi ist eine der wenigen Stationen in Afrika, die sich in der Ansage immer noch als „voix de la révolution" identifizieren. Wir hören den neuen 100-kW-Sender nicht selten vor allem abends.

Tropenbandfrequenz:

- -o 3300 kHz: La Voix de la Revolution, Bujumbura – zu hören bei uns ab etwa 1730 Uhr bis zum Sendeschluß um 2100 Uhr. Morgens Sendebeginn um 0300 Uhr.
- Adresse: La Voix de la Révolution, B.P.1900, Bujumbura.

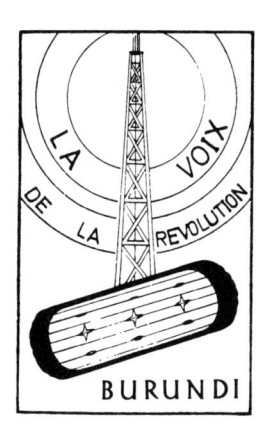

Ruanda

Auch der nationale Rundfunk aus Kigali ist bei uns manchmal aufzunehmen.

Tropenbandfrequenz:

- -o 3330 kHz: Radiodiffusion Nationale, Kigali – zu hören abends ab etwa 1730 Uhr Sendeschluß ist um 2100 Uhr, morgens beginnen die Programme um 0300 Uhr.
- Adresse: Radiodiffusion Nationale, B.P. 83, Kigali.

Sudan

Derzeit inaktiv ist der Tropenbandsender von Radio Omdurman. Die Sendungen in arabischer Sprache konnten sonst im 60-Meterband auf 5039 kHz nachmittags und abends empfangen werden.

Adresse: Radio Omdurman, P.O.Box 572, Omdurman.

Tschad

Nachdem es um den Bürgerkrieg im Tschad – in dem ja Libyen eine gewisse Rolle gespielt hat – etwas ruhiger geworden ist, ist auch der staatliche Rundfunk aus N'djamena wieder auf seiner Stammfrequenz regelmäßig hörbar. Vorher wurden die Frequenzen häufig gewechselt, um Störsendern auszuweichen.

RADIODIFFUSION NATIONALE TCHADIENNE

Tropenbandfrequenzen:

o 4904 kHz: RNT N'djamena; regelmäßig zu hören ab etwa 1830 Uhr bis zum Sendeschluß um 2200 Uhr. Morgens ist Sendebeginn um 0425 Uhr – somit ist N'djamena im Sommer morgens nicht mehr aufnehmbar.

- 5288 kHz: RNT Moundou; mit 2,5-kW-Sender manchmal am frühen Abend aufzunehmen. Die Station hat um 1830 Uhr Sendeschluß; Sendebeginn ist um 0500 Uhr.

Adressen: Radiodifusion Nationale Tchadienne, B.P.892, N'djamena
Radio Moundou, B.P.122, Moundou.

Untergrund

Kaum zu hören ist die einzige Untergrundstation Zentralafrikas auf ihrer Tropenbandfrequenz.

-- 4666 kHz: Radio SPLA; die Station der sudanesischen Volksbefreiungsarmee unter J. Garang benutzt die Frequenz zwischen 1300 und 1400 Uhr – zu früh für uns.

Zaire

Aus Zaire sind im Tropenband nur Regionalstatonen aktiv. Radio CANDIP strahlt Erziehungsprogramme der Universität Bunia aus und sendet ziemlich regelmäßig; Radio Bukavu hat seine Sendungen im Winter '88 wieder aufgenommen.

Tropenbandfrequenzen:

- 3390 kHz: Radio CANDIP. Kommt nur bei guten Bedingungen mit schwachem Signal – besser auf 5066 kHz.

-(i) 4750 kHz: Radio Lubumbashi. Die Station aus dem Süden Zaires konnte bei uns lange nicht mehr empfangen werden und ist vermutlich inaktiv.

- 4846 kHz:	Radio Bukavu – nominelle Frequenz der Station ist 4839 kHz. Zu hören am Abend bis 1830 Uhr. Sendebeginn ist um 0345 Uhr – auch dann ist die Station bei uns zu empfangen.
-o 5066 kHz:	Radio CANDIP, Bunia – bei uns nicht selten ab 1730 Uhr. Sendeschluß: ca. 2000 Uhr, Sendebeginn: 0330 Uhr. Relativ freie Frequenz.
Adressen:	Radio Bukavu, B.P. 2220, Bukavu Radio CANDIP, Université Nationale de Zaire, B.P.373, Bunia Radio Lubumbashi, B.P.7296, Lubumbashi.

Zentralafrikanische Republik

Radio Centrafrique aus Bangui ist bei uns ohne große Schwierigkeiten zu hören.

Tropenbandfrequenz:

o 5035 kHz:	Radio Centrafrique. Immer dann zu hören, wenn der sowjetische Sender in Alma Ata diese Frequenz nicht benutzt, also z.B. kurz vor Sendeschluß um 2300 Uhr oder morgens ab 0430 Uhr.
Adresse:	Radio Centrafrique, B.P. 940, Bangui.

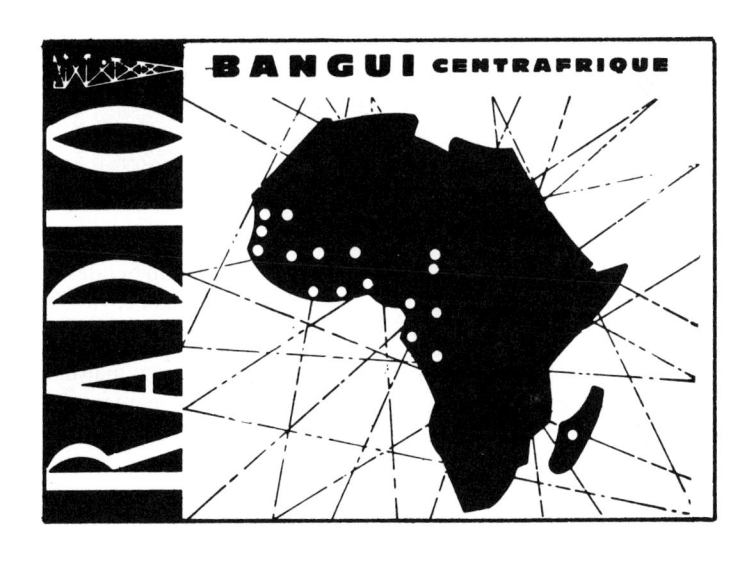

Westafrika

Äquatorial-Guinea

Radio Nacional de Guinea Ecuatorial benutzt zwei Tropenbandfrequenzen, die bei uns gut empfangen werden können – falls gesendet wird. Radio Africa 2000 ist ein Gemeinschaftsprodukt des Staatsrundfunks mit Radio Nacional de Espana. Sendesprachen sind Lokalsprachen und Spanisch.

Tropenbandfrequenzen:

- o 4926 kHz: Radio Nacional, Bata – abends ab 1900 Uhr hörbar. Der Sendeschluß variiert zwischen 2130 und 2200 Uhr. Morgens ist die Station ab 0430 Uhr aktiv.
- - 4950 kHz: Radio Africa 2000 soll diese Frequenz mit einem 10-kW-Sender benutzen, konnte aber bislang noch nicht von uns beobachtet werden.
- o 5004 kHz: Radio Nacional, Bata. Diese Frequenz wird manchmal parallel, oft aber statt 4926 kHz eingesetzt.

Adressen: Radio Nacional de Guinea Ecuatorial, Apartado 57, Bata
Radio Africa 2000/Radio Nacional, Apartado 195, Malabo

Benin

ORTB Cotonou gehört zu den bei uns am häufigsten zu empfangenden afrikanischen Stationen. Um 2000 Uhr kommen Nachrichten in Englisch, sonst wird in Französisch und Lokalsprachen gesendet.

Tropenbandfrequenz:

- o 4870 kHz: ORTB Cotonou; hörbar ab ca. 1900 Uhr bis zum Sendeschluß um 2300 Uhr. Morgens beginnen die Programme um 0500 Uhr – Winterempfang ist möglich.
- - 5025 kHz: ORTB Parakou; Empfangschancen für diese Regionalstation bestehen am ehesten am Morgen zum Sendebeginn um 0500 Uhr. Abends ist hier Radio Uganda eher hörbar (5027 kHz).

Adressen: ORTB Cotonou, B.P. 366, Cotonou.
ORTB Parakou, Parakou, Benin

Burkina Faso

RTV Burkina kann bei guten Bedingungen bei uns am späten Abend vor Sendeschluß um 2400 Uhr empfangen werden. Die Frequenz 4815 kHz wird allerdings auch von Radio Beijing mit Programmen in russischer Sprache mitbenutzt. So ist das Signal aus Ouagadougou am Morgen oft ungestörter – da die Station ihre Sendungen erst um 0530 Uhr aufnimmt, bleibt der Empfang auf den Winter beschränkt.

Adresse: Radiodiffusion-Télévision Burkina, B.P. 7029, Ouagadougou.

Elfenbeinküste

RTV Ivoirienne heißt der nationale Rundfunkdienst aus Abidjan.

Tropenbandfrequenz:

- 4940 kHz: RTV Ivoirienne; im Winter ab 0600 Uhr hörbar.
                Abends dominiert hier Radio Kiew.

Adresse: RTV Ivoirienne, B.P. V 191, Abidjan 01.

Gabun

Aus Gabun sind bei uns zwei Sendestellen in den Tropenbändern aufzunehmen.

Tropenbandfrequenzen:

- 4777 kHz: RTG Libreville; morgens ab Sendebeginn um 0500 Uhr sowie abends vor Sendeschluß um 2300 Uhr (gestört)

o + 4830 kHz: Afrique No.1; diese kommerzielle Station mit Programmen fürs gesamte frankophone Afrika ist bei uns jeden Abend bis zum Sendeschluß um 2300 Uhr zu empfangen.

o 4890 kHz: RFI Moyabi. Radio France Internationale benutzt die Sendeanlagen von Afrique No.1 morgens zwischen 0400 und 0600 Uhr.

Adressen: Afrique No.1, B.P.1, Libreville
                 Radiodiffusion Télévision Gabonaise, B.P.10510, Libreville
                 Radio France Internationale, 116 ave. du Président Kennedy,
                 F-75786 Paris Cedex 16, Frankreich.

Ghana

Mit der Ghana Broadcasting Corporation (GBC) stellt sich ein nicht von der Regierung betriebener nationaler Rundfunkdienst bei uns vor.

Tropenbandfrequenzen:

-i 3350 kHz:	GBC1; die Frequenz wird unregelmäßig eingesetzt.
-o 3366 kHz:	GBC2; bei guten Westafrikabedingungen kommt in den Abendstunden ein ordentliches Signal bis zum Sendeschluß um 2305 Uhr. Sendebeginn: 0530 Uhr.
-o 4915 kHz:	GBC1; am späten Abend hörbar. Vorher ist die Voice of Kenya meist stärker. Sendezeiten wie 3366 kHz.
Adresse:	Ghana Broadcasting Corporation, Propagation Engineer, P.O.Box 1633, Accra.

Guinea

Die Radiodiffusion Nationale setzt ihren Sender im 60-Meterband momentan nicht ein. Bevor er ganz verstummte, driftete er von seiner Nominalfrequenz 4900 kHz bis auf 4700 kHz hinunter. Empfangen werden konnte die Station vor allem am späteren Abend.

Adresse: Radiodiffusion Nationale, B.P. 391, Conacry.

Guinea-Bissau

Ebenfalls außer Betrieb gesetzt wurde der Tropenbandsender der Radiodifusao Nacional aus Bissau. Zuletzt wurde die krumme Frequenz 5475 kHz eingesetzt, die ebenfalls am späten Abend empfangen werden konnte.

Kamerun

Das dezentrale Rundfunksystem Kameruns ermöglicht uns den Empfang mehrerer Regionalstationen – falls die Sender eingesetzt werden. Regelmäßig aktiv scheinen nur Garoua (5010 kHz) und Yaoundé (4850 kHz) zu sein. Die Stationen sind schon ab etwa 1800 Uhr bis zum Sendeschluß um 2200 bzw. 2300 Uhr zu hören; die Morgensendungen beginnen um 0430 Uhr. Englische Nachrichten kommen um 1830 und 2100 Uhr.

Tropenbandfrequenzen:

- 3970 kHz: Radio Buéa, nur bei guten Bedingungen zu empfangen, am besten zwischen 2100 und 2200 Uhr.
- i 4000 kHz: Radio Bafoussam, ist derzeit inaktiv. Empfangschancen wie Buéa.
- i 4750 kHz: Radio Bertoua, scheint inaktiv zu sein. Sonst nur bei guten Bedingungen zu empfangen.
- o 4795 kHz: Radio Douala; im Sommer abends zu empfangen. Im Winter sendet Radio Moskau auf dieser Frequenz ein Auslandsprogramm.
- -o 4850 kHz: Radio Yaoundé; meist morgens zu empfangen. Am Abend ist hier Taschkent stärker.
- o 5010 kHz: Radio Garoua; sowohl morgens als auch schon am frühen Abend oft gut hörbar.

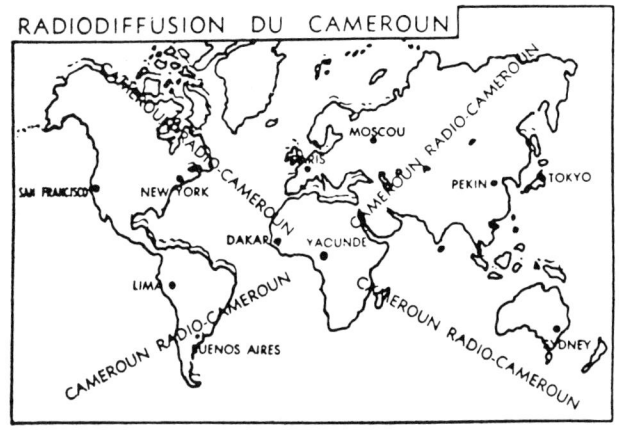

Adressen: Radio Bafoussam, B.P. 970, Bafoussam
Radio Bertoua, B.P. 230, Bertoua
Radio Buéa, P.M.B. Buéa
Radio Douala, B.P. 986, Douala
Radio Garoua, B.P. 103, Garoua
Radiodiffusion Nationale, B.P. 281, Yaoundé
(bzw. B.P. 751, Ebolowa)

Liberia

Aus Liberia kann der Tropenbandhörer einen kommerziellen Dienst (Liberian Broadcasting System, LBS), einen Informationsdienst für die Landbevölkerung (Liberia Rural Communications Network, LRCN) und einen für die Region bedeutenden christlich orientierten Missionssender (ELWA) empfangen – wenn er Glück hat.

ELWA, P.O. Box 192, Monrovia, Liberia

Located in West Africa about 10 degrees north of the equator, ELWA, the radio voice of the Sudan Interior Mission, broadcasts in 45 languages to Africa and the Middle East.

Tropenbandfrequenzen:

- 3230 kHz: ELWA Monrovia; zwischen 1900 und 2200 Uhr in westafrikanischen Sprachen – nur bei guten Bedingungen hörbar.
- 3255 kHz: LBS Monrovia; bei guten Bedingungen am späten Abend (Sendeschluß ist um 2400 Uhr). Auch morgens ab 0500 Uhr könnten Empfangsversuche lohnen.
-- 3975 kHz: LRCN Monrovia. Die hier und auf 3999.2 kHz ausgestrahlten Sendungen sind Feeder-Programme für Mittelwellensender im Landesinneren. Hier kaum zu empfangen.
-o 4760 kHz: ELWA Monrovia; morgens ab 0600 Uhr sowie abends von 2000 Uhr an bis 2230 Uhr in Englisch öfters hörbar.

Adressen: Liberian Broadcasting System, P.O.Box 594, Monrovia
Liberian Rural Communications Network, P.O.Box 2176, Monrovia
Radio ELWA, P.O.Box 192, Monrovia.

Mali

Auf beiden Tropenbandfrequenzen ist Radiodiffusion-Télévision du Mali mit Sendungen in Französisch und Lokalsprachen bei uns aufzunehmen. Nachrichten in Englisch kommen sonntags um 1845 Uhr.

Tropenbandfrequenzen:

- o 4783 kHz: RTV Mali. Am späten Abend bis zum Sendeschluß um 2400 Uhr hörbar, besser morgens ab Sendebeginn um 0600 Uhr (Winter).
- o 4835 kHz: RTV Mali; Empfangszeiten wie oben. Diese Frequenz ist aber meist weniger gestört.
- Adresse: Radiodiffusion-Télévision Malienne, B.P. 171, Bamako.

Mauretanien

In Arabisch, Französisch und Lokalsprachen sendet ORTM Nouakchott auf der Tropenbandfrequenz 4845 kHz. Hier ist die Station abends ab 1800 Uhr bis zum Sendeschluß um 2400 Uhr gut zu empfangen. Im Winter ist auch die Morgensendung ab 0630 Uhr gut zu hören.

Adresse: Office de Radiodiffusion de Mauretanie, B.P. 200, Nouakchott.

Niger

Aus Niamey strahlt ORTN über zwei Tropenbandsender Programme in Französisch, Englisch und Lokalsprachen aus.

Tropenbandfrequenzen:

- 3260 kHz: ORTN Niamey; bei guten Bedingungen abends bis zum Sendeschluß um 2200 Uhr. Morgens beginnen die Programme um 0530 Uhr.
- 5020 kHz: ORTN Niamey; manchmal abends hörbar. Die Frequenz wird stark von kommerziellen Funkdiensten gestört.

Nigeria

Die Federal Radio Corporation of Nigeria (FRCN) betreibt eine Reihe von übers Land verteilten Rundfunkstationen. Im Tropenbandbereich sind davon allerdings nur die Standorte Lagos und Kaduna hörbar.

Tropenbandfrequenzen:

- 3326 kHz: FRCN Lagos; abends bei sehr guten Bedingungen. Die Frequenz wird manchmal nur sporadisch eingesetzt.
- o + 4770 kHz: FRCN Kaduna. Die Station kommt abends bis zum Sendeschluß um 2310 Uhr und besser morgens ab 0430 Uhr regelmäßig herein.

- 4932 kHz:	FRCN 2 Lagos; häufig inaktiv; nicht mit der Voice of Kenya auf 4934 kHz verwechseln!
o 4990 kHz:	FRCN Lagos; vor allem morgens hörbar. Abends nur kurz vor Sendeschluß, da vorher Radio Yerewan die Frequenz dominiert.
Adressen:	FRCN Kaduna, P.M.B. 250, Kaduna FRCN Lagos, P.M.B. 12504, Ikoyi, Lagos.

Sao Tomé & Principe

Der 10-kW-Kurzwellensender des Rundfunkdienstes von Sao Tomé (einer der westafrikanischen Küste vorgelagerten Insel) schweigt seit einiger Zeit. Auf der Frequenz 4806 kHz konnten die portugiesischsprachigen Programme vor allem ab etwa 2200 Uhr empfangen werden. Falls jetzt um diese Zeit auf dieser Frequenz schwache Signale in Portugiesisch aufgenommen werden, sollte man zunächst prüfen, ob es sich bei dem Empfang nicht um Radio Difusora de Amazonas aus Brasilien handelt.

Adresse: Radio Nacional, C.P. 44, Sao Tomé.

Sénégal

Aus diesem westafrikanischen Land ist die Office de Radiodiffusion-Télévision du Sénégal (ORTS) bei uns häufiger zu hören.

Tropenbandfrequenzen:

| -o 4890 kHz: | ORTS Dakar; abends ab etwa 2200 Uhr bis zum Sendeschluß um 0100 Uhr am besten hörbar. Das fade-in ist früher. Morgens ist Empfang ab 0600 Uhr möglich, falls das RFI-Relais Gabun auf dieser Frequenz pünktlich Schluß macht. |
| Adresse: | ORTS Dakar, B.P. 1765, Dakar. |

Togo

Die Radiodiffusion-Télévision Togolaise (RTT) betreibt zwei Tropenbandsender in Lomé und Lama-Kara. Hauptsendesprache ist Französisch.

Tropenbandfrequenzen:

- 3222 kHz: RTT Kara. Zwischen 2100 und 2305 Uhr (Sendeschluß) bei uns zu empfangen. Die Morgensendung beginnt um 0530 Uhr.
o 5047 kHz: RTT Lomé. Über den 100-kW-Sender in Togblekope ist der zentrale Rundfunkdienst Togos abends bis 2400 Uhr hörbar. Um 1950 Uhr kommen Nachrichten in englischer Sprache. Sendebeginn ist morgens um 0530 Uhr.
Adressen: Radiodiffusion-Television Togolaise, B.P. 434, Lomé
Radiodiffusion-Télévision Togolaise, B.P. 21, Kara.

Lateinamerikaempfang im Tropenband

Wer sich beim Afrika-DX mit den Besonderheiten des Tropenband-Empfangs vertraut gemacht hat, wird irgendwann am späten Abend schon auf Stationen aus Süd- oder Mittelamerika gestoßen sein. Sie stellen eine erfreuliche Abwechslung im Hörangebot dar, weil sich die Programme stark von denen der uns schon bekannten afrikanischen Stationen unterscheiden. Sicher werden nach einiger Zeit eine oder mehrere zweite Nachthälften dem Empfang von weiteren Stationen aus diesem Sendegebiet geopfert werden.

Die Rundfunklandschaft Süd- und Mittelamerikas unterscheidet sich grundlegend von der, die wir vom afrikanischen Kontinent her kennen. Zwar gibt es in allen Ländern auch eine staatliche Rundfunkstation – aber sie ist eben nur eine unter vielen. Den Großteil der hörbaren Sender stellen Privatstationen mit ganz unterschiedlichen Programmen und Intentionen dar – wir können uns ein gutes Bild davon machen, wie und unter welchen Voraussetzungen Rundfunk in Lateinamerika gemacht werden kann.

Den Hauptteil der im Tropenband hörbaren Sender nehmen kommerzielle Privatstationen ein, die den Sendebetrieb über Werbeblöcke finanzieren müssen. Stationen mit nur wenigen Personen Stammbesetzung hören wir neben solchen, deren Personalaufwand sich schon mit denen einer kleinen öffentlich-rechtlichen Anstalt hierzulande vergleichen läßt. Die Programmstile selbst künden dann natürlich von der unterschiedlich großen Professionalität, die bei den einzelnen Stationen vorherrscht. Bei einer größeren Privatstation werden minutenlange Programmaussetzer, falsche Zeitansagen und ähnliche Pannen eben weniger häufig vorkommen als bei einer kleinen Station, in der der DJ bei der Live-Sendung sein eigener Studioleiter und Techniker ist.

Der Programmstil ist unterschiedlich: bei kleinen Stationen werden häufig längere Musikblöcke ohne Ansage hintereinander gespielt, um dann einem längeren Werbeblock Platz zu machen. Musik – lateinamerikanische Musik – und Werbung stellen den Löwenanteil des Programmformates der meisten Stationen, auch der größeren, die häufig ihr Programm den Möglichkeiten entsprechend etwas stärker auflockern. An Musik sind bei den meisten Sendern lateinamerikanische Popsongs und Schlager zu hören. Spanische Songs nehmen ebenfalls einen relativ großen Programmplatz ein.

Internationale Popmusik in englischer Sprache dominiert bei wenigen Stationen, die ihr Programmformat darauf abgestellt haben, ist aber bei anderen nur selten zu hören. Auch ursprüngliche lateinamerikanische Folklore kommt bei fast allen Stationen sehr kurz oder bleibt auf spezielle Sendungen beschränkt. Bis auf wenige peruanische Stationen, die Folkloretraditionen pflegen, bleibt es bei lateinamerikanischen Schlagern.

Informationsprogramme kommen bei den meisten kommerziellen Stationen ebenfalls sehr kurz. Mehr als die Schlagzeilen wird man als Nachrichtensendung von einigen Stationen kaum zu hören bekommen. Auch hier bestätigen Ausnahmen die Regel, denn es gibt einige kleinere Sender, die recht ausführlich auf Neuigkeiten aus der Umgebung eingehen – eine gute Hilfe zur Identifikation der Sende-Region, genauso wie Werbespots lokaler oder regionaler Unternehmen.

Eine Ausnahme bilden hier in einigen Ländern von der Regierung produzierte Informationsprogramme, die von allen Stationen ausgestrahlt werden müssen. Das zeigt auch, daß der Rundfunk in den meisten Staaten Lateinamerikas zwar privat organisiert ist, oft jedoch unter ziemlich strikten Kontrollen der jeweiligen Machthaber steht. Schließungen von Stationen, die sich durch abweichende Meinungen ausgezeichnet haben, sind in einigen Ländern an der Tagesordnung.

Neben Musik und Werbung nehmen Sportübertragungen bei vielen Stationen einen breiten Raum ein. Auch der Sprachunkundige freut sich, wenn ein brasilianischer Fußballspieler für seine Mannschaft ein „Goooooooooooooooooooooooool" erzielt – und er über den Tropenbandsender life dabei ist. Sportreportagen werden übrigens oft als Gemeinschaftsproduktionen von mehreren Stationen einer Senderkette übernommen. Das spart, wie andere Programmübernahmen auch, Kosten – und macht es uns Hörern zugleich schwierig, festzustellen, um welche Station es sich handelt.

Bei eigenproduzierten Programmen ist das sonst gar nicht so schwer, kommt der Stationsname doch in Ansagen relativ häufig vor. Oft werden auch recht umfangreiche Jingles ausgestrahlt, so daß zumindest mit Hilfe eines Cassettenrecorders schnell klar wird, um welche Station es sich handelt.

Neben den privat organisierten Rundfunkgesellschaften sind auch Stationen offizieller Organe wie Landes- oder Regionalregierungen, bestimmter Ministerien (etwa Landwirtschaft) oder einzelner Kommunen zu hören. Das Programmformat dieser Stationen wirkt oft kaum „seriöser" als das der Privaten. Jedoch nehmen hier Informations- und Erziehungsprogramme einen breiteren Raum ein.

Weitere privat betriebene Sender werden von Religionsgesellschaften unterschiedlichster religiöser Konfessionen unterhalten. Häufig nehmen im Programm dieser Sender neben religiösen Inhalten auch Bildungsprogramme einen breiten Raum ein. Diese Sendungen können für eine bestimmte Region oder in manchen Fällen sogar als kleiner Auslandsdienst fürs benachbarte Ausland bestimmt sein.

Die Sendesprache der lateinamerikanischen Sender ist in der Regel Spanisch oder (Brasilien) Portugiesisch. Nur wenige Sender lokaler Bedeutung senden in Indianersprachen, etwa in Quechua in der Andenregion oder in Mam in Guatemala. Allerdings identifizieren sich auch diese Sender manchmal in spanischer Sprache, so daß man mit leidlichen Spanischkenntnissen einiges von den Inhalten der gehörten Programme mitbekommen kann.

Die Privatrundfunkszene in Südamerika ist starken und regelmäßigen Veränderungen unterworfen. Zwar sind einige Stationen seit Jahren unverändert gut auf derselben Frequenz zu empfangen, jedoch ändern sich gerade bei kleinen und kleinsten Sendern die Sendeaktivitäten ziemlich regelmäßig. Oft werden Frequenzen gewechselt – mehr oder weniger freiwillig. Manche Sender verschwinden aus technischen, politischen oder finanziellen Gründen ganz vom Tropenband, um nach Jahren wieder auf der einstmals angestammten Frequenz wieder aufzutauchen.

Ob der Tropenbandsender betrieben wird, hängt oft davon ab, ob die Station auf Mittelwelle ebenfalls einen gut empfangbaren Sender betreibt – dann ist die Tropenbandfrequenz eine Art Luxus, denn im eigentlichen Empfangsgebiet der Station bietet er keine Empfangsverbesserungen und kostet nur Geld. Stationen mit überregionalem Charakter oder in Gebieten mit ungenügender Rundfunkversorgung auf Mittelwelle oder UKW können natürlich auf den Tropenbandsender weniger gut verzichten, und für einige arbeitet auf der Tropenbandfrequenz der einzige Sender, den die Station besitzt.

Daß es durch Eigentümerwechsel bei den Privatstationen zu neuen Stationsnamen und Slogans oder zu einem neuen Programmformat kommen kann, braucht nicht weiter zu verwundern.

Empfangsmöglichkeiten lateinamerikanischer Stationen

Grob gesagt können lateinamerikanische Stationen bei uns vom Beginn der Abenddämmerung im Sendegebiet bis zum Ende der Morgendämmerung bei uns oder bis zum Sendeschluß der jeweiligen Station empfangen werden. Beste Empfangsmöglichkeiten bietet somit die zweite Nachthälfte, eine denkbar ungünstige Empfangszeit. Wenn man nicht jede Nacht Zeit hat, lateinamerikanische Stationen zu hören, gehört schon etwas Glück dazu, gute Empfangsbedingungen zu erwischen.

Da auch beim Lateinamerika-DX jahreszeitliche Unterschiede bei den Empfangsmöglichkeiten auftreten, sollen hier die unterschiedlichen Konstellationen der Dunkel- und Dämmerungszonen für dieses Empfangsgebiet übers Jahr beschrieben werden.

Im Dezember sind die ersten lateinamerikanischen Stationen frühestens ab 2100 Uhr Weltzeit zu hören. Die Abend-Dämmerungslinie verläuft in nordwest-südöstlicher Richtung und erreicht zu diesem Zeitpunkt den Nordosten Brasiliens. Gegen 2200 Uhr werden venezolanische und weitere brasilianische Stationen aus dem Landesinneren hörbar. Das fade-in der ersten Stationen aus dem zentralen Lateinamerika und aus Kolumbien kann gegen 2230 Uhr erfolgen. Gegen 2300 Uhr ist das gesamte lateinamerikanische Empfangsgebiet in der Dunkelzone. Ab jetzt sind die meisten Stationen bis zu ihrem individuellen Sendeschluß (oft zwischen 0200 und 0400 Uhr Weltzeit) zu hören. Stationen, die 24 Stunden am Tag ihre Programme ausstrahlen, sind dann bis zum Beginn der hiesigen Morgendämmerung zu empfangen.

Im Winter sind sowohl Mitteleuropa als auch das hier interessierende lateinamerikanische Empfangsgebiet bis etwa 0700 Uhr Weltzeit im Dunkelbereich. Die Morgen-Dämmerungslinie verläuft jetzt flach in südwestlich-nordöstlicher Richtung, d.h. man kann in der hiesigen Morgendämmerung mit echtem „Grey-Line-DX" rechnen. Auch um 0800 Uhr Weltzeit sind Stationen aus Brasilien bei uns mit ihren Morgenprogrammen über diesen Ausbreitungsweg oft gut zu empfangen. Das ist insbesondere interessant, weil im Winter um diese Jahreszeit auch viele Sender, die ihre Programme nachts unterbrechen, dank der brasilianischen Sommerzeit ihre Sendungen wieder aufgenommen haben. Nach und nach verschwinden Brasilien, Peru, Venezuela und zum Schluß Mittelamerika aus dem Dunkelbereich. Um die Jahreswende wurden hier noch um 1000 Uhr Weltzeit bei guten Bedingungen kolumbianische und costaricanische Stationen empfangen.

Bis zum März verlaufen die Dämmerungslinien zunehmend steiler, was bedeutet, daß die ersten Stationen abends geringfügig später hereinkommen, die letzten Stationen morgens jedoch deutlich früher fade-out haben. Bei Tag-Nacht-Gleiche kommen somit die ersten Stationen aus Ost-Brasilien weiterhin gegen 2100 Uhr Weltzeit herein.

Da die Abend-Dämmerungslinie steil verläuft, kommen als nächste Stationen die herein, die weiter westlich gelegen sind – also nicht mehr venezolanische Sender, sondern Sender aus Zentralbrasilien und Bolivien. Die ersten Venezolaner und Peruaner sind gegen 2300 Uhr empfangbar; fade-in für Mittelamerika wird nicht vor 0000 Uhr sein.

Zur Tag-Nacht-Gleiche ist der südamerikanische Kontinent noch immer im Dunkelbereich, wenn bei uns schon die Morgendämmerung beendet ist. Im März können also Stationen aus Lateinamerika nur noch bis etwa 0700 Uhr Weltzeit empfangen werden. Ein Empfang auf der Dämmerungslinie ist zu dieser Jahreszeit nicht möglich.

Wie schon bekannt, wendet sich die Richtung der Dämmerungslinien zur Tag-Nacht-Gleiche. Im Sommer steht die Sonne über der nördlichen Halbkugel, die Abend-Dämmerungslinie verläuft im Juni in südwest-nordöstlicher Richtung. Das hat zur Folge, daß die ersten Stationen aus Ost- und Südostbrasilien bereits als Grey-Line-DX gegen 2000 Uhr UTC hereinkommen. Die Dunkelzone schiebt sich über den südamerikanischen Kontinent jetzt aus südöstlicher Richtung: erste Stationen aus Bolivien könnten theoretisch bereits gegen 2100 Uhr empfangen werden. Um 2200 Uhr Weltzeit ist ganz Brasilien und Peru bereits im Dunkelbereich. Venezuela und Kolumbien sind wieder ab 2300 Uhr hörbar, auf mittelamerikanische Stationen muß bis nach 0000 Uhr gewartet werden.

In den Sommermonaten sind lateinamerikanische Stationen auch nachts in relativ guter Qualität zu empfangen. Grund dafür ist auch, daß etwa Stationen aus Asien um diese Jahreszeit in der zweiten Nachthälfte nicht mehr bei uns empfangen werden können, so daß lateinamerikanische Sender zu dieser Zeit das Tropenband fast für sich haben. Bereits gegen 0500 Uhr Weltzeit sind dann dank der frühen hiesigen Morgendämmerung auch die letzten lateinamerikanischen Stationen aus den Tropenbändern verschwunden.

Bis zur Tag-Nacht-Gleiche am 21. September wird der Verlauf der Dämmerungslinien wieder steiler. Das bedeutet, daß die Möglichkeit, sehr früh am Abend brasilianische Stationen über die Grey Line zu hören, wieder verschwindet. Die ersten Stationen aus Südamerika sind dann erst wieder gegen 2100 Uhr zu empfangen – und im September liegt Mitteleuropa dann schon wieder in der Dunkelzone. Die Empfangszeiten sind ähnlich wie für den März beschrieben.

Bis zum Dezember wird die Dämmerungslinie nach Richtungsänderung dann wieder flacher verlaufen, so daß die Beobachtungszeit am Morgen wieder länger wird.

Indikatorstationen

Vor der Vorstellung der aus den einzelnen Ländern Süd- und Mittelamerikas hörbaren Sender wollen wir nachfolgend noch einige besonders häufig empfangbare Stationen aus den einzelnen Ländern aufführen. Am Empfang dieser Sender kann man sich relativ schnell orientieren, aus welcher Gegend des Kontinents die Empfangsbedingungen besonders gut oder schlecht sind.

Aus Venezuela sind hier vor allem Radio Táchira auf 4830 kHz sowie die seit langem auf 4980 kHz sendende Station Ecos del Torbes aus San Cristobal zu nennen, die einigermaßen regelmäßig vom fade-in bis zum jeweiligen Sendeschluß um 0400 Uhr Weltzeit aufzunehmen sind. Öfters aus Kolumbien zu hören war in den letzten Monaten CARACOL Bogotá auf 4755 kHz, einer sonst relativ freien Frequenz. Dasselbe gilt auch für Radio Sutatenza auf 5095 kHz; diese Station setzt ihre Tropenbandsender allerdings nur unregelmäßig ein.

Eine häufig zu hörende Station aus Brasilien ist Radio Nacional Manáus auf 4845 kHz. Ein starker 250-kW-Sender sorgt dafür, daß, nachdem ORTM Nouakchott um 2400 Uhr die Frequenz verlassen hat, diese Station fast regelmäßig zu empfangen ist. Weitere „gute" Brasilien-Frequenzen sind 4805 kHz (Radio Dif. do Amazonas), 4885 kHz (Radio Clube do Pará) und 5045 kHz (Radio Cultura do Pará).

Aus Ekuador ist – falls der Tropenbandsender genutzt wird – Radio Nacional Espejo auf 4680 kHz in der zweiten Nachthälfte ziemlich regelmäßig zu empfangen. Eine echte „Indikatorstation" für dieses Land ist sonst schwer zu nennen, da die Empfänge einzelner locals schon zu den Raritäten zählen. Ähnliches gilt für Peru, wo noch am sichersten Radio Madre de Dios auf 4950 kHz und Radio Atlántida auf 4790 kHz hereinkommen. Radio Nueva América aus La Paz, Bolivien, auf 4795 kHz zählt ebenfalls zu den seltenen Indikatorstationen – ein Zeichen dafür, daß der Empfang anderer Stationen aus diesen Ländern alles andere als leicht ist.

Aus Mittelamerika ist zur Zeit Radio Impacto aus Costa Rica auf 5030 kHz brauchbar zu empfangen. Die Station ist ein guter Indikator für Mittelamerika-Bedingungen auf den Tropenbändern.

RADIO NACIONAL ESPEJO
"AMARILLO AZUL Y ROJO"

Radio Táchira
PRIMERA EN LOS ANDES
APARTADO No. 37 - SAN CRISTOBAL - VENEZUELA

Hörbare Stationen aus Lateinamerika

Es folgt eine Übersicht über bei uns hörbare Stationen aus Lateinamerika in den Tropenbändern. Die hier genannten Zeiten beziehen sich wieder auf Weltzeit (UTC). Umrechnung:

           2200 Uhr UTC = 2300 Uhr MEZ = 2400 Uhr MESZ.

Vor den aufgelisteten Tropenbandfrequenzen befindet sich eine Angabe über die Hörbarkeit der betreffenden Station in Mitteleuropa. Dabei bedeuten

+	gut und regelmäßig hörbar
o	öfters hörbar
-	selten, bei guten Bedingungen hörbar
--	äußerst selten, nur bei sehr guten Bedingungen möglich
i	inaktiv

Nördliches Südamerika

Guayana (Franz.)

Ganz untypisch für Lateinamerika ist die Rundfunkszene in Französisch-Guayana. Sie besteht aus einer einzigen Station, die zudem noch in französischer Sprache sendet. Die Abkürzung RFO steht für die Radiodiffusion Francaise d'Outre-Mèr, den Ableger des französischen Rundfunks in den Übersee-Besitzungen.

Tropenbandfrequenzen:

i	3385 kHz:	RFO Cayenne – die Station ist derzeit inaktiv und wäre sonst nur selten zu empfangen.
-o	5055 kHz:	RFO Cayenne – zu empfangen am ehesten zum fade-in, bevor die stärkeren Sender Faro del Caribe aus Costa Rica und Radio Catolica aus Ekuador auf dieser Frequenz hereinkommen.
	Adresse:	RFO Cayenne, F-97307 Cayenne Cédéx.

Kolumbien

Vor allem im 60-Meterband sind in Europa einige Stationen aus Kolumbien nicht selten zu empfangen. Die in der nachfolgenden Übersicht mit einem „o" oder gar „ + " versehenen Stationen sind eine gute Möglichkeit auch für Tropenband-Neulinge, erste Stationen aus Lateinamerika in diesem Frequenzbereich zu hören. Viele Privatstationen in Kolumbien sind in Senderketten organisiert; von diesen werden Gemeinschaftsprogramme produziert und zur Verfügung gestellt. Am bedeutendsten sind CARACOL, RCN (Radio Cadena Nacional) und TODELAR – ihnen gehören mehrere hier hörbare Tropenbandsender an. Für Bestätigungen sind die Anschriften der „networks" manchmal eine sicherere Adresse als die der Stationen.

o + 4755 kHz: CARACOL Bogotá (ex Emisora Nuevo Mundo; reaktiviert Mitte 1988). Die Station ist sehr regelmäßig in guter Qualität bei uns zu empfangen. Es wird ein 24-Stunden-Programm ausgestrahlt.

i 4780 kHz: Radio Super (inaktiv – vor einigen Jahren hier öfters zu empfangen)

i 4785 kHz: Ecos del Combeima – seit einiger Zeit inaktiv, sonst in der zweiten Nachthälfte hörbar.

-o 4815 kHz: Radio Guatapuri. Die Station benutzt den Tropenbandsender nur unregelmäßig; Sendeschluß ist um 0400 Uhr.

- 4845 kHz: Radio Bucaramanga; nach Sendeschluß von Radio Nacional Manaus aus Brasilien manchmal hörbar; Network CARACOL, Sendeschluß: ca. 0400 Uhr.

o 4865 kHz: La Voz de Cinaruco – die Station aus dem CARACOL-Network ist bei uns vor allem gegen Morgen nicht selten zu empfangen. Sendeschluß ist gegen 0400 Uhr.

- 4885 kHz: Ondas del Meta. Die Station benutzt die Tropenbandfrequenz nur unregelmäßig und strahlt auf Mittelwelle ein 24-Stunden-Programm aus.

o 4895 kHz: La Voz del Rio Arauca. Neue Station aus dem RCN-Network; kann bei uns ziemlich regelmäßig bis zum Sendeschluß um 0400 bzw. 0500 Uhr empfangen werden.

- 4915 kHz: Armonías del Caquetá; sehr selten bei uns zu empfangen, arbeitet wohl nur am Wochenende. Die brasilianischen Stationen sind auf dieser Frequenz stärker.
o 4945 kHz: CARACOL Neiva. 24-Stunden-Programm, immer noch regelmäßig, aber nicht mehr so stark wie in den Vorjahren zu empfangen. Kann in den Wintermonaten noch am späten Morgen gehört werden. Die Station identifiziert sich auch als „Radio Reloj".
- 4975 kHz: Ondas del Orteguaza. Schwer zu empfangen, da die Station bereits um 2330 Uhr Sendeschluß hat und so nur kurz nach fade-in (und unter Störungen) bei uns zu hören ist. TODELAR-Network.
- 5040 kHz: Radio Cinco – benutzt den Sender in letzter Zeit nur unregelmäßig; 24-Stunden-Programm; stärker ist auf dieser Frequenz meist La Voz del Upano, EQA.
- 5050 kHz: La Voz de Yopal, CARACOL-Network. Da die Frequenz derzeit auch von anderen Stationen stark belegt ist, erfordert ein Empfang gute Regionalbedingungen. Sendeschluß ist bereits um 0100 Uhr.
i 5075 kHz: Radio Sutatenza. Die Station aus Bogotá hat diesen Sender seit langem nicht mehr benutzt.
o + 5095 kHz: Radio Sutatenza – der 50-kW-Sender wird wieder regelmäßiger eingesetzt. Die Station sendet vor allem Erziehungsprogramme, Sendeschluß ist um 0500 Uhr.
-o 5568 kHz: Radio Nueva Vida. Dank der relativ freien Frequenz ist diese religiös orientierte Station bis zum Sendeschluß um 0200 Uhr bei uns öfters hörbar.

Adressen der Networks:

Caracol Bogotá, Ap.A. 9291, Bogotá
Radio Cadena Nacional (RCN), Ap.A. 4984, Bogotá
TODELAR, Ap.A. 27344, Bogotá.

Adressen der Tropenbandstationen:

Armonías del Caquetá, Florencia, Caquetá
Ecos del Combeima, Ap.A. 1778, Ibague (Tolima)
La Voz del Cinaruco, Calle 19 No. 19-62, Arauca
La Voz del Llano, Ap. A. 2075, Villavicencio (Meta)
La Voz del Rio Arauca, Cra. 22 No. 18-21, Arauca
La Voz de los Centauros, Ap.A. 2472, Villavicencio (Meta)
La Voz de Yopal, Carrera 9, No. 22-63, Yopal (Casanare)
Ondas del Meta, Sr. G. Castaneda, Ap.A. 3104, Villavicencio (Meta)
Ondas del Orteguaza, Ap.A. 209, Florencia (Caqueta)
Radio Bucaramanga, Ap.A. 572, Bucaramanga (Santander del Sur)
Radio Caracol Neiva, Ap.A. 274, Neiva (Huila)
Radio Centenario La Nueva, Ap.A. 818, Santa Cruz
Radio Cinco, Ap.A. 2284, Villavicencio (Meta)
Radio Guatapuri, Ap.A. 51, Valledupar (Cesar)
Radio Nueva Vida, Ap.A. 402, Cucuta (Norte de Santander)
Radio Super, Ap.A. 3399, Medellin (Antioquia)
Radio Sutatenza, Ap.A. 7170, Bogota, D.E.

Surinam

Nur selten bei uns zu empfangen ist die derzeit einzige Tropenbandstation aus Suriname.

Tropenbandfrequenzen:

- 5005 kHz: Radio Apintie; sendet hier bis 0400 Uhr, aber nur selten zu empfangen. Wohl manchmal inaktiv.

Adresse: Radio Apintie, P.O.Box 595, Paramaribo.

oben: Radio Táchira, S.C.: Studio-Techniker bei der Arbeit.

unten: Ecos del Torbes: 2 Sprecher bei der vormittäglichen Nachrichtensendung im Studio, links im Hintergrund der „handbetriebene" Gong.   *Fotos: Frank Helmbold*

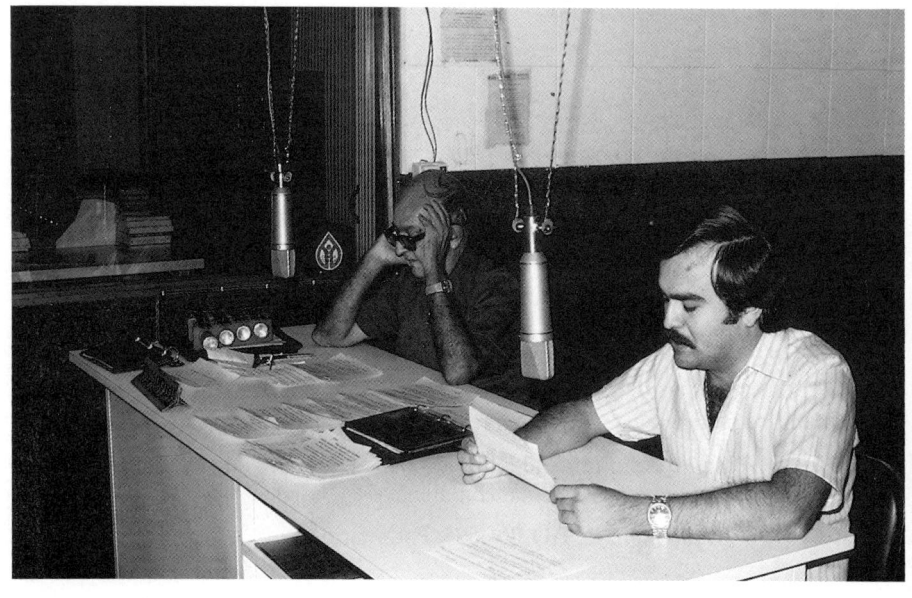

Venezuela

Im 90- und 60-Meter-Tropenband sind aus Venezuela einige Tropenbandstationen regelmäßig bei uns zu empfangen. Dem Tropenbandneuling bieten sich hier ebenfalls gute Möglichkeiten zum Einstieg ins Tropenband-DXing. Zwar sind einige der früher gut zu hörenden Stationen (etwa Radio Lara, Radio Juventud und Radio Barquisimeto aus Barquisimeto) mittlerweile im Tropenband nicht mehr aktiv, es bleiben jedoch genügend Hörmöglichkeiten. Sendesprache ist natürlich Spanisch.

Die Stationen im 90-Meterband sind durchweg nur sehr selten bei uns zu empfangen. Im 60-Meterband sind Venezolaner wesentlich häufiger.

Tropenbandfrequenzen:

- 3225 kHz: Radio Occidente, Tovar – nur bei sehr guten Bedingungen bei uns aufzunehmen. Sendeschluß ist um 0400 Uhr.

- 3255 kHz: La Voz de El Tigre / Radio 980, El Tigre. Der Tropenbandsender wird nur unregelmäßig eingesetzt, Sendeschluß ist um 0400 Uhr.

- 3275 kHz: Radio Mara, Maracaibo – Sendeschluß ebenfalls um 0400 Uhr, sonst ... siehe oben.

o 4770 kHz: Radio Mundial Bolívar, Ciudad Bolívar. Falls der Tropenbandsender benutzt wird, ist die Station nachts auch hörbar. In letzter Zeit war das häufiger der Fall. Sendeschluß ist um 0400 Uhr.

-o 4780 kHz: La Voz de Carabobo, Valencia. Die Station ist auch zum Beginn der Empfangszeit, also zwischen 2230 und 2400 Uhr, bei uns zu empfangen. Sendeschluß ist um 0400 Uhr, bis dahin ist die Station von Zeit zu Zeit aufzunehmen.

i 4810 kHz: Radio Popular Maracaibo; war hier vor Jahren aktiv und plant angeblich, den Tropenbandsender wieder instandzusetzen.

o + 4830 kHz: Radio Táchira, San Cristobal. Manchmal 24 Stunden, sonst Sendeschluß um 0400 Uhr. Die Station ist fast regelmäßig zu hören, zumindest nachdem Afrique No.1 aus Gabun um 2300 Uhr die Frequenz verlassen hat.

- 4840 kHz: Radio Valera, Valera – Sendeschluß wie üblich um 0400 Uhr. Die Station ist allerdings seltener als etwa Radio Táchira bei uns zu empfangen.

-o 4850 kHz: Radio Capital, Caracas. Ziemlich häufig insbesondere gegen Morgen zu empfangen. Das Programm dauert an Wochenenden 24 Stunden, sonst ist gegen 0500 Uhr Sendeschluß. Häufig internationale Popmusik! Als Alternativfrequenz ist 4685 kHz „im Gespräch".

- 4940 kHz: Radio Continental, Barinas – hat diese Frequenz vor kurzem aktiviert. Hobbyfreunde, die schon länger dabei sind, erinnern sich noch an Radio Yaracuy, das auf 4940 kHz regelmäßig empfangen werden konnte. Zwischen 0045 und 0145 Uhr benutzt Radio Kiew diese Frequenz nicht – sonst kaum Empfangsmöglichkeiten.

-o 4970 kHz: Radio Rumbos, Villa de Cura. Nicht mehr so gut wie in früheren Jahren, aber bei guten Bedingungen unter Utility-Störungen bei uns zu empfangen. Sendeschluß um 0500/0400 Uhr.

o + 4980 kHz: Ecos del Torbes, San Cristobal. Sendeschluß um 0400 Uhr; meist ordentliche Empfangsqualität, fast ungestörtes Hörvergnügen. Seit langem regelmäßig auf dieser Frequenz!

o 5022 kHz: Radio Nacional, Caracas. Falls gesendet wird, ist die Station bis zum Sendeschluß gegen 0330 Uhr zu empfangen. Die Frequenz ist variabel zwischen 5008 und 5027 kHz.

- 5040 kHz: Radio Maturín, Maturín. Sendeschluß um 0400 Uhr; bei uns eher selten zu hören.

-o 5049 kHz: Radio Mundial, Caracas. Der Sender wurde im Herbst 1988 reaktiviert und ist mit 24-Stunden-Programm bei uns zu hören.

Adressen:

Ecos del Torbes, Ap. 152, San Cristobal, Tachira
La Voz de Carabobo, Av. 100 No. 100-72, Valencia, Carabobo
La Voz de El Tigre, Ap. 430, El Tigre, Anzoategui
Radio Capital, Torre Centro Comercial Los Ruices, 4.Piso,
   Av.Francisco de Miranda, Caracas 1070
Radio Continental, Av. Marqués del Pumar, Barinas
Radio Continental,
Radio Mara, Ap. 1969, Maracaibo A401, Zulia
Radio Maturín, Plaza Bolívar, Maturín, Monagas
Radio Mundial Bolívar, Ap. 123, Ciudad Bolívar, Bolívar
Radio Mundial Caracas, Ap. 1684, Caracas 101
Radio Nacional de Venezuela, Ap. 3979, Caracas 101
Radio Occidente, Cra. 4 No. 4-46, Tovar, Merida
Radio Popular, Ap. 347, Maracaibo, Zulia
Radio Rumbos, Ap. 2618, Caracas 101
Radio Táchira, Ap. 37, San Cristobal 5001, Táchira
Radio Universo, Ap. 567 y 576, Barquisimeto, Lara
Radio Valera, Av. 10 No. 9-31, Valera, Trujillo

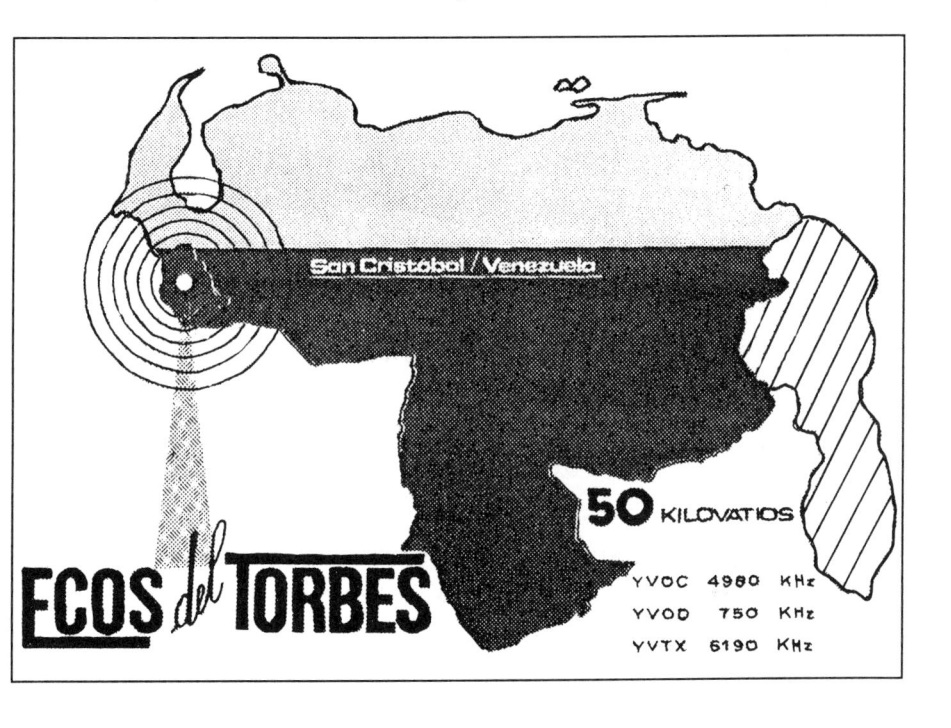

Brasilien

Aus dem größten Land des südamerikanischen Kontinents sind viele Stationen auch bei uns im Tropenband zu hören. Benutzt werden dabei alle Frequenzbereiche, also auch das 120-Meterband. Hier sind Empfänge aber nur selten möglich, Hauptbeobachtungsfeld bleibt das 60-Meterband.

Durch die Vielzahl der hörbaren Stationen sind auch die Programmstile, die von uns beobachtet werden können, recht unterschiedlich. Auf dem Sektor privater Rundfunkstationen nehmen kommerziell orientierte Sender natürlich einen breiten Raum ein. Einige religiös motivierte Stationen sind ebenfalls bei uns zu empfangen. Daneben gibt es aber viele staatlich betriebene Sender. Die Senderkette von Radio Nacional wird etwa vom Kommunikationsministerium betrieben. Daneben gibt es eine Reihe von Sendern, die vom Landwirtschaftsministerium oder von den Regierungen der Bundesstaaten betrieben werden.

Übrigens sind über die Jahreswende viele Stationen speziell aus Ostbrasilien bei uns mit den Morgenprogrammen eher zu empfangen – dort gilt für eine Dauer von drei bis vier Monaten die Sommerzeit und ermöglicht uns zahlreiche interessante Empfangsmöglichkeiten.

Tropenbandfrequenzen:

- -- 2380 kHz: Radio Educadora Limeira. Bei uns sehr selten; Sendeschluß um 0400 Uhr. Bei Stationen im 120-Meterband lohnt die Beobachtung „gängiger" Brasilien-Mittelwellenfrequenzen (z.B. 1220 kHz – Radio Globo) als Indikatorstationen. Kommt hier nichts, sind auch auf 120 Meter kaum Empfänge zu erwarten.
- -- 2410 kHz: Radio Transamazonica. Sendeschluß um 0200 Uhr.
- -- 2420 kHz: Radio Sao Carlos, Sao Carlos. Sendeschluß um 0300 Uhr.
- -- 2490 kHz: Radio Oito de Setembro, Descalvado. Sendeschluß um 0200 Uhr; nur sporadisch aktiv.
- - 3205 kHz: Radio Ribeirao Preto; nicht so selten bei guten Bedingungen. Sendeschluß um 0400 Uhr.
- -i 3225 kHz: Lins Radio Clube; Sendeschluß um 0200 Uhr; wohl inaktiv.
- -- 3235 kHz: Radio Clube, Marilia; Sendeschluß um 0400 Uhr.
- - 3245 kHz: Radio Clube, Varginha. Sendeschluß ist bereits um 0130 Uhr; kurz vorher selten hörbar.
- -- 3255 kHz: Radio Educadora Cariri (Sendeschluß um 0200 Uhr).

-o 3325 kHz:	Radio Liberal, Belem. Station mit 24-Stunden-Programm. Wenn aktiv, eine der häufigeren brasilianischen Stationen auf 90 Meter.
- 3335 KHz:	Radio Alvorada, Londrina. Reaktiviert und bei uns manchmal zu empfangen. Sendeschluß um 0300 Uhr.
- 3365 kHz:	Radio Cultura, Araraquara; manchmal mit 24-Stunden-Programm. Nicht häufig zu empfangen.
-o 3375 kHz:	Radio Ecuatorial Macapa – 24-Stunden-Programm.
-o 3375 kHz:	Radio Nacional Sao Gabriel. Die Station dominiert manchmal über Radio Ecuatorial auf gleicher Frequenz. Sendeschluß ist um 0300 Uhr. Beide Stationen sind nicht selten.
-- 3375 kHz:	Radio Educadora, Guajará Mirim. Sendeschluß um 0200 Uhr, dank der oben angeführten Stationen bei uns kaum zu empfangen.
- 3385 kHz:	Radio Educacao Rural, Tefé – bis 0200 Uhr, trotz 5 kW Leistung nicht häufig.
- 3401 kHz:	Radio Educadora 6 de Agosto, Xapurí. Sendeschluß um 0200 Uhr, die Station driftet leicht und wurde schon auf 3440 kHz aufgenommen.
-- 3569 kHz:	Radio Tres de Julho; bis 0300 Uhr, mitten im 80-Meter-Band der Funkamateure und daher bei uns nicht zu hören.
- 4118 kHz:	Radio Difusora Sena Madureira; bis 0300 Uhr; manchmal bei uns hörbar.
-o 4755 kHz:	Radio Difusora do Maranhao, Sao Luiz. Sendeschluß um 0500 Uhr; ist aber bei uns eher zum fade-in zu empfangen, da sonst CARACOL Bogotá die Frequenz blockiert.
- 4755 kHz:	Radio Educacao Rural, Campo Grande – Sendeschluß um 0500 Uhr, noch seltener als Radio Difusora.
-o 4765 kHz:	Radio Nacional Cruzeiro do Sul. Bis 0300 Uhr zu empfangen. Auf dieser Frequenz dominiert oft in der zweiten Nachthälfte das Moskau-Relais aus Habana/Kuba.
-o 4765 kHz:	Radio Rural, Santarém. Sendeschluß ebenfalls um 0300 Uhr; da beide Brasilianer bei uns empfangen werden können, bitte genau auf Stationsansagen achten!
- 4775 kHz:	A Voz de Oeste, Cuiabá – das ehemalige Radio Portal Amazonia; 24-Stunden-Programm.
i 4785 kHz:	Radio Ribamar, Sao Luiz. Derzeit inaktiv, sonst bis 0300 Uhr hörbar. Wie alle Stationen aus Ostbrasilien war Radio Ribamar sonst auch zum fade-in recht stark.

NOVA RÁDIO BARÉ

ZYH 285 Onda Média 1.440 Khz.
ZYF 270 Onda Tropical 4.895 khz. Faixa 61.28 m.

A comunicação que a gente gosta

Fundação Cultural do Maranhão
Rádio Timbira do Maranhão
ONDAS MÉDIAS, CURTAS E TROPICAIS
Rua Tarquínio Lopes, 283 8.º andar – Edifício BEM
Telegrama : RÁDIO TIMBIRA
Telefones : 2-12-54 e 2-13-54
São Luís 01.10.76 — Maranhão

Herrn
Klaus Bergmann
Milchstr. 8
2820 Bremen 70
Deutschland

Geehrter Herr

    Wir danken Ihnen recht herzlich fuer den interessanten Empfangsbericht, den wir einige Tage her bekommen haben. Zugleicherzeitig moechten wir bestaetigen, es war wirklich Radio Timbira do Maranhao ,ZYY-9, die brasilianische Rundfunkstation, die Sie am 20.09.1976 von 2041 bis 2058 Uhr GMT gehoert als wir unsere internationale Sendung "The International Correspondent" vorzeigten.

    Wir hoffen, Sie werden us noch viele andere Bericht ueber "The International Correspondent" und auch ueber andereRT Programme schicken.

Atenciosamente.

João Ferreira
International Correspondent

Tropenband aktuell

Die aktuelle Ergänzung zum Tropenband-Handbuch

Seit Erscheinen des Tropenband-Handbuches im Siebel Verlag 1989 sind mittlerweile drei Jahre vergangen. Natürlich hat das Buch, insbesondere, was die allgemeinen Tips und Hinweise zum Tropenband-Empfang anbelangt, nichts von seinem Wert verloren. Auch die meisten im Buch angegebenen Stationen senden noch auf den angegebenen Frequenzen.

Allerdings haben auch manche Sender ihre Frequenzen geändert. Andere haben die Tropenbandfrequenz verlassen, neue sind hinzugekommen. Über die Änderungen bei den wichtigsten dieser Dienste möchten wir die Leser im folgenden informieren. Die Indikatorstationen für die meisten Sendegebiete führen wir im ersten Teil komplett neu auf. Es schließt sich ein alphabetisch geordneter Nachrichtenteil mit Änderungen bei häufiger zu empfangenden Stationen an. Änderungen bei „Raritäten" sind nicht vollständig vermerkt – wir verweisen hierbei auf Frequenzliste und Länderteil im Jahrbuch „Sender & Frequenzen 1993", das Mitte November 1992 erscheint.

Indikatorstationen

Bei den häufig zu empfangenden Stationen haben sich einige Änderungen ergeben. Die zur Zeit brauchbaren Indikatoren seien nachfolgend genannt:

Afrika

Ostafrika:
  3330 kHz : Radio Rwanda
  4934 kHz : KBC Nairobi; zeitw. inaktiv
  5050 kHz : Radio Tansania – aktiv mit Auslands- oder Inlandsdienst

Südafrika:
  3215 kHz : Radio Oranje, Südafrika
  3290 kHz : NBC Windhoek, Namibia
  4800 kHz : LNBS Maseru; nach Pause im Frühjahr 1992 wieder aktiv.
  4830 kHz : Radio Botswana; wechselte von 4820 kHz

Westafrika:
  3366 kHz : GBC Accra
  4770 kHz : FRCN Kaduna, Nigeria; weiter aktiv
  4845 kHz : ORTM Nouakchott, Mauretanien
  4990 kHz : FRCN Lagos
  5010 kHz : Radio Garoua, Kamerun; wieder aktiv.

Der starke Sender von Afrique No.1 aus Gabun wird nicht mehr im Tropenband eingesetzt (ex 4830 kHz).

Lateinamerika

Venezuela:
  4830 kHz : Radio Táchira
  4980 kHz : Ecos del Torbes

Kolumbien:
  4865 kHz : La Voz del Cinaruco
  5075 kHz : CARACOL Bogotá

Brasilien:
  4805 kHz : Radio Dif. do Amazonas
  4885 kHz : Radio Clube do Pará
  4915 kHz : Radio Anhanguera
  5045 kHz : Radio Cultura do Pará.

Ekuador:
  4800 kHz : Radio Popular de Cuenca
  4920 kHz : Radio Quito

Peru:	4790 kHz :	Radio Atlantida
	4825 kHz :	La Voz de la Selva
	4950 kHz :	Radio Madre de Dios
Bolivien:	4649 kHz :	Radio Santa Ana
Mittelamerika:	4820 kHz :	HRVC La Voz Evangelica, Honduras
	4835 kHz :	Radio Tezulutlán, Guatemala
	5025 kHz :	Radio Rebelde, Kuba
	5030 kHz :	AWR R. Lira Internacional, Costa Rica
	5055 kHz :	TIFC Faro del Caribe, Costa Rica

Asien

SO-Asien:	3395 kHz :	RRI Tanjungkarang, Indonesien
	4002 kHz :	RRI Pandang, Indonesien
	4719 kHz :	RRI Ujung Pandang, Indonesien (abends)
	4725 kHz :	BBC Rangoon, Myanmar
	4753 kHz :	RRI Ujung Pandang (nachmittags)
	4774 kHz :	RRI Jakarta, Indonesien
	5005 kHz :	R. Malaysia Sibu (abends)
	5010 kHz :	SBC Singapore
	5052 kHz :	SBC Singapore
Zentral-/Ostasien:	2850 kHz :	KCBS Pyongyang, Nordkorea
	4080 kHz :	Radio Ulan Bator, Mongolei
	4500 kHz :	PBS Xinjiang, VR China
	4735 kHz :	PBS Xinjiang, VR China
	4865 kHz :	PBS Gansu, VR China
	5005 kHz :	Radio Nepal
Südasien:	3355 kHz :	AIR Kurseong, Indien
	3925 kHz :	AIR Delhi, Indien
	4790 kHz :	Azad Kashmir Radio, Pakistan
	4800 kHz :	AIR Hyderabad, Indien
	4870 kHz :	SLBC Colombo, Sri Lanka.

Wichtige Änderungen gegenüber den Informationen im Tropenband-Handbuch

Afghanistan
Die Vielzahl der Relaissendungen von Radio Afghanistan über Sender in der GUS sind entfallen. Zu hören ist die Station nur noch auf 4775 kHz direkt aus Kabul. Sendebeginn ist um 0130, Sendeschluß um 1700 Uhr.

Albanien
Der Tropenbandsender Gjirokaster auf 5057 kHz hat seinen Betrieb eingestellt – das Land ist in diesem Frequenzbereich nicht mehr zu empfangen.

Belize
Radio Belize hat seinen Tropenbandsender auf 3285 kHz jetzt seit mehreren Jahren nicht mehr in Betrieb genommen.

Bhutan
Neu im Tropenband sendet BBC Thimphu. Die Station ist bei uns im Winter bis zum Sendeschluß um 1500 Uhr selten zu empfangen.

Letzte Meldungen

Beilage zum Jahrbuch „Sender & Frequenzen 1993" Stand: 10. 11. 1992

Wie in jedem Jahr müssen wir auch für das Jahrbuch 1993 bereits kurze Zeit nach Redaktionsschluß wieder einige wichtige Informationen nachreichen, die wir Ihnen bis zum Erscheinen des ersten Nachtrages nicht vorenthalten wollen. Bitte denken Sie daran, nicht nur den Länderteil, sondern auch die Hörfahrpläne zu korrigieren.

Äthiopien
Die VoBMoEritra konnte neu auf 5000 kHz empfangen werden. Weiter werden 3940, 7020 und 7380 kHz eingesetzt.

Afghanistan
Radio Afghanistan setzt wieder 4775, 7200 und (mit dem Auslandsdienst) 9635 kHz ein.

Albanien
Radio Tirana sendet nun eine Stunde später als im Jahrbuch angegeben – also in Deutsch:
```
0500-0530 Uhr :   1395, 7105, 9530 kHz      1700-1730 Uhr :   7105, 9530 kHz
1330-1400 Uhr :   7105, 9530 kHz            2030-2100 Uhr :   7105, 9530 kHz
.. und in Englisch:
1530-1600 Uhr :   7155, 9760 kHz            2200-2230 Uhr :   1395, 9760, 11825 kHz,
```

Algerien
RTA sendet im Herbst in Englisch /   Spanisch:
```
1800-1900 Uhr :   17745 kHz                 1900-2000 Uhr :   9640, 15215 kHz
2100-2200 Uhr :   9535 kHz.                 0000-0100 Uhr :   9640, 15215 kHz
.. und in Französisch:
1700-1800 Uhr :   17745 kHz                 1900-2200 Uhr :   9685, 17745 kHz
1800-1900 Uhr :   9685 kHz                  2200-2400 Uhr :   7245, 9685 kHz.
```

Bangla Desh
Radio Bangladesh hat von 1800-2100 Uhr ein neues mitternächtliches Inlandsprogramm.

Belgien
RVI hat einige Frequenzänderungen vorgenommen:
```
0500-0600 Uhr :   13675 kHz (ex 11985)
0600-1100 Uhr :   5900 kHz (ex 5910)
1800-2230 Uhr :   5900 kHz (ex 5910)
1100-2030 Uhr :   17545 kHz (ex 21815, 17550 kHz) - so ab 0800 Uhr.
```
Das ergibt folgenden Sendeplan in Deutsch:
```
So          0830-0900 Uhr :   1512, 5900, 13675, 17545 kHz
Mo-Sa       0930-1000 Uhr :   1512, 5900, 9905 kHz
            1830-1900 Uhr :   1512, 5900, 17545 kHz.
```
Die mittägliche Nachrichtensendung des BRF wird nicht mehr via Kurzwelle ausgestrahlt.

Bolivien
Radio San Miguel wechselte von 3310 auf 4923,6 kHz.

Bosnien-Herzegowina
Der Mittelwellensender Sarajewo auf 612 kHz wurde seit dem 11.10. nicht mehr empfangen. Via Kurzwelle hören wir den Bosnischen Rundfunk, Studio Sarajewo, allerdings auf 7238 kHz.

Costa Rica
REE benutzt mit dem Costa-Rica-Relais die Frequenzen 5970 kHz (für Nordamerika) und 17845 kHz (für Südost-Amerika).

Dominikanische Republik
Radio Cina sendet neu auf 4962 kHz und kann in Europa empfangen werden. Anschrift: Apartado 804, Sto. Domingo.

Ekuador
Um 1830 Uhr setzt HCJB für die deutsche Sendung auch 17490 kHz (SSB) ein.

Griechenland
Das Inlandsprogramm aus Athen wird von 1600-1700 Uhr auch auf 7430 kHz // 11595 übertragen. Die Stimme Griechenlands in deutsch: 1930-1945 Uhr auf 7450 und neuen 9400 kHz.

Großbritannien
Um 0445 Uhr sendet der deutsche Dienst der BBC nicht mehr auf 6010, sondern auf 6060 kHz. Sunshine Radio hat Tests auf 855 kHz begonnen. Eigentlich war 819 kHz als Mittelwellenfrequenz vorgesehen. Adresse; Sunshine Radio, Engineering Dept., Sunshine House, Waterside, Ludlow SY8 1PE.
BBC Radio Shropshire hat seine MW-Sender auf 756 und 1584 kHz Ende Oktober 1992 stillgelegt.
Sunshine Radio Leicester benutzt den ehemaligen Sender von GEM AM auf 1260 kHz seit September für 24-Stundenbetrieb.
Special Event Stations scheinen die Frequenzen 1602 kHz (Nordwesten), 1584 kHz (Südosten) und 1413 kHz (Sheffield Area) zu benutzen.

Guam
KSDA AWR Asia fährt zur Zeit ein eingeschränktes Programmangebot hauptsächlich auf 11980 kHz. Eine Englischsendung kommt dort um 1600 Uhr. Mit einer Erweiterung der Programme auf das übliche Maß ist aber zu rechnen.

Indien
AIR hat einige neue Sender in Betrieb genommen:

AIR Jaipur,	0030-0230 Uhr :	3345 kHz
	0230-0430, 1130-1740 Uhr :	4910 kHz
	0430-1130 Uhr :	7200 kHz.
Anschrift:	Mr M.K. Gupta, Assistant Station Engineer, All India Radio, 5 Park House, Mirza Ismail Rd, Jaipur 302 001, Rajastan.	
AIR Itanagar,	2330-0400 und 1030-1415 Uhr :	4970 kHz,
	1415-1730 Uhr :	3205 kHz. (hier auch Lucknow)
Anschrift:	AIR, Naharlagun, Itanagar 791 110, Arunchal Pradesh.	
AIR Imphal,	2330-0430, 1130-1730 Uhr :	4760 kHz
	1415-1730 Uhr :	3305 kHz (Ranchi!)
Anschrift:	AIR, Palau Road, Imphal 795 001, Manipur.	
AIR Gangtok,	0000-0400, 1415-1730 Uhr :	3390 / 4775 kHz.
Anschrift:	AIR Installation Engineer, Old MLA Hostel, Gangtok 737 101, Sikkim.	

AIR Thiruvananthapuram, 2300-0430 und 1030-1830 Uhr auf 5010 kHz.
Anschrift: AIR, Box 403, Bhakti Vilas, Vaszuthacaud, T... 695 014, Kerala.

Der Tropenbandsender von AIR Calcutta wird – wie viele andere indische Regionalstationen – auf 50 kW Sendeleistung verstärkt. Der derzeit verfügbare 10-kW-Sender auf 4820 kHz ist off air.

Irak
Radio Baghdad wechselte von 4750 auf 4930 kHz.

Irland
RTL hält jetzt 80 % der Anteile von Atlantic 252.

Radio Reflections Europe sendet offensichtlich weiterhin religiöse Programme via Sender von Radio Fax. Zusammengestellt werden die Sendungen von Pan American Broadcasting. Radio Fax hat seine Sendungen hingegen am 30.9.92 eingestellt.

Israel
Änderungen im Wintersendeplan von Kol Israel für die Englischprogramme: Um 0500 Uhr wird 9435 kHz benutzt. Um 1800 Uhr wird 7465 kHz zusätzlich eingesetzt. Hier ist die Station auch um 2000 und 2230 Uhr zu empfangen (ex 7460 kHz).

Italien
European Christian Radio wechselte von 6210 auf 6220 kHz.

Japan
Die deutsche Sendung von Radio Japan kommt morgens um 0600 Uhr direkt auf 15170 kHz. Abends um 2100 Uhr wird mehr schlecht als recht 6005 statt 6025 kHz eingesetzt.

Jugoslawien
Radio Jugoslawien in Deutsch:
1730-1800 Uhr :	9620, 11735 kHz	2030-2100 Uhr :	6100, 7200 kHz

.. und in Englisch:
0100-0130 und 0200-0230 Uhr :	9580 kHz	1930-2000 Uhr :	6100, 7200 kHz
1230-1300 Uhr :	17740, 21605 kHz	2200-2230 Uhr :	6100, 7200, 9505 kHz.

Kanada
Sendungen für kanadische UN-Truppen in Jugoslawien werden von 2000-2030 Uhr auf 5995, 7235, 13670, 15140, 15325, 17820 und 17875 kHz ausgestrahlt. 930 kHz CJYQ St. John's hat eine neue Anschrift: P.O.Box 8010, St. John's, Newfoundland A1B 3M7.

Korea (Nord)
Radio Pyongyang benutzt statt 13730 kHz jetzt die neue Frequenz 13785 kHz für seine Europaprogramme nachmittags und abends.

Kroatien
HR Zagreb wurde in E um 1204-1210 Uhr empfangen auf 6210, 9830 und 13830 kHz. Die nächste Sendung sollte um 2200 Uhr kommen.

Kuba
RHC Habana hat im Abendprogramm für Europa in spanischer Sprache mit 13660 und 15220 kHz parallel zu 17770 kHz zwei neue QRGs im Einsatz. Auf 13660 kHz werden von 0000-0200 Uhr auch Englischprogramme ausgestrahlt. Von 2200-2300 Uhr wird 9655 kHz in Europa mit einem Englischprogramm empfangen.

Liberia
Radio Liberia, ein Sender der National Patriotic Front of Liberia von Charles Taylor, benutzt wieder Kurzwellen-Frequenzen:
0600-0800 Uhr :	3255 kHz	1745-2400 Uhr :	3255 kHz.
0800-1745 Uhr :	6000 kHz		

Anschrift: LBS, Box 242, Danane, Cote d'Ivoire bzw. Box 16. Gbarnga, Liberia. Auf 7275 kHz sendet weiterhin ELBS, der Sender der ECOMOG-Truppen unter nigerianischer Führung.

Litauen
Radio Vilnius im Herbst für Nordamerika um 0000 Uhr auf 9530, 17605 und 17690 kHz.

Luxembourg
Der englische Mittelwellendienst von RTL wird am 30.12.92 eingestellt. Was mit dem 19-Meterband-Relais des Satellitendienstes passiert, ist noch nicht klar.

Marokko
RTM Rabat wurde in Englisch von 1400-1500 Uhr (neue Sendezeit) auf 17595 kHz gemeldet.

Neuseeland
RNZI sendet im Winter:
1630-1855 Uhr :	9675 kHz	0630-1210 Uhr :	9700 kHz
1855-2130 Uhr :	15120 kHz	1155-1630 Uhr :	9510 kHz.
2130-0655 Uhr :	17770 kHz		

Norwegen
Die Democratic Voice of Burma sendet jetzt via Radio Norway von 1430-1525 Uhr auf 17840 kHz.

Oman
Radio Oman sendet u.a. 1200-1600 Uhr auf 15375 und 1200-1500 Uhr auf 17840 kHz.

Pakistan
Radio Pakistan in E:
0230-0245 Uhr : 17705, 17725, 21485, 21730 kHz
1600-1630 Uhr : 11570, 13685, 15555, 17555 kHz. Rest unverändert.

Rumänien
Radio Rumänien International sendet in D um

0623 Uhr :	7225, 9695, 11940, 15365 kHz	1630 Uhr :	7195, 9690, 11940 kHz
1200 Unr :	9690, 11940, 11970, 15365, 15445 kHz	1800 Uhr :	6010, 11980, 12010 kHz.

Rußland
Radio Pamyat sendet auf Kurzwelle nur noch von 1430-1600 Uhr auf 12000 (ab 1.11. 7230) kHz. AWR Russia sendet in Deutsch um 0600 Uhr auf 15125 und um 2000 Uhr auf 7310 kHz. Die Lutherische Stunde will ab 4. November mittwochs von 1945-2000 Uhr via Kaliningrad MW 1386 kHz sowie KW 5950, 7360 und 7390 kHz in Deutsch senden – also innerhalb des Auslandsdienstes von Radio Moskau. Die Anschrift: Lutherische Stunde, Postfach 1162, W-2724 Sottrum, Deutschland. Radio Kaliningrad hat folgende Anschrift: RTV Centre, ul. Basseinaya 42, 236 032 Kaliningrad, Rußland. Radio Polis sendet jetzt von 0330-1600 Uhr auf 6045 kHz. Radio Trek sendet nur noch auf FM.

Schweiz
SRI Bern sendet in D mo-sa 0615-0630, 0715-0730, 1200-1230, 1730-1815 und 1915-2045 Uhr.

Spanien
Änderungen bei spanischen Mittelwellensendern:
936 kHz : RNE R. 5 Valladolid (ex 1314)
936 kHz : RNE R. 5 Zaragoza (ex 1413)
1359 kHz : RNE Arganda; Tests mit 600 kW Sendeleistung. Die Programme kommen nachmittags/abends als Übernahmen von RNE 1 und RNE R.5 Madrid.

Tschechoslowakei
Der CSFR-Rundfunk überträgt das Inlandsprogramm „Ceskoslovensko" jetzt von 0500-2110 Uhr durchgängig auf 5930 kHz. Der Auslandsdienst wechselte abends auf 5960 kHz.

Ukraine
Eine gute Frequenz für die Deutschsendungen von Radio Ukraine International ist 7240 kHz.

USA
Die Deutschsendungen vom Herold der Christlichen Wissenschaften via WCSN/WSHB kommen am Wochenende um 1805 und 2005 Uhr jetzt auf 15665 kHz. Um 1305 Uhr werden 17510 kHz eingesetzt. 1130 kHz WNEW New York wurde verkauft und soll unter dem Rufzeichen WBBR Wirtschaftssendungen ausstrahlen.

Usbekistan
Radio Taschkent in E um 1200 und 1330 Uhr auf 7325, 9715, 15470 und 17815 kHz.

Weißrußland
Deutsch aus Minsk kommt gut um 1930 Uhr auf nicht im Sendeplan aufgeführten 7240 kHz. Weitere eingesetzte Frequenzen sind 6010, 7210, 7255, 7420 und 9710 kHz.

Dieses Beilageblatt ist eine kostenlose Ergänzung zum Jahrbuch **„Sender & Frequenzen 1993"**.
Redaktion:
Klaus Bergmann und Wolf Siebel © Copyright: Siebel Verlag GmbH, Meckenheim, 1992

Bolivien
Radio CVU, La Voz del Tropico, ist zur Zeit auf 4435 kHz aktiv (ex 4747 kHz). Radio Nueva America (4795 kHz) ist inaktiv. Radio Illimani (4945 kHz) hat die Tropenbandfrequenz ebenfalls verlassen.

Brasilien
Die meisten regionalen Stationen von Radio Nacional wurden in den letzten Jahren privatisiert, so auch der ehemals 250 kW starke Sender von Radio Nacional Manaus. Auf 4845 kHz ist das Signal des Nachfolgers, Radio Cabocla, leider nur schwach zu empfangen. Stärker kommt Radio Integracao aus Cruzeiro do Sul auf 4765 kHz durch. Häufiger kommt auch die neue Station Radio IPB AM auf 4895 kHz durch. Radio Relogio ist abwechselnd auf 4905 und 4919 kHz zu empfangen.

Costa Rica
Auf 5030 kHz werden nicht mehr Programme von Radio Impacto, sondern von AWR Radio Lira Internacional ausgestrahlt.

Ekuador
Radio Iris (3380) und Radio Zaracay (3395 kHz) haben ihren Sendebetrieb eingestellt. Radio Nacional Espejo hat 4680 kHz verlassen und soll jetzt auf 4880 kHz aktiv sein.

Falkland-Inseln
FIBS Port Stanley hat seinen Kurzwellen-Sendebetrieb komplett eingestellt.

Gabun
Afrique No. 1 sendet leider nicht mehr im Tropenband. Die Frequenz war 4830 kHz.

Grönland
Auch der grönländische Inlandsdienst hat die Tropenbandfrequenz 3999 kHz aufgegeben.

GUS-Staaten
Zwar hat sich seit der Auflösung der Sowjetunion die Rundfunkszene in den jetzt unabhängigen Republiken stark verändert, jedoch sind die für Inlandsprogramme genutzten Frequenzen weitgehend gleichgeblieben. Damit gibt es auch kaum Veränderungen bei der Beurteilung der Empfangschancen. Auf den im Handbuch genannten Inlandsfrequenzen wird jetzt natürlich nicht mehr ein unionsweites Programm, sondern der Inlandsdienst der jeweiligen Republik ausgestrahlt – und vielleicht zu bestimmten Zeiten noch das eine oder andere unabhängig produzierte Programm. Besonders gut kommt auf neuen Frequenzen der Privatsender Radio Ala bei uns herein (3995 und 5040 kHz werden abends und nachts benutzt).

Honduras
HRRI SANI Radio wechselte von 4755 auf 6300 kHz.

Indien
AIR Delhi hat im Auslandsdienst die Frequenz 3905 kHz aufgegeben. Auf 4760 kHz kommt nachmittags selten AIR Kashmir aus Leh herein.

Indonesien
RRI Ambon hat 4845 kHz verlassen und ist jetzt auf 4864 kHz nur noch selten bei uns hörbar.

Kamerun
Die im Handbuch erwähnten Regionalstationen aus Kamerun sind zur Zeit alle mit teilweise mehrmonatlichen Pausen aktiv.

Kolumbien
Auf 4785 kHz wurde Ecos del Combeima reaktiviert. Auch CARACOL, das die Sender von Radio Sutantenza übernommen hat, wurde auf 5075 kHz wieder aktiv. Dagegen schweigen zur Zeit auf 4755 kHz CARACOL Bogotá, 4845 kHz Radio Bucaramanga, 4945 kHz CARACOL Neiva und 5095 kHz CARACOL Bogotá.

Kroatien
HR Zagreb benutzt in den Abendstunden manchmal 5085 kHz. Das Signal ist in Norddeutschland nicht sehr stark.

Kuba
Radio Moskau mußte seine Relais-Ausstrahlungen im Tropenband via Havanna einstellen. Einzige TB-Station aus Kuba ist somit Radio Rebelde auf 3365 und 5025 kHz.

Laos
Die Tropenbandstationen in Laos haben ihre Tropenband- und Kurzwellensender inzwischen meist abgeschaltet und sind nur noch auf Mittelwelle aktiv.

Liberia
Durch den Bürgerkrieg in Liberia sind sämtliche Tropenband-Sendeeinrichtungen zerstört. Die religiöse Rundfunkstation ELWA möchte aber ihren Betrieb wieder aufnehmen, so daß irgendwann einmal wieder mit dem Empfang von Signalen aus Monrovia gerechnet werden kann.

Madagaskar
Radio Madagasikara benutzt zur Zeit nur noch die Tropenbandfrequenzen 3232 und 5010 kHz, die anderen QRGs sind inaktiv.

Namibia
NBC Windhoek (ex SWABC) sendet nicht mehr im 60-Meterband.

Österreich
Der Schulungssender des Österreichischen Bundesheeres hat seine Kurzwellensendungen eingestellt.

Pakistan
Radio Pakistan hat die von den Inlandsprogrammen benutzten Tropenbandfrequenzen (bis zum nächsten Sonnenflecken-Minimum?) reduziert. Zu hören sind nur noch die QRGs von Azad Kashmir Radio und auf 5085 kHz RP Islamabad.

Papua Neuguinea
Die im Tropenband-Handbuch erwähnten Frequenzen im 120-Meterband wurden von den Regionalstationen in Papua nicht eingenommen, sie senden also weiter im 90-Meterband. Allerdings wurde die Sendeleistung mancher Stationen auf 10 kW erhöht, so daß die Empfänge nicht mehr ganz so selten sind wie in den vergangenen Jahren. Dies gilt insbesondere für Radio East Sepik (3335 kHz) und Radio Eastern Highlands (3395).

Peru
Verhältnismäßig neu ist Radio Cora aus Lima auf 4915 kHz – öfters auch in Europa zu empfangen. Radio Eco wechselte von 5010 auf variable 5097 kHz.

Singapore
Das BBC-Relais Singapur setzt den Sender auf 3915 kHz nur noch sporadisch am (hiesigen) Nachmittag ein.

Südafrika
Der Inlandsdienst SABC benutzt nur noch die Tropenbandfrequenzen 3215 (Radio Oranje), 3345 (Radio South Africa) und 3980 (Radio Suid Afrika) kHz. Die anderen Frequenzen sind inaktiv.

Swaziland
Swazi Music Radio (4980 kHz) hat das Tropenband verlassen.

Venezuela
Radio Nacional Caracas hat in den letzten Jahren seinen Tropenbandsender auf 5022 kHz nicht mehr benutzt. Dagegen ist Radio Continente im Herbst 1992 wieder auf 5030 kHz aufgenommen worden.

Zaire
Radio Bukavu auf 4846v kHz ist zur Zeit inaktiv.

Zimbabwe
ZBC, der staatliche Rundfunk in Harare, hat seine Kurz- und Mittelwellensendungen 1992 komplett eingestellt.

Dieses Faltblatt ist eine kostenlose Ergänzung zum Tropenband-Handbuch.   Stand:
Redaktion: Klaus Bergmann   Oktober 1992
© Copyright: Siebel Verlag, Auf dem Steinbüchel 6, D-5309 Meckenheim

DIPLOME

deutschsprachiger DX-Clubs

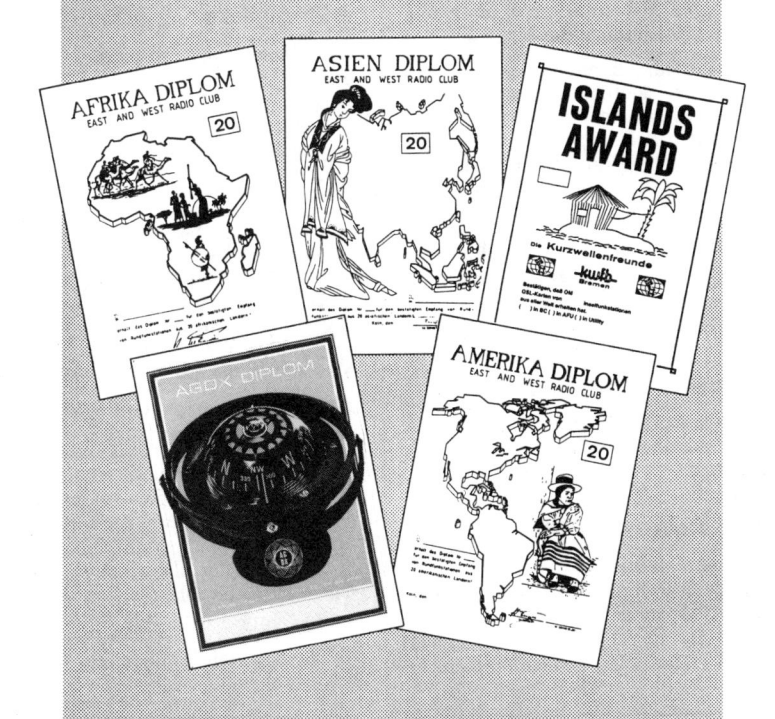

zusammengestellt von
Peter Messingfeld

Jetzt bestellen:

Sender & Frequenzen 1993

Jahrbuch für weltweiten Rundfunk-Empfang

Dieses Jahrbuch der Welthörer ist das einzige aktuelle deutschsprachige Handbuch für weltweiten Rundfunk-Empfang, das sich speziell am Informationsbedürfnis der Hörer im deutschsprachigen Raum Europas orientiert. Es erscheint jährlich völlig aktualisiert und wird zusätzlich durch Nachtragshefte dreimal im Jahr ergänzt. Die neue Ausgabe 1993 erscheint am 19. 11. 1992!

● **Alle wichtigen Informationen über die Sender aus 170 Ländern der Erde**

Sie finden in diesem Jahrbuch alle wichtigen Informationen über sämtliche hörbaren Rundfunksender aus 170 Ländern der Erde: Sendefrequenzen und -zeiten, Sendepläne (Deutsch, Englisch, Französisch, u.a.), Adressen, Hinweise auf QSL-Bestätigungen und weitere interessante Angaben.

● **Hinweise auf die besten Empfangschancen**

Zu jedem Sender geben wir Hinweise auf die besten Empfangschancen – eine wertvolle Hilfe für Wellenjäger bei der Suche nach neuen Sendern!

● **Hörfahrpläne – eine praktische Hilfe**

Weiterhin enthält das Buch die kompletten Hörfahrpläne der Sendungen in Deutsch, Englisch, Französisch, Spanisch und Esperanto, geordnet nach Sendezeiten.

● **Komplette Frequenzliste 150 kHz – 30 MHz**

Das Jahrbuch enthält außerdem die komplette Frequenzliste der Rundfunksender auf Langwelle/Mittelwelle/Tropenband/Kurzwelle im Bereich von 150 kHz bis 30 MHz. Alle Angaben orientieren sich an den tatsächlichen Empfangsmöglichkeiten. Die Frequenzliste nennt zu jeder Frequenz alle Stationen, die dort senden und wirklich gehört werden können und gibt außerdem Auskunft über Empfangsstärke und Empfangsmöglichkeiten.

● **Praxis des erfolgreichen Weltempfangs**

Der aktuelle und mit größter Sorgfalt recherchierte Datenteil wird ergänzt durch verschiedene Kapitel, in denen Sie alle Grundlagen und wichtigen Informationen über die Praxis des erfolgreichen Weltempfangs finden.

● **Neue Kapitel**

Auf vielfachen Wunsch bringen wir wieder eine ausführliche Darstellung der Untergrundstationen (Geheimsender/Clandestine) in aller Welt. Außerdem gehen wir erneut auf den Satelliten-Rundfunk ein und informieren Sie über die Empfangsmöglichkeiten und über die technischen Voraussetzungen zum Satelliten-Empfang.

● **Und zu guter Letzt der Riesen-Pluspunkt:**

Im Verkaufspreis ist die Lieferung von drei Nachträgen enthalten. Sie erhalten kostenlos im Februar, Mai und September jeweils ein 32 Seiten-Heft „Sender & Frequenzen – aktuell" vollgepackt mit allen up-to-date-Informationen über die Sender aus aller Welt und mit den neuesten Hörfahrplänen.

496 Seiten, viele Abbildungen und Fotos, zahlreiche Tabellen.

Preis des Jahrbuches: DM 39,80
(inklusive drei Nachträge)

Lieferbar ab 19. 11. 1992. Bestellen Sie jetzt!

Bestellung: Postkarte/Anruf genügt! Wir liefern sofort (nach Erscheinen) mit Rechnung!

Siebel Verlag

Auf dem Steinbüchel 6, D-5309 Meckenheim,
Tel. (0 22 25) 30 32, Fax (0 22 25) 33 78

Vorwort

In dieser kleinen Broschüre möchte ich Ihnen einige Diplome vorstellen, die von DX-Clubs im deutschsprachigen Raum herausgegeben werden. Neben exotischen QSL-Karten macht sich auch ein ansprechend gestaltetes Diplom gut an der Wand über dem Empfänger. Nicht jeder hat außerdem den Platz, die vielen QSL-Karten aus allen Teilen der Erde an die Wand zu hängen. Oft ist da ein Diplom die einzige Möglichkeit, seine Empfangserfolge ständig vor Augen zu haben.

Die bekannteste und verbreitetste Art von Diplomen sind sicherlich die Länderdiplome, die es von manchen Clubs schon für fünf verschiedene Länder gibt, aus denen man QSL-Karten vorweisen kann. Innerhalb von ein bis zwei Jahren dürfte es aber ohne große Schwierigkeiten und besondere Fremdsprachenkenntnisse möglich sein, 50 verschiedene Länder zu hören, so daß sich diese Zahl als Standard und Richtlinie nennen läßt. Mit einer gewissen Ausdauer und Hartnäckigkeit wird man über die Jahre sicherlich auch 100 bestätigte Länder zusammenbekommen. Um aber in die Liga derjenigen vorzustoßen, die 200 und manchmal sogar über 250 bestätigte Länder vorweisen können, ist ein intensives Auseinandersetzen mit dem DX-Hobby, viele schlaflose Nächte und nicht zuletzt auch eine gute Empfangsanlage notwendig.

Es müssen aber nicht unbedingt unzählige von Ländern sein, um in den Besitz eines wertvollen Diploms zu kommen. Häufig wird auch der Nachweis über den Empfang bestimmter Sender aus bestimmten Erdteilen, zu bestimmten Zeiten oder auf bestimmten Frequenzbereichen verlangt. Neben den Länderdiplomen sind diese Leistungsdiplome besonders interessant. Sie sind in relativ kurzer Zeit zu erarbeiten, verlangen aber doch eine gute Planung und Wissen über die Ausbreitungsbedingungen. Außerdem eröffnen einem das Leistungsdiplome die Möglichkeit, seine Vorliebe für ein Spezialgebiet, wie zum Beispiel dem Mittelwellen- oder UKW-Empfang, zu dokumentieren.

Eine noch weitere Spezialisierung verlangen die Diplome für Amateurfunker, die teilweise auch von Empfangsamateuren erarbeitet werden können. Es würde allerdings den Rahmen der vorliegenden Broschüre sprengen, diese oft sehr interessanten Diplome ausführlicher vorzustellen. Ebenfalls nicht in dieser Broschüre vertreten sind Diplome ausländischer Clubs, die in Einzelfällen sicher auch für deutschsprachige DXer von Interesse sind. Als dritte Gruppe sind die Diplome von Rundfunkanstalten nicht aufgeführt. In aller Regel stammen sie aus den Ostblockländern, und sind für möglichst viele und möglichst häufige Empfangsberichte zu erhalten.

Um ein Diplom zu beantragen, gleich welcher Art, müssen die entsprechenden Empfangsbeobachtungen durch QSL-Karten der gehörten Stationen belegt werden. Nur in ganz wenigen Fällen ist es aber nötig, die Original-QSL-Karten an den Diplom-Manager einzuschicken. Oft reichen Fotokopien aus und eine sogenannte „GCR-Liste" ist die einfachste Lösung. Die GCR-Liste enthält alle wichtigen Daten der QSL-Karte, mindestens Station, Datum, Zeit und Frequenz. Die Richtigkeit der Angaben sollte durch die Unterschrift von zwei Hobbyfreunden bestätigt werden. Dem Diplom-Manager ist es allerdings unbenommen, zur stichprobenartigen Überprüfung, bestimmte QSL-Karten anzufordern.

Insbesondere bei Länderdiplomen wird die Anzahl der Länder nach einer speziellen Landliste (z.B. EDXC-Landliste oder ADDX-Landliste) gezählt. Oft zählt eine entfernt vom Mutterland liegende Inselgruppe als separates Rundfunkland und politische Umwälzungen (wie gerade kürzlich in Osteuropa) lassen alte Länder verschwinden und neue entstehen. Bei Bedarf kann die jeweils gültige Liste beim Diplom-Manager angefordert werden.

Zum Schluß bleibt mir jetzt nur noch, Ihnen viel Glück und Erfolg zu wünschen. Suchen Sie sich auf den nachfolgenden Seiten ein für Sie interessantes Diplom aus und lassen Sie sich nicht entmutigen, wenn es nicht direkt auf Anhieb klappt. Ein kleiner Tip noch: Hören Sie, wenn möglich, mehr Stationen als für den Erwerb des gewünschten Diploms notwendig sind. Wenn eine Station mal nicht antwortet, erreichen Sie so trotzdem noch Ihr Ziel. Ich hoffe, daß bald schon das eine oder andere Diplom als Schmuckstück auch in Ihrer Empfängerecke hängen wird.

ADDX

Als größter Club in Deutschland zeichnet die Assoziation deutschsprachiger DXer auch für das größte Diplomangebot verantwortlich. Zur Zeit besteht das Angebot aus 35 verschiedenen Diplomen, die alle ansprechend und unterschiedlich gestaltet sind, durch ein einheitliches Layout aber eindeutig ihre Zusammengehörigkeit darstellen. Der Druck erfolgt auf marmorierter Elefantenhaut, das Format ist einheitlich DIN A4.

Für ADDX-Mitglieder kostet jedes Diplom DM 5,–, Nichtmitglieder zahlen DM 8,– (PGA Berlin, BLZ 10010010, Konto 4271 81-102 oder Verrechnungsscheck).
Anschrift: ADDX-Diplomabteilung, Andreas Schmid, Postfach 61, W-8737 Euerdorf
Die zusätzlichen Aufkleber (Spezialisten können auch höhere Werte als angegeben anfordern) sind gegen Rückporto bzw. 1 IRC erhältlich.

Deutschland-Diplom
für deutschsprachige Stationen aus 25, 40, 50 Ländern.

Länder-Diplom
für 50, 75, 100, 125, 150, 175, 200 Länder.

Mittelwellen-Diplom
für 10 Länder auf Mittel- und Langwelle (150–1620 kHz). Mit Aufklebern auf 25 und 50 Länder erweiterbar.

Bänder-Diplome
für 5, bzw. 10 Länder auf dem jeweiligen Rundfunkband, durch Aufkleber erweiterbar auf 10 und 15 bzw. 25 und 50 Länder.

90 m, 16 m, 13 m, 11 m: 5 Länder aus dem jeweiligen Frequenzbereich, Aufkleber für 10 und 15 Länder. 60 m, 49 m, 41 m, 31 m, 25 m, 19 m: 10 Länder aus dem jeweiligen Frequenzbereich, Aufkleber für 25 und 50 Länder.

Zeitzeichen-Diplom
Zeitzeichen-Stationen aus 3 Ländern, Aufkleber für 5 und 10 Länder.

Free-Radio-Diplom
Kategorie 1 für 5 Free-Radio-Stationen, Kategorie 2 für 10 Free-Radio-Stationen, Aufkleber für 25 und 50 Stationen.

U.K.-Diplom
für 10 Regionalsender aus Großbritannien (560–1620 kHz), Aufkleber für 25 und 50 Stationen.

Spanien-Diplome
für 5 Stationen aus Spanien (AM und FM), Aufkleber für 10 und 25 Länder.

UdSSR-Diplom
für 5 Stationen aus der UdSSR (150–30.000 kHz), Aufkleber für 10 und 15 Stationen. Mindestens die Hälfte der Stationen müssen Regionalsender sein.

Nordamerika-Diplom
für 5 Stationen aus Nordamerika (ALS, USA, CAN, BER, GRL, SPM, HWI) auf MW und KW (520–30.000 kHz), Aufkleber für 10 und 15 Stationen.

Tropenband-Diplom-Afrika
für 10 Stationen aus Afrika auf den Tropenbändern (2300–5900 kHz), Aufkleber für 25 und 50 Stationen.

Tropenband-Diplom-Asien
für 5 Stationen aus Asien und dem Pazifik auf den Tropenbändern (2300–5900 kHz), Aufkleber für 10 und 25 Stationen.

Tropenband-Diplom-Amerika
für 10 Stationen aus Zentral- und Südamerika auf den Tropenbändern (2300–5900 kHz), Aufkleber für 25 und 50 Stationen.

Brasilien-Diplom
für 5 Stationen aus Brasilien (560–30.000 kHz), Aufkleber für 10 und 15 Stationen.

Anden-Diplom
für 5 Stationen aus den Andenländern (Bolivien, Chile, Ecuador, Kolumbien, Peru), Aufkleber für 10 und 15 Stationen.

Venezuela-Diplom
für 5 Stationen aus Venezuela (560–30.000 kHz), Aufkleber für 10 und 15 Stationen.

ADDX

ADXB

Neben den wie üblich auf Karton gedruckten Diplomen bietet die Assoziation junger DXer auch Diplomwimpel an. Der Antrag muß eine Aufstellung der zu wertenden QSLs nach Datum, Frequenz, Station und Land enthalten.

Diplom-Manager ist: Heinrich Weidmann, Wedemeyerstr. 2, W-3000 Hannover.
Überweisung der Diplomgebühr auf das Postgirokonto 3955 29-30 (Empfänger H. Weidmann) beim PGA Hannover.

Vierband-Diplom

Dieses Diplom wird an Rundfunkhörer für bestätigte Empfangsberichte von Rundfunksendern aus aller Welt verliehen. In der Klasse 3 müssen QSL-Karten aus 5 Ländern nachgewiesen werden, in der Klasse 2 aus 25 Ländern und für die Klasse 1 ist der Nachweis aus 50 Ländern notwendig. Alle Länder müssen auf je vier beliebigen Rundfunkbändern bestätigt worden sein. QSL-Karten von Stationen, die außerhalb der festgelegten Bandgrenzen senden, werden nicht anerkannt. Außer den Kurzwellenbändern 120m, 90m, 75m, 60m, 49m, 41m, 31m, 25m, 22m, 19m, 16m, 13m und 11m gelten auch der Lang-, Mittel- und UKW-Bereich als seperate Bänder. Jedes Diplom hat das Format DIN A4 und kostet DM 5,– (Ausland 8 IRC).

Diplomwimpel

Die Wimpel der adxb gibt es für QSLs von Rundfunksendern aus Afrika, Asien oder Amerika. Jeder der drei Wimpel ist unterschiedlich gestaltet. Um einen Diplom-Wimpel zu erlangen, müssen QSL-Karten aus 20 Ländern des jeweiligen Kontinents nachgewiesen werden. Jeder Wimpel kostet DM 6,– (Ausland 8 IRC).

AGDX

Als Dachorganisation verschiedener deutschsprachiger DX-Clubs bietet die Arbeitsgemeinschaft DX (AGDX) zwei Diplome für jeden interessierten Kurzwellenhörer an. Zum einen ein obligatorisches Länderdiplom, zum anderen das BC Heard All Continents Diplom (HAC), das zu dem wohl ansprechendsten Diplom im deutschsprachigen Raum zählen dürfte. Beide Diplome werden von der adxb-oe für die AGDX herausgegeben und dementsprechend sind die Diplomanträge auch an den Diplom-Manager der adxb-oe zu stellen: adxb-oe Diplom-Manager, Josef Haas, Berndorferstraße 2, A-2552 Hirtenberg, Österreich. Jedes Diplom kostet 7 IRCs. Die Gebühr (ÖS 50,–/DM 10,–) kann auch auf das Girokonto 660 021 007 bei der Zentralsparkasse der Gemeinde Wien (Empfänger: adxb-oe) überwiesen werden.

AGDX-Diplom

Für dieses Länderdiplom sind Empfangsbestätigungen aus mindestens 25 Ländern nachzuweisen. Das Diplom kann aber auch in der Klasse UKW gearbeitet werden; notwendig sind dann Bestätigungen über UKW-Empfänge aus mindestens fünf Ländern. Durch Aufkleber kann das Diplom auf 50, 75, 100 und darüber hinaus um jeweils zehn Länder erweitert werden. In der Klasse UKW erfolgt die Erweiterung auf zehn Länder und darüber hinaus um jeweils 5 Länder. Die Abgabe der Ergänzungsaufkleber erfolgt kostenlos gegen Empfangsnachweise, adressierten Rückumschlag und Rückporto (1 IRC).

Das Diplom kann entweder gemischt oder nach Rundfunk / Amateurfunk / Utility getrennt beantragt werden. Für den Antrag reicht eine bestätigte Liste mit Land, Tag, Zeit und Frequenz. Das Diplom ist im Vierfarbdruck auf Karton im Format DIN A4 hergestellt.

HAC-Diplom

Ein Diplom, das nicht nur durch die Aufmachung besticht, auch die Aufgabenstellung ist bemerkenswert. Nachzuweisen sind Empfangsbestätigungen von je einer Rundfunkstation (nicht jedoch Amateurfunkstellen, Utility-Dienste, Piratensender etc.) aus Europa, Asien, Afrika, Nordamerika, Zentral- oder Südamerika und Australien oder dem Pazifik. Alle Empfangsbeobachtungen müssen an einem Tag zwischen 0000 und 2400 UTC gemacht worden sein. Als Bestätigung müssen die Original-QSL-Karten eingereicht werden. Zulässig sind nur QSLs, auf denen das Empfangsdatum vermerkt ist. Druck in schwarz und rot auf chamoisfarbenem Karton im Format 350 x 500 mm.

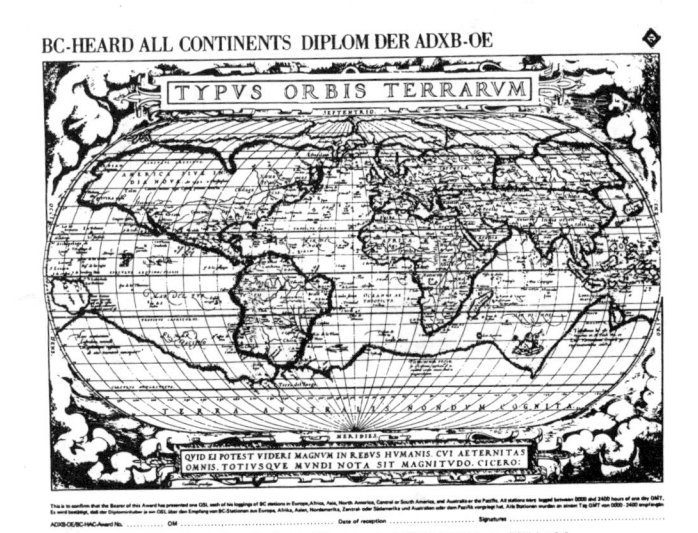

EAWRC

Auch der East and West Radio Club akzeptiert Anträge für seine Diplome in Form einer Liste mit Angaben über Stationsname, Frequenz und Sendezeit. Obwohl der EAWRC ein relativ kleiner Club ist, bietet man eine umfangreiche Palette verschiedenster ansprechend gestalteter Diplome an. Interessant ist dabei, daß die für eine unterschiedliche Zahl von Ländern erhältlichen Diplome nicht durch verschiedene Aufkleber ergänzt werden, sondern es in jeder Klasse separate, unterschiedlich gestaltete Diplome gibt. Alle Diplome sind im Format DIN A4 gedruckt, die Gebühr pro Diplom beträgt einheitlich DM 5,– (oder 4 IRC). Anschrift des Diplom-Managers: Adolf Schwegeler, Bahnhofstr. 56, W-5042 Erftstadt 1

Mittelost-Diplome
Für den bestätigten Empfang von Stationen aus der Arabischen Welt gibt es vom EAWRC drei Diplome für 10, 20 oder 25 Länder. Die drei Diplome sind mit jeweils verschiedenen Farbfotos versehen. Für den Erwerb werden Rundfunk- und Utilitystationen gewertet.

Afrika-Diplome
Vier auf Elefantenhaut gedruckte Diplome mit unterschiedlichen Motiven gibt es für Bestätigungen aus 10, 20, 30 bzw. über 35 (Sonderklasse) afrikanischen Ländern. Es zählen nur Rundfunk-Stationen.

Amerika-Diplome
Hier werden zwei Diplome für 10 bzw. 20 Länder aus Nord-, Mittel- und Südamerika verliehen.

Asien-Diplome
Die Serie der „Kontinent-Diplome" wird durch vier Diplome für 10, 20, 30 bzw. 35 und mehr asiatische Länder abgerundet.

Länder-Diplome
Dieses Standard-Diplom darf natürlich auch beim EAWRC nicht fehlen. Es gibt sie für 50, 100, 125 und 150 weltweit bestätigte Länder.

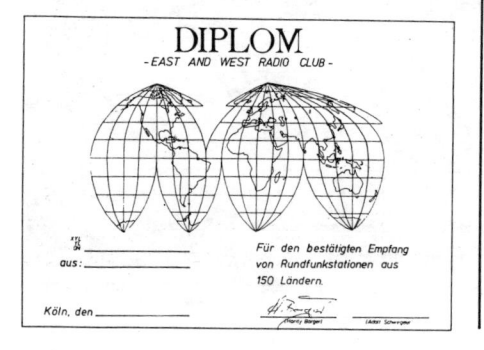

Deutschland-Diplom
Für die neue Version dieses Diploms müssen mindestens 20 Rundfunk- (oder Free-Radio-) Stationen aus der Bundesrepublik Deutschland bestätigt sein. Entsprechend den politischen Veränderungen werden Bestätigungen von vor dem 3.10.1990 nur gewertet, wenn die entsprechende Station auch nach diesem Termin noch ihre Programme ausgestrahlt hat. Das alte Deutschland-Diplom wird auch weiterhin ausgegeben, es zählen allerdings nur Bestätigungen vor dem 3.10.1990.

Deutschsprachige Programme
Für dieses Diplom müssen Bestätigungen für deutschsprachige Programme aus 10, 20, 30 oder 40 Ländern nachgewiesen werden. Sie zeigen jeweils unterschiedliche Motive aus der Rundfunkgeschichte, gedruckt auf gehämmertem Karton.

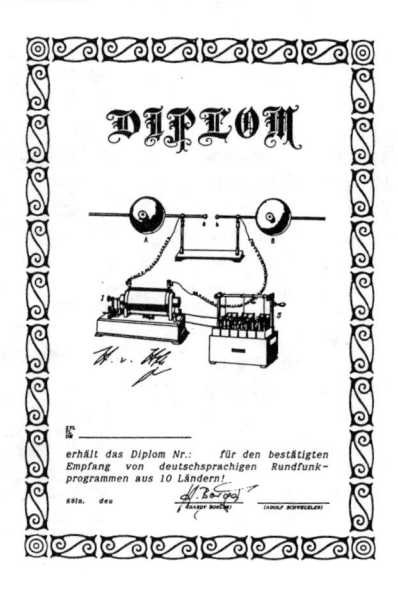

EAWRC

KWFW

Die Kurzwellenfreunde Wuppertal sind kein Club im eigentlichen Sinne, sondern lediglich ein einheitlicher Name für diverse, auf lokaler Ebene stattfindende Aktivitäten. Demzufolge sind die beiden angebotenen Diplome spezieller Natur. Die Diplomanträge sind an folgende Anschrift zu richten:
KWFW, Postfach 22 03 42,
W-5600 Wuppertal 2

Jedes Diplom kostet DM 5,– (Deutschland), DM 6,–/US-$ 4.–/£ 2.– (Ausland), DM 9,–/US-$ 6.–/£ 3.– (Ausland, Luftpost). Zahlung in bar oder durch Überweisung auf PGA Essen, Konto 4078 90-433 (BLZ 360 100 43). Antrag mit Original-QSL-Karten, Kopien davon oder bestätigter Liste mit Stationsname, Datum, Frequenz und bei den Free Radio Certificates zusätzlich Stationsanschrift.

Free Radio Certificates

Während bei den meisten Diplomen Piratensender nicht zählen, ist dieses Diplom nur für solche Stationen gedacht. Es wird in Zusammenarbeit mit dem PIN-Magazine seit 1984 in verschiedenen Schwierigkeitsstufen herausgegeben: Newcomer – 10 Piraten-QSLs, Class III – 50 Piraten-QSLs, Class II – 100 Piraten-QSLs, Class I – 200 Piraten-QSLs, Master Class – 400 Piraten-QSLs. Druck in schwarz auf farbigem Karton (Master Class: Elefantenhaut) im Format DIN A4 (Newcomer: DIN A5).

Wupperthal-Diplom

Dieses Diplom wird für mindestens zehn Empfangsbestätigungen vergeben. Es zählen alle Stationen aus Ländern, die mit Wupperthal/Republik Südafrika auf einem Längen- bzw. Breitengrad liegen. Dazu gehören: Argentinien, Australien, Brasilien, Chile, Kermadec-Inseln (Neuseeland), Uruguay, Angola, Bosnien-Herzegowina, Kroatien, Lybien, Namibia, Norwegen, Polen, Schweden, Tschad, Tschechoslowakei, Ungarn, Zaire, Zentralafrikanische Republik. Das Diplom zeigt das Stadtwappen von Wuppertal und eine Ansicht von Wupperthal. Druck in schwarz auf gelbem Karton im Format DIN A4.

KWCS

Ein weiterer, recht kleiner Verein, der durch eine reichhaltige Auswahl an angebotenen Diplomen auffällt. Besonders erwähnenswert sind hier Diplome für Militärstationen, die von keinem anderen Klub abgedeckt werden. Alle Diplome sind im Format DIN A4 gedruckt und kosten DM 6,– (Mitglieder des KWCS zahlen nur DM 3,–). Eine Ausnahme bilden die beiden Free-Radio-Diplome, sie sind im Format DIN A3 gedruckt. Die Diplomanträge sind an folgende Anschrift zu richten:
Gerhard Jensen, Zedernstraße 20, W-4050 Mönchengladbach 2
Die Zahlung der Diplomgebühr sollte durch Verrechnungsscheck oder mit Briefmarken erfolgen.

Military Award
Dieses Diplom wird im Typ A für den nachgewiesenen Empfang von 5 Rundfunkmilitärstationen aus aller Welt vergeben. Es werden auch gleiche Stationen, aber aus unterschiedlichen Ländern (z.B. BFBS Germany und BFBS Gibraltar) anerkannt. Typ A zeigt ein Hägar-Motiv, Typ B, der für 10 Stationen vergeben wird, zeigt ein Asterix-Motiv.

Free-Radio-Diplom
Dieses im Format DIN A3 gedruckte Diplom mit dem Motiv Segelschiff wird in der Klasse 1 für fünf und in der Klasse 2 für 10 Free Radio Stationen vergeben.

Länder-Diplome
Für weltweit 10, 20, 30, 40, 50 oder 75 bestätigte Länder gibt es diese Diplome mit unterschiedlichen Farbfotos.

Europa-Diplom
Hierfür sind 25 bestätigte, europäische Staaten nachzuweisen.

Deutschland-Diplom
Aus der Bundesrepublik Deutschland müssen mindestens 11 verschiedene Stationen gehört worden sein.

Deutsche Welle Diplom
Der bestätigte Empfang mindestens einer Relay-Station der DW ist für dieses Diplom notwendig.

KWFB

Ein Diplom besonderer Art haben die Kurzwellenfreunde Bremen zu bieten. Beim **Insel-Diplom** geht es nicht darum, möglichst viele Länder, sondern möglichst viele Inseln zu empfangen. Es zählen dabei alle Stationen, die von Meeresinseln (nicht Kontinenten) senden. Jede Insel kann allerdings nur einmal gezählt werden. Das Diplom wird für 10, 25, 50, 100 und jede weiteren 50 bestätigten Inseln vergeben. Es ist möglich, das Diplom getrennt nach Rundfunk, Amateurfunk und Utility-Stationen oder gemischt zu erwerben. Für den Antrag reicht eine Liste mit Insel- und Stationsname (z.B. Madagaskar, Radio Nederland Relay) aus.

Wie bei allen Anträgen mit Liste behalten sich natürlich auch die KWFB eine stichprobenartige Anforderung von QSL-Karten vor. Das Diplom ist ansprechend gestaltet und auf chamois gehämmertem Karton im Format DIN A4 gedruckt. Die Gebühr beträgt DM 6,– (Ausland: 6 IRC).

Anschrift der Diplomabteilung:
Hans Gotschlig, Kutscherweg 18,
W-2804 Lilienthal

RMRC

Der Rhein-Main-Radio-Club bietet mit seinem **United Kingdom-Diplom** etwas für die Freunde des britischen Königreichs. Das Diplom wird in drei Klassen vergeben, für 10 (Klasse III), 25 (Klasse II) oder 50 (Klasse I) bestätigte Stationen. Bewertet werden alle Rundfunkstationen aus Großbritannien (dazu zählen unter anderem der BBC-World-Service, die nationalen und lokalen BBC-Sender und die privaten Lokalstationen) einschließlich der Relay-Sendungen der VoA und von Radio Canada International. Gültig sind auch Sendungen von BFBS, nicht aber Sendungen von Piratenstationen. QSL-Karten ohne Details werden nicht akzeptiert. Für den Diplomantrag reicht eine bestätigte Liste mit Angabe von Station, Datum, Frequenz und Uhrzeit an folgende Anschrift:
RMRC-Diplombüro, Eberhard Ahl,
Postfach 32 01 39, W-6500 Mainz 32.

Der RMRC bietet darüber hinaus noch verschiedene andere Diplome an (Olympia-Diplom Seoul 1988, TV-Überreichweiten-Diplom, Piraten-Diplom, UKW-Diplom, Süd- und Mittelamerika-Diplom sowie diverse Länderdiplome). Genaue Informationen darüber bei obiger Anschrift. Jedes Diplom kostet DM 5,– für Mitglieder (Ausland 5 IRC oder US-$ 5) bzw. DM 6,– für Nichtmitglieder (Ausland 6 IRC oder US-$ 6) Überweisungen können auf das Clubkonto beim PGA Frankfurt, Konto 4409 20-606 (BLZ 500 100 60) erfolgen. Alle Diplome sind im Format DIN A4 auf Elefantenhaut gedruckt.

VBE

Einen neuen Weg beschreitet die Vereinigung Berliner Empfangsamateure bei ihrem in zwei Klassen erhältlichen **Leistungsdiplom**. Nicht die praktischen Empfangsergebnisse sind gefragt, sondern theoretische Kenntnisse zum Kurzwellenempfang. Für das Leistungsdiplom Nr. 1 sind 16 Fragen aus verschiedenen Wissensgebieten (z.B. Empfangsberichtpraxis, Geographie, Frequenzen, Technik, etc.) zu beantworten. Es handelt sich dabei um grundlegende Fragen, die jeder Kurzwellenhörer, der sich nur ein wenig mit seinem Hobby beschäftigt, ohne Probleme beantworten kann. Die Fragen zum Erwerb des Leistungsdiplomes Nr. 2 gehen etwas mehr in die Tiefe, sind aber ebenfalls ohne große Probleme lösbar.

Jedes Diplom kostet DM 5,– und ist auf weißem Karton im Format DIN A4 gedruckt. Die entsprechenden Fragebögen können bei folgender Anschrift angefordert werden:

VBE e.V., Diplomabteilung,
Postfach 20 01 13, W-1000 Berlin 20

SWLC-OM

Das Diplom des Short Wave Listeners Club Oldenburger Münsterland wird für den nachgewiesenen Empfang von insgesamt 35 Rundfunkstationen aus verschiedenen Erdteilen verliehen. Dabei ist die Zahl der pro Erdteil zu hörenden Stationen wie folgt festgelegt: Nordamerika - 5, Südamerika - 5, Asien - 10, Europa - 10, Australien/Pazifik - 3, Afrika - 2. Alle Stationen müssen außerdem innerhalb eines zusammenhängenden Zeitraumes von 30 Tagen gehört worden sein. Eine relativ ansprechende Aufgabe, die leider durch ein nicht optimal gestaltetes Diplom belohnt wird. Druck in schwarz auf Elefantenhaut, DIN A4, Preis: DM 5,–. Anträge mit Original-QSLs oder Kopien davon an folgende Anschrift: SWLC-OM, Oldenburger Straße 51, W-2848 Vechta

MODXC/NWRC

Der Mittelost-DX-Club / Nordwest-Radio-Club vergibt, der Name läßt es vermuten, ein Diplom für den Empfang von Stationen aus dem arabischen Raum. Aus mindestens zehn der folgenden Länder müssen Empfangsbestätigungen vorgelegt werden: Marokko, Algerien, Tunesien, Lybien, Ägypten, Sudan, Türkei, Zypern, Irak, Iran, Afghanistan, Syrien, Libanon, Israel, Jordanien, Kuwait, Saudi-Arabien, Jemen, Dubai, Bahrain, Qatar, Abu Dhabi, Oman.

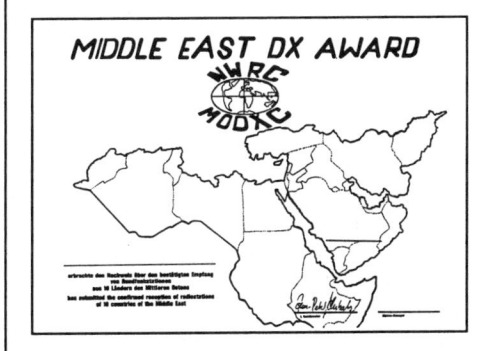

Das Diplom kostet DM 2,– und kann bei folgender Anschrift beantragt werden: Ulrich Neye, Danziger Straße 11, W-3172 Isenbüttel

SONSTIGE

Wie schon im Vorwort erwähnt, vergeben eine ganze Reihe von Rundfunkstationen Diplome für eine möglichst hohe Zahl von Empfangsberichten. Ziel dieser Aktionen ist wohl weniger, Informationen über die Empfangsqualität im Zielgebiet zu erhalten, als vielmehr Hörer für die Programme zu gewinnen. Über die Gestaltung des Programminhaltes könnte man dies sicherlich sinnvoller erreichen, trotzdem sind auch diese Diplome nicht ohne Reiz. Einige davon, zum Teil mit historischem Charakter, sind deshalb hier im Bild vorgestellt.

Von besonderem Interesse sind sicherlich die Diplome oder Sonder-Bestätigungen in Form einer Urkunde aus Anlaß eines besonderen Ereignisses, wie zum Beispiel dem Sendebeginn eines neuen Senders, eines Jubiläums oder was auch immer. In der Regel handelt es sich dabei um ein einmaliges Ereignis für das oft auch nur eine zahlenmäßig begrenzte Anzahl von Urkunden vergeben wird. Um in den Besitz eines solchen Dokumentes zu kommen, ist es wichtig, auf entsprechende Ankündigungen in DX-Programmen oder Club-Zeitschriften zu achten. Als Beispiel ist nebenstehend die Sonder-Bestätigung von NRK für den Empfang der ersten regulären Samstags-Sendung in englischer Sprache abgebildet.

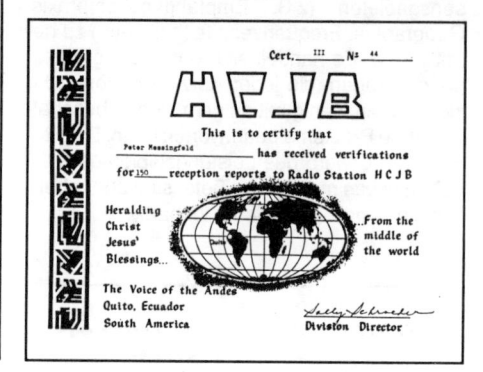

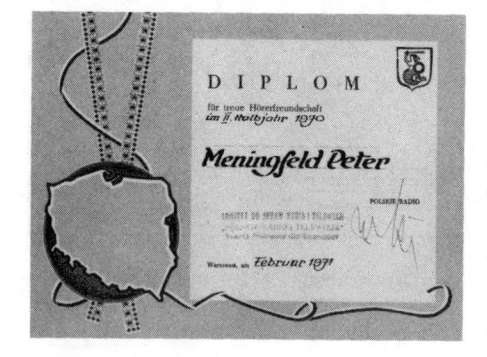

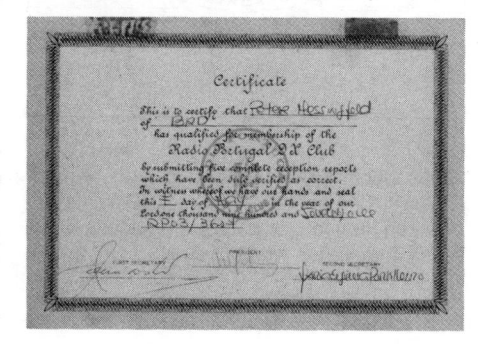

SPECIAL VERIFICATION

NO ...6...

Radio Norway International is pleased to confirm that our listener

Peter Messingfeld

has reported listening in to Radio Norway International's first ever regular Saturday transmission in English on September 8, 1990. The report, concerning our transmission at ...13... UTC, on ...9.585. MHz, has been found in full correspondence with our station log.

This special verification is issued in 100 copies only.

NrK RADIO NORWAY INTERNATIONAL

Sverre Fredheim
Head of External Broadcasting
Radio Norway International

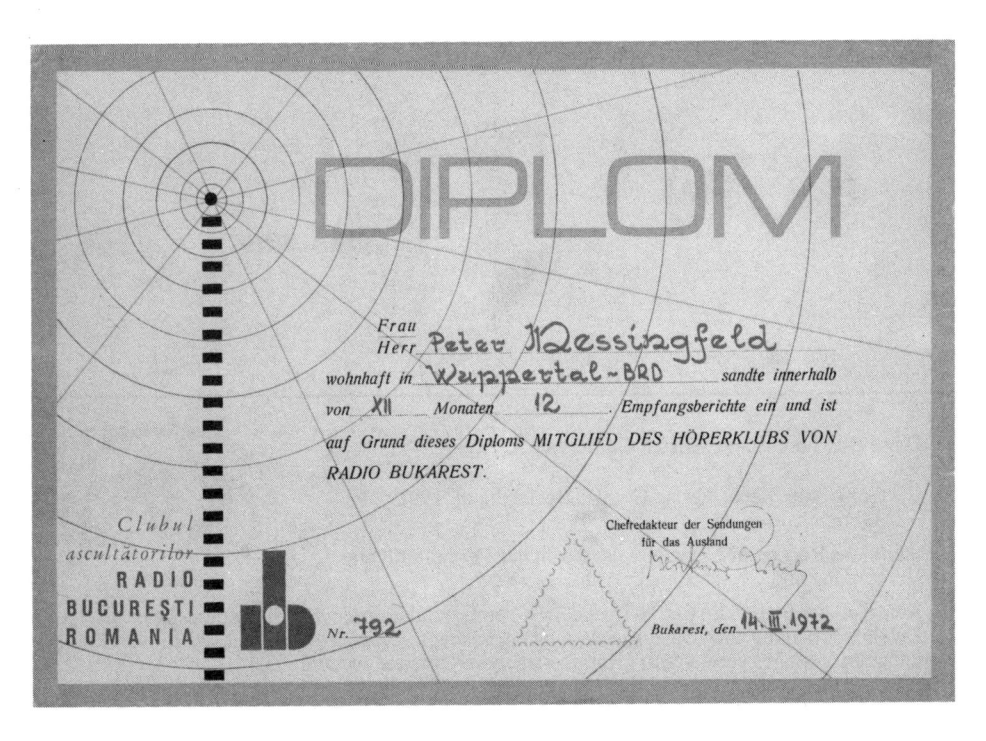

RADIO PRAHA MONITOR KLUB

MESSINGFELD, P. - Wuppertal/ BRD

This is to certify that the holder of this certificate has qualified for membership in the RADIO PRAGUE WORLD WIDE SHORT WAVE CLUB

P. Shree

Číslo člen. 03480

DIPLOM

Frau / Herr *Peter Messingfeld*
wohnhaft in *Wuppertal-BRD* sandte innerhalb
von *XII* Monaten *12* Empfangsberichte ein und ist
auf Grund dieses Diploms MITGLIED DES HÖRERKLUBS VON
RADIO BUKAREST.

Clubul ascultătorilor
RADIO BUCUREȘTI ROMANIA

Nr. *792*

Chefredakteur der Sendungen für das Ausland

Bukarest, den *14.III.1972*

Diplome: Schmuckstücke für Ihre Hobby-Ecke.

Als echter Wellenjäger ist man natürlich stolz, das eine oder andere Diplom als Schmuckstück wie auch als Dokumentation der intensiven Funkempfangspraxis vorweisen zu können. Außerdem hat nicht jeder Hörer so viel Platz, um die vielen exotischen QSL-Karten aus allen Teilen der Welt an die Wand zu heften. Oft ist da ein Diplom die einzige Möglichkeit, die eigenen Empfangserfolge deutlich sichtbar zu präsentieren und sich daran zu erfreuen. Herausgegeben werden solche Diplome hauptsächlich von den verschiedenen DX-Clubs, wobei es schöne und weniger schöne, „schwierige" und „leichte" Diplome gibt. Für manche Diplome muß man QSL-Karten aus einer bestimmten Anzahl von Ländern nachweisen, für andere Diplome muß man eine Anzahl bestimmter Sender oder Länder gehört haben.

Die interessantesten und schönsten Diplome für Kurzwellenhörer stellen wir in einer 16-seitigen Broschüre vor, die Sie kostenlos bei uns anfordern können. Zu jedem Diplom ist detailliert beschrieben, welche Bedingungen erfüllt werden müssen und wo das Diplom beantragt werden kann. Viele Abbildungen machen Ihnen vielleicht Appetit darauf, das eine oder andere Diplom zu erwerben!

Diese Boschüre ist eine kostenlose Service-Leistung.

© Copyright: Siebel Verlag GmbH, Meckenheim, 1992
   All rights reserved.

Sämtliche Rechte, insbesondere das Recht der Vervielfältigung, Verbreitung und Übersetzung vorbehalten.

Kein Teil der Broschüre darf in irgendeiner Form (durch Fotokopie, Mikrofilm, elektronische Datenverarbeitung bzw. Datenspeicherung oder andere Verfahren) ohne schriftliche Genehmigung des Verlages vervielfältigt, verarbeitet oder verbreitet werden.

--	4785 kHz:	Radio Caiarí, Porto Velho. Bis 0500 Uhr aktiv, bei uns kaum hörbar.
-	4795 kHz:	Radio Difusora Aquidauana – Sendeschluß um 0300 Uhr, bei uns selten.
o	4805 kHz:	Radio Difusora do Amazonas, Manaus. Sendeschluß schon um 0200 Uhr, die Station ist aber zum fade-in meist gut hörbar.
-	4805 kHz:	Radio Itatiaia, Belo Horizonte. Sendeschluß ebenfalls um 0200 Uhr; als Station aus Südostbrasilien weit seltener als Radio Difusora.
-o	4815 kHz:	Radio Nacional Tabatinga. Sendeschluß um 0400 Uhr; bei guten Bedingungen hörbar.
-	4815 kHz:	Radio Difusora, Londrina – bis 0300 Uhr; seltener als Radio Nacional.
-	4825 kHz:	Radio Educadora Braganca; Sendeschluß um 0200 Uhr.
-	4825 kHz:	Radio Cancao Nova, Cachoeira Paulista; Sendeschluß um 0300 Uhr. Beide Stationen sind zu hören – auf Identifikationen achten!
i	4838 kHz:	Radio Atalaya, Corumba – derzeit inaktiv.
o +	4845 kHz:	Radio Nacional Manaus. Stark ab Sendeschluß von Nouakchott um 2400 Uhr; Sendeschluß ist um 0330 Uhr.
-	4845 kHz:	Radio Meteorologica Paulista; selten, falls Manaus die Frequenz nicht belegt.
-	4855 kHz:	Radio Por um Mundo Melhor, Gov.Valadares – religiös orientierte Station; sendet für eine bessere Welt bis zum Sendeschluß um 0300 Uhr.
--	4855 kHz:	Radio Emissora Arauana; bis 0400 Uhr, selten!
-	4865 kHz:	Radio Sociedade, Feira de Santana – religiöse Station mit Programmen bis 0300 Uhr. Häufiger als
-	4865 kHz:	Radio Verdes Florestas, Cruzeiro do Sul. Die Station hat ebenfalls um 0300 Uhr Sendeschluß. Stark kommt auf 4865 kHz auch La Voz de Cinaruco aus Kolumbien.
-o	4875 kHz:	Radio Jornal do Brasil, Rio de Janeiro. Sendeschluß ist um 0500 Uhr; auch hier sollte auf Stationsansagen geachtet werden, da Radio Nacional Boa Vista ähnlich stark kommt.
-o	4875 kHz:	Radio Nacional Boa Vista. Sendeschluß um 0400 Uhr; nicht selten.
-o	4880 kHz:	Radio Difusora Acreana, Rio Branco. Sendet bis 0500 Uhr und ist ziemlich regelmäßig hörbar.
o	4885 kHz:	Radio Clube do Para, Belem. Ziemlich häufig bis etwa 0400 Uhr; im Winter auch morgens ab 0700 Uhr zu empfangen.

-o 4895 kHz:	Radio Baré, Manaus. Mit 1 kW im Winter morgens ab 0700 Uhr; sonst morgens bis 0500 Uhr, wenn der Sender aus der UdSSR auf gleicher Frequenz nicht mehr hörbar ist.
-o 4905 kHz:	Radio Relogio Federal, Rio de Janeiro. Mit Zeitzeichen und Informationen bis 0330 Uhr hörbar.
-o 4905 kHz:	Radio Araguaia, Araguaia. Sendet ein „normales" brasilianisches Programm und ist dadurch von Radio Relogio gut zu unterscheiden. Sendeschluß um 0300 Uhr.
o 4915 kHz:	Radio Nacional Macapá, um 0300 Uhr Sendeschluß.
o 4915 kHz:	Radio Anhanguera, Goiania. Wie vorstehende Station bei uns häufig zu hören; Radio Anhanguera sendet bis 0400 Uhr.
i 4925 kHz:	Radio Dragao do Mar, Fortaleza. Derzeit inaktiv, sonst häufiger als
- 4925 kHz:	Radio Difusora Taubaté; Sendeschluß um 0300 Uhr.
- 4935 kHz:	Radio Difusora, Jatai. Sendeschluß um 0330 Uhr, selten – genau wie
- 4935 kHz:	Radio Capixaba, Vitória. Diese Station wurde noch nach 0500 Uhr empfangen.
-o 4945 kHz:	Radio Nacional Porto Velho – nicht selten zu hören bis zum Sendeschluß um 0300 Uhr.
o 4955 kHz:	Radio Marajoara, Belem. Bis zum Sendeschluß um 0330 Uhr ist diese Station hier der häufigste Brasilianer.
i 4955 kHz:	Radio Cultura da Campos; Sendeschluß gegen 0400 Uhr und unter Umständen nach Radio Marajoara hier zu hören – derzeit inaktiv.
- 4955 kHz:	Radio Clube, Rondonopolis. Ziemlich selten, Sendeschluß um 0300 Uhr.
-o 4965 kHz:	Radio Poti, Natal. Sendeschluß um 0400; hier häufiger zu empfangen als
- 4965 kHz:	Radio Alvorada, Parintins – Sendeschluß um 0200 Uhr.
-o 4975 kHz:	Radio Timbira do Maranhao, Sao Luiz. Bis zum Sendeschluß um 0300 Uhr, oft auch gut zum fade-in und im Winter zum Sendebeginn gegen 0700 Uhr aufnehmbar.
- 4975 kHz:	Radio Tupi; seltener als o.a. Station.
-o 4985 kHz:	Radio Brasil Central, Goiania. 24-Stunden-Programm, ziemlich oft zu hören.
- 5015 kHz:	Radio Cultura Cuiabá; 24 h; recht selten.

-	5015 kHz:	Radio Pioneira de Teresina; sehr selten, Sendeschluß um 0400 Uhr.
-	5015 kHz:	Radio Copacabana, Rio – Sendeschluß um 0400 Uhr, bei uns selten. Identifikationen abwarten.
i	5025 kHz:	Radio Borborema, Campina Grande – Derzeit inaktiv, sonst häufigster Brasilianer auf dieser Frequenz.
-	5025 kHz:	Radio Jornal Transamazonica, Altamira. Sendeschluß um 0200 Uhr, manchmal aufzunehmen. Besser kommt Radio Rebelde aus Kuba.
i	5025 kHz:	Radio Morimoto, Ji-Paraná; derzeit inaktiv.
-o	5035 kHz:	Radio Aparecida, Aparecida. Bis 0300 Uhr in den Sendepausen von Radio Alma Ata auf gleicher Frequenz hörbar.
o	5045 kHz:	Radio Cultura do Para, Belem. Zeitweilig mit 24-Stunden-Programm; einer der häufigsten Brasilianer auf 60 Metern.
-	5045 kHz:	Radio Difusora Presidente Prudente; bis 0400 Uhr; eigentlich nur dann Empfangschancen, wenn Radio Cultura nicht sendet.
-	5055 kHz:	Radio Jornal „A Critica", Manaus. Ex 4935 kHz; hier sind andere lateinamerikanische Stationen stärker. Sendeschluß ist um 0300 Uhr.
-	5055 kHz:	Radio Continental, Rio. Sendeschluß um 0300 Uhr; wenig Empfangschancen.

RÁDIO ⊙ BANDEIRANTES
SÃO PAULO - BRASIL

Adressen:

A Voz de Oeste, Rua Zulmira Canavarros 285, 78000 Cuiaba, MT
Ceara Radio Clube, C.P. 222, 60000 Fortaleza
Lins Radio Clube, C.P. 310, 16400 Lins, SP
Radio Alvorada, C.P. 414, 86100 Londrina, PR
Radio Alvorada, Travessa Leopoldo Neves 503, 69150 Parintins.
Radio Anhanguera, C.P. 13, 74000 Goiania, GO
Radio Aparecida, Av. Getulio Vargas 185, 12570 Aparecida, SP
Radio Araguaia, Br. 153 km. 1103, 74000 Goiania, GO
Radio Atalaya, C.P. 129, 79301 Corumba, MS
Radio Bandeirantes, C.P.15, 12630 Cachoeira Paulista, SP
Radio Bare, Rua Santa Cruz Machado 170A, 69000 Manaus, AM
Radio Brasil Central, C.P. 330, 74000 Goiania, GO
Radio Borborema, C.P. 160, 58100 Campina Grande, PB
Radio Caiaré, C.P. 104, 78901 Porto Velho, RO
Radio Capixaba, C.P. 509, 29001 Vitoriá, ES
Radio Clube Paranaense, C.P. 448, 80000 Curitiba, PR
Radio Clube, Ribeirao Preto, C.P. 18, Ribeirao Preto, SP
Radio Clube Rondonopolis, Rua Fernando Correia da Costa 651, 78500 Rondonopolis, MT
Radio Clube do Para, C.P. 533, 66000 Belem, PA
Radio Clube, C.P.236, 17601 Marilia, SP
Radio Clube Salvador, Av. Joana Angelica 251, 40000 Salvador
Radio Clube, C.P. 102, 37101 Varginha, MG
Radio Copacabana, Rua Visconde de Inhauma 37, 20091 Rio de Janeiro
Radio Cultura, C.P. 22, 14800 Araraquara. SP
Radio Cultura, C.P. 405, Cuiabá, MT
Radio Cultura da Campos, C.P. 79, 28101 Campos, RJ
Radio Cultura do Para, Av. Almirante Barroso 735, 66000 Belem, PA
Radio Difusora Acreana, Rua Benjamin Constant 161, 69900 Rio Branco, AC
Radio Difusora Aquidauana, C.P.18, 79201 Aquidauana, MS
Radio Difusora do Amazonas, C.P. 311, 69000 Manaus, AM

rádio dragão do mar

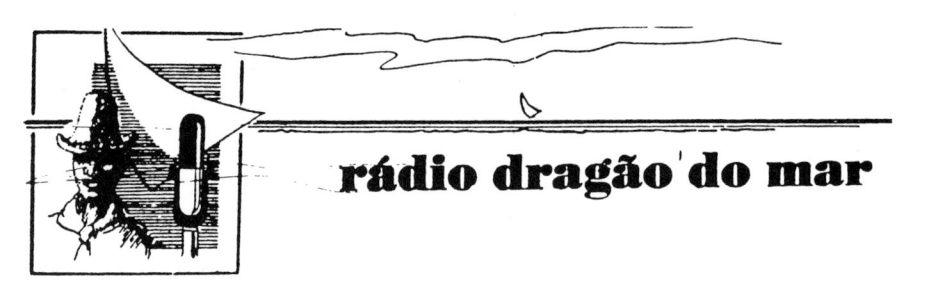

Radio Difusora do Maranhao, C.P. 152, 65000 Sao Luiz
Radio Difusora Jatai, C.P. 33, 76300 Jatai, GO
Radio Difusora Londrina, Av. Marechal H. de Alencar, Castelo Branco 69, 80000 Curitiba, PR
Radio Difusora Presidente Prudente, C.P.5, 19101 Presidente Prudente, SP
Radio Difusora Sena Madureira, Rua Avelino Chaves 707, 69930 Sena Madureira, AC
Radio Difusora Taubaté, Rua Dr Soussa Alves 960, 12100 Taubaté, SP
Radio Dragao do Mar. C.P. 2651, 60000 Fortaleza, CE
Radio Ecuatorial, Rua Major Eliezer Levy 684, 68900 Macapa, AP
Radio Educacao Rural, Praca Santa Teresa 283, 69470 Tefé, AM
Radio Educacao Rural, C.P. 261, 79101 Campo Grande, MS
Radio Educadora da Bahia, Rua Ferreira Santos 5, 40000 Salvador, BA
Radio Educadora Braganca, Rua Barao do Rio Branco 1151, 68600 Braganca, PA
Radio Educadora Cariri, C.P.57, 63101 Crato, CE
Radio Educadora Guajará Mirim, C.P.51, 78981 Guajará Mirim, RO
Radio Educadora Limeira, C.P.105, 13480 Limeira, SP
Radio Educadora 6 de Agosto, Rua Pio Nazario 31, 69920 Xapurí, AC
Radio Emissora Arauana, C.P. 214, 78301 Barro do Garcas, MT
Radio Guaruja, C.P. 45, 88000 Florianopolis, SC
Radio Iracema, Av, Barao de Studart 1864, 60000 Fortaleza, CE
Radio Itatiaia, C.P.24, 30001 Belo Horizonte, MG
Radio Jornal „A Critica", C.P. 2250, 69001 Manaus, AM
Radio Jornal do Brasil, Av. Brasil 500, 20940 Rio de Janeiro, RJ
Radio Jornal Transamazonica, C.P. 119, 68370 Altamira, PA
Radio Liberal, Av. Nazaré 350, 66000 Belém, PA
Radio Marajoara, Traversa Campos Sales, 370 Centro, 66020 Belem, PA
Radio Marumby, C.P. 62, 88000 Florianopolis, SC
Radio Meteorologica Paulista, C.P. 91, 14940 Ibitinga, SP
Radio Morimoto, Rua Costa e Silva 1113, 78930 Ji-Paraná, RO
Radio Nacional de Amazonica, C.P. 07/0747, 70323 Brasilia, DF

Radio Nacional Boa Vista, C.P. 225, 69300 Boa Vista, PR
Radio Nacional Cruzeiro do Sul, Rua Rui Barbosa s/n, 69980 Cruzeiro do Sul, AC
Radio Nacional Macapá, C.P. 2929, 68901 Macapá, AP
Radio Nacional Manaus, Rua Sao Vicente 10, Morro da Libertade, 69000 Manaus, AM
Radio Nacional Porto Velho, C.P. 005, 78900 Porto Velho, RO
Radio Nacional Sao Gabriel, Av.Pres.Costa e Silva s/n, 69759 Sao Gabriel de Cachoeira, AM
Radio Nacional Tabatinga, Gleba Tocantins-Iote 15, Distrito Benjamin Constant, 69630 Tabatinga, AM
Radio Oito de Setembro, C.P.8, 13691 Descalvado, SP
Radio Pioneira de Teresina, Rua Teodoro Pacheco 1179, 64000 Teresina
Radio Por um Mundo Melhor, C.P.377, 35100 Governador Valadares, MG
Radio Poti, C.P. 245, 59000 Natal, RN
Radio Relogio Federal, C.P. 4543, 20000 Rio de Janeiro, RJ
Radio Ribamar, Parque do Bom Menino, 65000 Sao Luiz, MA
Radio Ribeirao Preto, C.P. 814, 14101 Ribeirao Preto, SP
Radio Rural, C.P. 134, 68000 Santarem, PA
Radio Sao Carlos, C.P. 115, 13560 Sao Carlos, SP
Radio Sociedade, C.P. 32, 44100 Feira de Santana, BA
Radio Timbira, Rua do Correio s/n, Bairro Fatima, 65000 Sao Luiz, MA
Radio Três de Julho, Rua Genni Assis s/n, 69930 Brasiléia, AC
Radio Tupi, Av. Portugal 96, Urca, 22291 Rio de Janeiro, RJ
Radio Transamazonica, Av. Castelo Branco 287, 69910 Senador Guiomard
Radio Verdes Florestas, C.P. 53, 69981 Cruzeiro do Sul, AC

Westliches und südliches Südamerika

Bolivien

Viele kleine Tropenbandstationen, deren Frequenzen häufig wechseln, sind kennzeichnend für das sich uns bietende Bild der bolivianischen Rundfunkszene auf den Tropenbändern. Keine dieser Stationen ist leicht zu empfangen, viele senden auf einigen Frequenzen nur sporadisch – der Bolivien-Empfang ist schon eher etwas für „Spezialisten", die viel Zeit für umfangreiche Frequenzbeobachtungen haben. Erfolgversprechendste Empfangszeit ist dabei die Stunde nach jeweiligem fade-in.

Tropenbandstationen:

- -o 3310 kHz: Radio San Miguel; bei guten Bedingungen manchmal bei uns aufzunehmen. Sendeschluß ist variabel gegen 0400 Uhr; Alternativfrequenz ist 3320 kHz.
- -- 3350 kHz: Radio 27 de Diciembre, Villamontes; Anfang 1989 reaktiviert mit Sendeschluß gegen 0400 Uhr.
- -- 3370 kHz: Radio Florída; Sendeschluß bereits um 0030 Uhr; somit bleibt für Beobachtungen nur eine kurze Zeitspanne.
- -- 3380 kHz: Radio Cumbre; Sendeschluß um 0330 Uhr; sehr unregelmäßig, kaum in Europa zu hören!
- -- 3390 kHz: Radio Camargo; –0200 Uhr; sehr selten!
- - 3475 kHz: Radio Padilla; Sendeschluß um 0200 Uhr. Bei guten Bedingungen bei uns hörbar.
- - 4422 kHz: Radio Reyes; nicht selten bis 0330 Uhr hörbar, falls die Frequenz nicht gestört wird.
- i 4441 kHz: Radio Santa Rosa; derzeit inaktiv, konnte früher aber in Europa empfangen werden.
- - 4472 kHz: Radio Movima; Sendeschluß um 0230 Uhr.
- -- 4530 kHz: Radio Nuevo Horizonte; neue Station aus Riberalta.
- -- 4540 kHz: Radio Galaxía; bis 0300 Uhr aktiv; selten bei uns.
- -o 4649 kHz: Radio Santa Ana. Der Sendeschluß variiert zwischen 0200 und 0400 Uhr; die Station ist bei uns verhältnismäßig häufig zu empfangen.
- - 4681 kHz: Radio Paititi; Sendeschluß 0300 Uhr. Hier dominiert, falls aktiv, Radio Nacional Espejo aus Ekuador.

- 4720 kHz:	Radio Abaroa (variabel bis 4710). Sendeschluß: 0400 Uhr, bei uns selten.	
- 4731 kHz:	Radio Riberalta (variabel bis 4700). Die Station ist bei uns zu empfangen; jedoch sollte gerade im Bereich zwischen 4680 und 4750 kHz auf Stationsansagen geachtet werden, da die in Frage kommenden Stationen alle recht variable Frequenzen haben. Sendeschluß: 0245 Uhr.	
i 4740 kHz:	Radio Mamoré; derzeit inaktiv. Sendeschluß bereits um 0400 Uhr.	
-o 4747 kHz:	La Voz del Tropico, Radio Capitan Victor Ustariz. Sendeschluß um 0230 Uhr; nicht selten.	
-- 4775 kHz:	Radio Los Andes; Sendeschluß 0300 Uhr. Selten.	
-- 4785 kHz:	Radio Cooperativa Satipo, Radio Cosat. Selten; sendet bis 0200 Uhr.	
o 4795 kHz:	Radio Nueva America. Sendeschluß um 0400 Uhr; derzeit „stärkste" bolivianische Station im 60-Meterband.	
-- 4810 kHz:	Radio Libertad; sendet unregelmäßig.	
- 4829 kHz:	Radio Grigota, variabel 4826 = > 4832 kHz, Sendeschluß um 0030 Uhr. Exakt auf 4830 kHz ist Radio Táchira aus Venezuela viel stärker.	
-- 4845 kHz:	Radio Fides – katholisch orientierte Station aus der Hauptstadt Boliviens; in letzter Zeit in Europa kaum noch zu beobachten. Sendeschluß: 0300 Uhr.	
- 4855 kHz:	Radio Centenario, Santa Cruz, kann mit religiösem Programmformat bis 0230 Uhr empfangen werden.	
- 4865 kHz:	Radio 16 de Marzo. Sendeschluß gegen 0300 Uhr; die Station kann zwar empfangen werden, La Voz de Cinaruco aus Kolumbien kommt aber stärker.	
-- 4875 kHz:	Radio La Cruz del Sur; Sendeschluß 0100 Uhr; religiöse Programme auch in Deutsch, Englisch und Indianersprachen.	
-- 4900 kHz:	Radio San Ignacio; bis 2400 Uhr; sehr unregelmäßig und selten.	
-o 4936 kHz:	Radio Cordech, Sucre; öfters hier bis 0200 Uhr zu empfangen.	
- 4945 kHz:	Radio Illimani. Im Tropenband selten, da die CARACOL Neiva die Frequenz mitbelegt. Sendeschluß um 0500 Uhr.	
- 4965 kHz:	Radio Juan XXIII. Sendeschluß um 0200 Uhr; religiös orientierte Station.	
-- 4975 kHz:	Radio Maria Auxiliadora; Sendeschluß 0100 Uhr.	

- 4991 kHz: Radio Animas; Sendeschluß variabel bis 0300 Uhr; selten bei uns hörbar.
-- 5005 kHz: Radiodifusoras Cristal. Unregelmäßig, Sendeschluß 0300 Uhr. Bei uns kaum empfangen.
-- 5451 kHz: Radio Machupo. Sendeschluß 0200 Uhr, unregelmäßig.
-o 5505 kHz: Radio Dos de Febrero. Sendeschluß um 0300 Uhr; bei guten Bedingungen nicht selten.
-- 5581 kHz: Radio San José; unregelmäßig, Sendeschluß um 0200 Uhr.

Adressen:

La Voz del Tropico, Casilla 3883, Cochabamba
Radio Abaroa, Casilla 58, Riberalta, Beni
Radio Animas, Chocaya, Animas, Potosi
Radio Camargo, Correo Central 9, Camargo, Chuquisaca
Radio Centenario, Casillia 818, Santa Cruz
Radio Cordech, Casilla 156, Sucre
Radio Cumbre, Campamento Minero, Tazna
Radiodifusoras Cristal, Casilla 5303, La Paz
Radio Dos (2) de Febrero, Vaca Diez 400, Rurrenabaque, Beni
Radio Fides, Casilla 5782, La Paz
Radio Florída, Cas. 3789, Samaipata, Sta. Cruz
Radio Galaxía, Beni 700, Guayaramerín
Radio Grigota, Casilla 203, Santa Cruz de la Sierra
Radio Illimani, Casilla 1042, La Paz
Radio Juan XXIII., San Ignacio de Velasvo, Sta. Cruz
Radio La Cruz del Sur, Cajon 1408, La Paz
Radio Libertad, Distrito Minero de Santa Fé, Oruro.
Radio Los Andes, Casilla 34, Tarija
Radio Machupo, San Ramon de la Ribera, Beni
Radio Mamoré, Guayaramerín, Beni
Radio Maria Auxiliadora, Casilla 507, Montero, Santa Cruz
Radio Movima, Sta. Ana de Yacuma, Beni
Radio Nueva America, Casilla 2431, La Paz
Radio Padilla, Alcaldia Municipal, Padilla, Chiquisaca
Radio Paititi, Casilla 321, Guayaramerin, Beni
Radio Panamericana, Casilla 5263, La Paz
Radio Reyes, Reyes, Ballivian, Beni
Radio Riberalta, Casilla 66, Riberalta, Beni
Radio San Ignacio, San Ignacio de Moxos
Radio San José, Casilla 15, San José de Chiquitos, Santa Cruz
Radio San Miguel, Casilla 102, Riberalta, Beni
Radio Santa Ana, Calle Cobija 285 esq.Bolivar, Sta.Ana de Yacuma, Beni.
Radio Santa Rosa, Santa Rosa de Yacuma, Beni
Radio 16 de Marzo, Casilla 15, Antequera, Oruro

RADIO "LA CRUZ DEL SUR"
LUZ QUE SEÑALA EL CAMINO DE LA VIDA

LA PAZ — BOLIVIA
Altitud 3.812 metros

Características Distintivas

CP 27 - 730 kcs 411 metros.
CP 75 **4.875 Kcs. 61.54 metros.**
CP 3 - 95 Mcs. F.M. frec. Modulada

Con las atenciones del Director de
Radioemisoras "La Cruz del Sur"
Cajón Postal 1408

Dirección Nicaragua 1759
Teléfono 26878 50539

Señor Klaus Bergmann

Milchstr. 8

2828 Bremen 70

West Germany

MONTE ILLIMANI: 6.882 metros
PUERTA DEL SOL: Ruina Incaica
LA LLAMA: Animal típico de Bolivia

Ekuador

Nicht so viele kleine Rundfunkstationen wie aus dem benachbarten Peru sind aus Ekuador bei uns zu empfangen. Allerdings kommen auch die meisten ekuadorianischen Stationen nur bei guten Bedingungen durch, sind somit also bis auf wenige Ausnahmen eher etwas für Spezialisten. Die relativ zahlreichen Stationen im 90-Meterband sind auch für gut ausgerüstete DXer eher selten.

Tropenbandfrequenzen:

- -o 3220 kHz: HCJB Quito. Die auch aus den Kurzwellen-Rundfunkbändern bekannte Station ist hier mit Programmen in Quechua und Spanisch bis 0500 Uhr zu empfangen.
- -- 3240 kHz: Radio Antena Libre; bis 0300 Uhr; bei uns selten.
- -- 3255 kHz: La Voz del Trifuno; bis 0500 Uhr; selten.
- - 3261 kHz: La Voz del Rio Carrizal; bis 0330 Uhr.
- - 3269 kHz: Radio Ecos del Oriente; bis 0400 Uhr. Beide Stationen sind bei sehr guten Bedingungen in Europa hörbar.
- -- 3280 kHz: La Voz del Napo; auch in Quechua, bis etwa 0245 Uhr
- -- 3286 kHz: La Voz del Rio Tarqui; bis 0500 Uhr
- -- 3322 kHz: Radiodifusión Sangay; bis 0400 Uhr
- i 3325 kHz: Ondas Quevedenas; derzeit inaktiv, sonst bis etwa 0530 Uhr. Wurde schon in Europa empfangen.
- i 3360 kHz: Radio Federación Sucúa; setzt die Frequenz unregelmäßig // 4960 kHz ein
- -o 3380 kHz: Radio Iris, Esmeraldas; bis zum Sendeschluß um 0400 Uhr ein guter Indikator fürs 90-Meterband.
- -o 3395 kHz: Radio Zaracay, Sto. Domingo. Sendeschluß zwischen 0300 und 0400 Uhr; ebenfalls nicht selten.
- o 4680 kHz: Radio Nacional Espejo, Quito. Unregelmäßiger, aber später Sendeschluß. Die Station war mehrere Jahre inaktiv und hat den Tropenbandsender 1988 wieder in Betrieb genommen.
- - 4760 kHz: Emisoras Atalaya, Guayaquil. Alternativ zu 4792 kHz. Die Station war in den letzten Monaten wieder zu empfangen; vermutlich 24-h-Programm.
- - 4795 kHz: La Voz de los Caras, Bahia de Caraquez. Bis etwa 0230 Uhr, nicht selten.

-o 4800 kHz:	Radio Popular de Cuenca. Bis zum Sendeschluß um 0500 Uhr eine der häufigeren ekuadorianischen Stationen im 60-Meterband.
-- 4810 kHz:	La Voz de Galapagos. Der Sender von der Isla San Cristobal wurde vor längerer Zeit wieder aktiviert, kann aber nur selten bis zum Sendeschluß um 0200 Uhr bei uns empfangen werden.
- 4820 kHz:	Radio Paz y Bien; religiöses Programmformat bis zum Sendeschluß um 0200 Uhr. Schwieriger Empfang auf dieser Frequenz.
-- 4840 kHz:	Radio Interoceania; Sendeschluß um 0200 Uhr; kaum in Europa zu hören.
- 4851 kHz:	Radio Luz y Vida; religiöse Station mit sehr variablem Sendeschluß – bei uns hörbar.
- 4870 kHz:	Radio Rio Amazonas, Macuma. Bei uns hörbar, die Station sendet auf einer relativ freien Frequenz teilweise in Indianersprachen. Sendeschluß ist um 0400 Uhr.
-o 4890 kHz:	Radio Centinela del Sur, Loja. Bis 0400 Uhr bei guten Bedingungen hörbar.
-- 4900 kHz:	La Voz de Saquisilí; manchmal bis 0200 Uhr, große Rarität in Europa.
i 4911 kHz:	Emisoras Gran Colombia, Quito (inaktiv)
-o 4920 kHz:	Radio Quito. Bis 0500 Uhr an guten Ekuador-Tagen regelmäßig zu hören.
i 4960 kHz:	Radio Federacion Sucua. Inaktiv, früher öfters bei uns zu empfangen.
-o 4971 kHz:	Radio Difusora Tarqui. Bis 0400 Uhr in den letzten Jahren von Zeit zu Zeit zu empfangen.
- 4990 kHz:	Radio Bahá'i. bis 0200 Uhr mit Tests. Bei uns nicht oft zu empfangen.
- 5015 kHz:	Escuelas Radiofónicas Populares, Riobamba. Bis 0200 Uhr; ziemlich selten.
o 5040 kHz:	La Voz del Upano, Macas. Sendeschluß gegen 0300 Uhr; in den letzten Jahren häufiger zu empfangen. Religiös motivierte Station.
- 5050 kHz:	Radio Jesus del Gran Poder. Sendeschluß 0100 Uhr.
-o 5055 kHz:	Radio Catolica Nacional, Quito. Bis 0300 Uhr hörbar, falls bei guten Mittelamerikabedingungen hier Faro del Caribe aus Costa Rica nicht stärker ankommt.
- 5060 kHz:	Radio Nacional Progreso, Loja. Sendeschluß um 0200 Uhr, die Frequenz variiert.

EMISORAS Gran Colombia
33 AÑOS・1977・ANIVERSARIO
LA VOZ DEPORTIVA DE LA CAPITAL
50.000 WATS DE POTENCIA
Quito Ecuador

RADIO CENTINELA del SUR
LOJA - ECUADOR
ONDA CORTA
NOTICIOSA - MUSICAL - DEPORTIVA
ONDA LARGA
LA PRIMERA EN LOJA CON ANTENA VERTICAL

RADIO NACIONAL ESPEJO
1.310 Y 4.880 Kcs. - TELEFONOS: 211-099 - 210-099 - 213-666

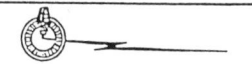

Sistema de Emisoras
ATALAYA CIA. LTDA.
680 KC. ONDA LARGA-4790 KC. ONDA CORTA 95 MG. FRECUENCIA MODULADA
50.000 VATIOS DE POTENCIA
La primera en deportes, La primera en noticias, La primera en música
ESTADIO MODELO   RUMICHACA 932-934 Y 9 DE OCTUBRE
393107   512295-510461
Casilla 204 Guayaquil - Ecuador

TENA-ECUADOR
HCVN7
RADIO LA VOZ DEL NAPO
MISION JOSEFINA

emisora
VOZ DEL UPANO
HCVB-7
1.540 KHz. onda media
5.040 KHz. onda corta
MACAS
MORONA - SANTIAGO
Agosto - 5 - 1984

Adressen:

Emisoras Atalaya, Casilla 204, Guayaquil
Emisoras Gran Colombia, Casilla 2246, Quito
Escuelas Radiofónicas Populares, Casilla 4755,
 Riobamba
HCJB Quito, Casilla 691, Quito
La Voz de los Caras, Casilla 608, Bahia de Caraquez
La Voz de Saquisilí, Casillla 669, Saquisilí
La Voz del Napo, Misión Josefina, Tena, Napo
La Voz del Rio Carrizal, Calle 10 de Agosto 308, Calceta
La Voz del Rio Tarqui, Montalvo Manuel 202, Cuenca
La Voz del Trifuno, Casilla 43, Santo Domingo de los
 Colorados
La Voz del Upano, 10 Agosto s/n, Macas
Ondas Quevedenas, 12a Calle 205, Quevedo
Radio Antena Libre, Casilla 65, Esmeraldas
Radio Bahá'i, Casilla 14, Otavalo
Radio Catolica Nacional, Casilla 540-A, Quito
Radio Centinela del Sur, Casilla 196, Loja
Radiodifusión Sangay, Macas
Radio Difusora Tarqui, Casilla 2558, Quito
Radio Ecos del Oriente, Mariscal Sucre 148 y 12 de Febrero,
 Lago Agrio, Napo
Radio Federacion, Domingo Comin 17-38, Sucua
Radio Interoceania, Santa Rosa de Quijos
Radio Iris, Casilla 116, Esmeraldas
Radio Jesus del Gran Poder, Convento de San Francisco,
 Ap. 133, Quito
Radio Luz y Vida, Casilla 222, Loja
Radio Nacional Espejo, Casilla 352, Quito
Radio Nacional Progreso, Casilla Letra V, Loja
Radio Paz y Bien, Casilla 94, Ambato
Radio Popular de Cuenca, Av. Loja 963, Cuenca
Radio Quito, Apartado 57, Quito
Radio Rio Amazonas, Casilla 818, El Puyo, Pastaza
Radio Zaracay, Casilla 31, Sto. Domingo de los Colorados

Falkland-Inseln

Empfänge der einzigen Tropenbandstation dieser Eilande werden zwar ab und zu auch für Europa gemeldet, sind aber nur schwer nachzuvollziehen. Programme werden vom lokalen BFBS-Sender und vom Falkland Island Broadcasting Service zusammengestellt.

Aus gegebenem Anlaß sei darauf hingewiesen, daß FIBS nur korrekte Empfangsberichte bestätigt.

Tropenbandfrequenzen:

-- 2380 kHz: FIBS Port Stanley; (lokale) Sommerfrequenz. Gesendet wird 24 Stunden täglich. Bei uns sind in diesem Frequenzbereich oft Harmonische von irischen Mittelwellenstationen aufzunehmen, die mit FIBS verwechselt werden könnten..

-- 3958 kHz: FIBS Port Stanley; (lokale) Winterfrequenz. Bei uns kaum zu hören – QRM europäischer Stationen.

Adresse: FIBS, Broadcasting Studio, Port Stanley.

Peru

Erfahrene Tropenband-DXer werden sich von der nun folgenden ziemlich langen Auflistung peruanischer Tropenbandstationen nicht täuschen lassen: die Vielzahl der im Tropenband mehr oder weniger aktiven Stationen sagt nichts über gute Hörbarkeit des einen oder anderen Senders aus. Im Gegenteil: Peru-DXing ist ein recht schwieriges Unterfangen, denn geringe Sendeleistungen, oft wechselnde Frequenzen und unregelmäßige Sendeaktivitäten vieler Stationen machen den Empfang von Rundfunksignalen aus diesem Land schwer.

Tropenbandfrequenzen:

-- 3230 kHz: Radio El Sol de los Andes; bis um 0400 Uhr; wird manchmal in Europa empfangen (400 Watt..).

-- 3260 kHz: La Voz de Oxapampa; bis 0500 Uhr. In Europa wie nachfolgende Stationen kaum hörbar.

-- 3280 kHz: Estación Huari; bis 0300 Uhr; s.o.

-- 3290 kHz: Radio Tayabamba; –0400 Uhr; s.o.

-o 3330 kHz: Ondas del Huallaga. Sendeschluß um 0500 Uhr; einzige peruanische Station, die öfters im 90-Meterband empfangen werden kann.

- 3339 kHz:	Radio Altura, Cerro de Pasco. Bis 0500 Uhr, selten!
-- 3450 kHz:	Radio Oyón; bis 0200 Uhr. Kaum hier zu hören.
-- 3465 kHz:	Radio Reina de la Selva; bis 0400 Uhr, s.o.
- 4011 kHz:	Radio Frequencia Popular; bis 0400 Uhr.
- 4039 kHz:	Radio Marginal; bis 0400 Uhr.
- 4238 kHz:	Radio Inca, Banos del Inca; bis etwa 0330 Uhr.
- 4300 kHz:	Radio Moderna. Bis 0400 Uhr; genau wie obige Stationen zwischen 75- und 60-Meterband bei sehr guten Bedingungen durchaus hörbar.
- 4301 kHz:	Radio Grau, bis 0500 Uhr, unregelmäßig. Manchmal in Europa zu empfangen. Ex 4008 kHz.
- 4418 kHz:	Radio Frequencia Lider; mit Sendeschluß um 0400 Uhr manchmal in Europa hörbar.
-o 4462 kHz:	Radio Nor Andina, Celendin. Sendeschluß um 0445 Uhr; häufiger bei uns als vorgenannte Stationen.
-- 4485 kHz:	Radio Patajén, Celendín; bis 0300 Uhr. Die Station identifiziert sich auch als „La Voz de Celendin".
-- 4495 kHz:	Radio Contumaza; bis etwa 0500 Uhr.
- 4606 kHz:	Radio Ayaviri; bis etwa 0200 Uhr; bei freier Frequenz hörbar.
-- 4700 kHz:	Radio Waira, Chota; bis 0500 Uhr, selten!
-- 4705 kHz:	Radio Imperio, Rioja; bis 0400 Uhr, selten!
- 4732 kHz:	Radio San Juan de Caraz, bis 0100 Uhr, durchaus hörbar; nicht mit BOL verwechseln.
-o 4752 kHz:	Radio Huanta 2000, variabler Sendeschluß zwischen 0300 und 0500 Uhr; häufiger in Europa. Nominell 4755 kHz; hier ist CARACOL Bogota stärker.
i 4762 kHz:	Radio Inca, Lima; war hier häufig zu hören, seit gut einem Jahr inaktiv. Alternativ: 4770 kHz.
-- 4775 kHz:	Radio Tarma. Bis 0500 Uhr hörbar.
o 4790 kHz:	Radio Atlántida. Sendeschluß um 0500 Uhr, im „langjährigen Mittel" sicher die zuverlässigste Indikatorstation für Peru-Empfang in Europa.
-- 4807 kHz:	Radio Onda Azul; Bis 0200 Uhr. Die katholische Station wurde Opfer mehrerer Anschläge – wohl wegen zu starken sozialen Engagements.

-o 4810 kHz:	Radio San Martín. Sendeschluß um 0400 Uhr; bei guten Bedingungen nicht selten.	
-- 4822 kHz:	Radio Atahualpa, Cajamarca; bis 0500 Uhr, sehr selten.	
- 4825 kHz:	La Voz de la Selva; bis 0100 Uhr. Kommt vor Sendebeginn von Radio Aschkhabad um 0000 Uhr manchmal durch.	
- 4835 kHz:	Radio Maranón. Nicht so selten; freie Frequenz. Sendeschluß bereits um 0200 Uhr.	
- 4840 kHz:	Radio Andahuaylas. Bis 0300 Uhr; falls Radio Valera auf dieser Frequenz nicht einfällt, hörbar.	
-- 4860 kHz:	Radio Naylamp; war 1988 bis 0530 Uhr hörbar.	
i 4860 kHz:	Radio Chinchaycocha (inaktiv)	
- 4881 kHz:	Radio Nuevo Mundo; gegen 0100 Uhr in Europa aufgenommen.	
- 4885 kHz:	Radio Huancavelica; bis nach 0500 Uhr bei uns manchmal zu empfangen.	
- 4891 kHz:	Difusora Radio Huanta. Sendeschluß um 0300 Uhr.	
- 4895 kHz:	Radio Chanchamayo. Sendeschluß: 0400 Uhr.	
- 4910 khz:	Radio Tawantinsuyo. Bis 0300 Uhr manchmal bei variabler Frequenz hörbar. Nur sporadisch aktiv.	
- 4922 kHz:	Ondas del Titicaca. Bis 0300 Uhr.	
- 4936 kHz:	Radio Tropical. Bis 0400 Uhr aktiv; nicht mit Radio Cordech aus Bolivien verwechseln!	

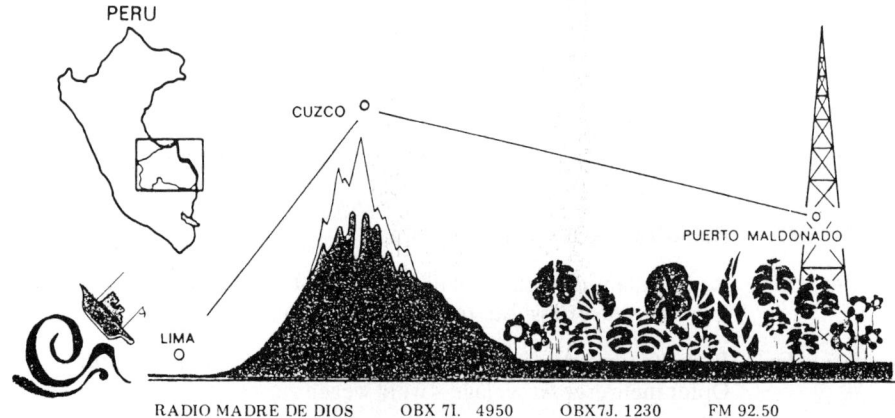

RADIO MADRE DE DIOS   OBX 7I.   4950   OBX7J. 1230   FM 92.50
APDO. 37 - PUERTO MALDONADO PERU

o 4951 kHz:	Radio Madre de Dios. In letzter Zeit ziemlich häufig bei uns zu empfangen; Sendeschluß gegen 0230 Uhr.
-- 4955 kHz:	Radio Cultural, Amauta. Bis 0200 Uhr; selten.
- 4960 kHz:	Radio La Merced; Sendeschluß um 0400 Uhr.
- 4966 kHz:	Radio San Miguel, Cuzco. Bis 0300 Uhr, selten.
-- 4970 kHz:	Radio Imagen. Bis 0500 Uhr aktiv, manchmal auch 24 Stunden; hier kommt öfter Rdif. Tarqui aus Ekuador.
- 4976 kHz:	Radio del Pacifico, bis 0430 Uhr. Die Station kommt auch auf der 2. Harmonischen 9950 kHz bei uns durch.
-- 4978 kHz:	Radio La Hora; bis 0400 Uhr; selten!
-o 4990 kHz:	Radio Ancash, bis 0500 Uhr; bei guten Bedingungen nicht selten.
-o 4996 kHz:	Radio Andina, Sendeschluß um 0500 Uhr, manchmal auch mit 24-Stunden-Programm. Auf freier Frequenz öfters hörbar.
i 5010 kHz:	Radio Eco; inaktiv, früher ab und zu hörbar.
-- 5015 kHz:	Radio Moyobamba, Sendeschluß 0430 Uhr.
-- 5015 kHz:	Estación Tarapoto, bis 0210 Uhr; genauso selten.
- 5025 kHz:	Radio Quillabamba. Bis 0300 Uhr; Radio Rebelde aus Kuba ist hier oft stärker.
-- 5030 kHz:	Radio Los Andes; bis 0200 Uhr.
- 5040 kHz:	Radio Libertad de Junin. Bis 0500 Uhr; früher häufiger als in den letzten Jahren.
- 5045 kHz:	Radio Mundo, Cuzco. Sendeschluß 0400 Uhr.
- 5049 kHz:	Radio Rioja, Rioja. Sendeschluß ebenfalls 0400 Uhr; nur bei guten Bedingungen hier zu hören.
- 5050 kHz:	Radio Municipal Cangallo, bis 0300 Uhr. Selten.
- 5060 kHz:	Radio Amazonas; nur sporadisch aktiv.
- 5131 kHz:	Radio Vision. Nominell 5360 kHz, aber auch hier manchmal bis 0400 Uhr zu hören.
- 5272 kHz:	Radio Nor Oriental; selten bis um 0300 Uhr.
-- 5274 kHz:	Radio Commercial Cosmos; selten, nicht mit obiger Station verwechseln!

- -- 5283 kHz: Radio Onda Popular; bis 0400 Uhr; selten!
- - 5539 kHz: Radio Frequencia Popular Celendín; bis 0500 Uhr.
- -- 5657 kHz: Radio Bambamarca, Sendeschluß 0415 Uhr.
- - 5661 kHz: La Voz de Cutervo. Sendeschluß um 0400 Uhr herum; nicht ganz so selten.
- -- 5700 kHz: Radio Frequencia San Ignacio; bis gegen 0400 Uhr, selten.
- - 5720 kHz: Radio San Miguel; bis 0400 Uhr.
- - 5800 kHz: Radio Nuevo Cajamarca; bis 0300 Uhr hörbar.
- - 5816 kHz: La Voz de Altiplano; sehr unregelmäßig aktiv. Sendeschluß um 0400 Uhr.

Adressen:
Difusora Radio Huanta, Jr. Saenz Pena 103, Huanta, Depto. Ayacucho
Estación Huari, Calle Nazareno 108, Ayacucho
Estación Tarapoto, Tarapoto
La Voz de Altiplano, Apartado 130, Puno
La Voz de Cutervo, Jr. Comercio 628, Cutervo
La Voz de la Selva, Apartado 207, Iquitos
La Voz de Oxapampa, Jr Mullenbruch 469, Oxapampa
Ondas del Huallaga, Apartado 343, Huancayo
Ondas del Titicaca, Apartado 47, Puno
Radio Altura, Plazuela Gamaniel Blanco 127, 2do piso, Cerro de Pasco (Pasco)
Radio Amazonas, Jr Putumayo 473, Iquitos, Depto. Loreto
Radio Ancash, Apartado 210, Huaraz, Depto. Ancash
Radio Andahuaylas, Casilla 33, Andahuaylas, Depto. Apurimac
Radio Andina, Jr Real Chilca 175, Huancayo
Radio Atlantida, Apartado 786, Iquitos
Radio Ayaviri, Apartado 8, Ayaviri, Depto. Puno
Radio Bambamarca, Bambamarca, Depto. Cajamarca
Radio Chanchamayo, Ap. 96, Merced, Depto. Junin
Radio Chinchaycocha, Apartado 16, Junin
Radio Contumaza, Benjamín Gálvez 118, Contumaza
Radio Cultural Amauta, Casilla 24, Huanta
Radio del Pacifico, Apartado 4236, Lima 1
Radio Eco, Casilla 174, Iquitos
Radio El Sol de los Andes, Casilla 11, Juliaca, Depto. Puno
Radio Frequencia Lider, Jorge Chavez 416, Bambamarca, Depto. Cajamarca
Radio Frequencia Popular, Jr San Martín 1188, Rioja
Radio Frequencia San Ignacio, Jr El Carmen 618, San Ignacio
Radio Grau, Grau 403, Huancabamba
Radio Huancavelica, Apartado 92, Huancavelica
Radio Huanta 2000, Jr Ayacucho 248, Huanta, Depto. Ayacucho
Radio Imagen, Apartado 42, Tarapoto, Depto. San Martin
Radio Inca, Av. Manco Capac 275, Los Banos del Inca
Radio Inca del Peru, Jiron Bernardo Alcedo 375, Distrito Lince, Lima 14
Radio La Hora, Casilla 24, Cuzco
Radio La Merced, Junín 171, La Merced
Radio Libertad de Junin, Apartado 2, Junin
Radio Los Andes, Bolivar 529, Huamachuco
Radio Madre de Dios, Apartado 37, Pto. Maldonado
Radio Maranón, Apartado 50, Jaén, Depto. Cajamarca
Radio Marginal, Jr. San Martín 257, Tocache

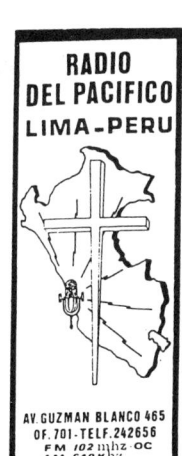

Radio Melodia, Casilla 1162, Arequipa
Radio Moderna, Dos de Mayo 361, Celendin, Depto. Cajamarca
Radio Moyobamba, Jr. Serafin Filomeno 493, Moyobamba, Depto. San Martin
Radio Mundo, Calle Nueva 438-440, Cuzco, Depto. Cuzco
Radio Municipal, Alcaldía Municipal, Cangallo
Radio Naylamp, Av. Huamachuco 1080, Lambayeque
Radio Nor Andina, Jiron 2 de Mayo 1271, Celendin
Radio Nor Oriental, Matiaza Rimach 201, Mendoza, Depto. de Amazonas
Radio Nuevo Cajamarca, Av. Cajamarca 526, Nuevo Cajamarca
Radio Nuevo Mundo, Calle 9 de Diciembre, Pucallpa
Radio Onda Azul, Casilla 210, Puno
Radio Onda Popular; Jorge Chávez 416, Bambamarca
Radio Quillabamba, Apartado 76, Quillabamba, Depto. de Cuzco
Radio Rioja, Jr. Maldonado 930, Rioja,   Depto. San Martin
Radio San Juan de Caraz, Jr. Pumacahua 528, Caraz, Depto. Ancash
Radio San Martin, Casilla 169, Tarapoto, Depto. San Martin
Radio Tarma, Apartado 167, Tarma, Depto. Junin
Radio Tawantinsuyo, Av.El Sol 806, Cuzco
Radio Tayabamba, Bolivar 565, Tayabamba
Radio Tropical, Casilla 31497, Tarapoto, Depto. San Martin
Radio Vision, Huallaga 559, Juanjui, Depto. San Martin
Radio Waira, Jr. Gregorio Malca 141, Chota,

Uruguay

Eher der Vollständigkeit halber seien hier noch einige sporadisch betriebene Tropenbandsender aus Uruguay genannt. Die Sendungen kommen oft nur zu besonderen Anlässen, z.B. Fußballspielen, auf 60 Meter und wurden unseres Wissens noch nicht in Europa empfangen. Inwieweit tatsächlich gesendet wird, ist uns zur Zeit nicht bekannt.

Tropenbandfrequenzen:

-- 4890 kHz: Radio Sarandi, Montevideo

-- 4945 kHz: La Voz de Artigas; angeblich bis 0300 Uhr.

-- 4970 kHz: Radio Cristal de Uruguay; sehr unregelmäßig.

Adressen:

La Voz de Artigas, Av. Lecueder 483, Artigas
Radio Cristal del Uruguay, Rivera 640, Las Piedras, Canelones.
Radio Sarandi, Corporación Publicidad S.A., Enriqueta Compte y Rique 1250, Montevideo.

Mittelamerika

Belize

Nur selten bei uns zu empfangen ist der Inlandsrundfunk aus Belize, der der dortigen Regierung untersteht. Sendesprachen sind Spanisch und Englisch.

Tropenbandfrequenz:

- 3285 kHz: Belize Radio One; Sendeschluß um 0600 Uhr. Die Station kann ab etwa 0300 Uhr bei uns empfangen werden. Allerdings wurde der 1-kW-Tropenbandsender in den letzten Jahren nur sporadisch eingesetzt. Zur Zeit schweigt die Station, die Ersatzteile sollen aber 1989 eingebaut und der Sender wieder reaktiviert werden.

Adresse: Belize National Radio Network, P.O.Box 89, Belize City.

Costa Rica

Aus Costa Rica, der ältesten Demokratie in Mittelamerika, senden im Tropenband einige Privatstationen, die bei uns ohne größere Schwierigkeiten zu empfangen sind.

Tropenbandfrequenzen:

o 4832 kHz: Radio Reloj; San José. Wir konnten die Station in den letzten Wochen nicht hören – der Sender scheint inaktiv zu sein. Sonst war Radio Reloj oft bis in den Morgen hinein in guter Qualität zu empfangen (meist 24-Stunden-Programm). Häufige Zeitansagen, verhältnismäßig ausführliche Nachrichten.

i 4850 kHz: Radio Columbia; derzeit inaktiv. Hier dominiert Radio Capital aus Venezuela.

o + 5030 kHz: Radio Impacto; sehr stark in der zweiten Nachthälfte bis zum Sendeschluß gegen 0600 Uhr. Einige Programme dieser Station haben übrigens eine gegen die Regierung von Nikaragua gerichtete Tendenz.

-o 5055 kHz: Faro del Caribe; mit Sendungen in Spanisch und Englisch (0300–0400 Uhr) häufig zu empfangende religiöse Station. Störungen gibt's durch Radio Catolica Nacional aus Equador auf gleicher Frequenz und einen Sender in der UdSSR.

Adressen:

Faro del Caribe, Apartado 2710, 1000 San Jose
Radio Columbia, Apartado 2525, 1000 San Jose
Radio Impacto, Apartado 497, 2050 San Pedro
   Montes de Oca
Radio Reloj, Apartado 708, 1000 San Jose.

Guatemala

Einen regelrechten „Tropenband-Boom" hat es in den letzten Jahren in Guatemala gegeben. Die Stationen werden vorwiegend von Missionsgesellschaften betrieben und senden vorwiegend christliche und Erziehungsprogramme in Spanisch und Indianersprachen. Bei uns sind einige dieser Sender zu empfangen.

Tropenbandfrequenzen:

- -- 2360 kHz: Radio Maya de Barillas; äußerst selten, Sendeschluß um 0400 Uhr.
- -- 2390 kHz: La Voz de Atitlán; derzeit inaktiv. Sonst bis 0300 Uhr, äußerst selten zu hören.
- -o 3300 kHz: TGNA Radio Cultural; Sendeschluß um 0700 Uhr; sendet religiöse Programme in Spanisch und Englisch (0300–0430 Uhr), nicht mehr so selten wie früher.
- - 3325 kHz: Radio Maya de Barillas; Sendeschluß um 0400 Uhr; selten.
- - 3360 kHz: La Voz de Nahualá; Sendeschluß gegen 0300 Uhr
- -- 3380 kHz: Radio Chortis, bis 0300 Uhr. Nur bei ausgesprochen guten Mittelamerikabedingungen möglich, sonst „dominiert" hier Radio Iris aus Ekuador.
- -o 4800 kHz: Radio Buenas Nuevas; dank der relativ freien Frequenz ist diese neue Station der Iglesia Evangelica Nacional Mam bei uns öfters empfangen worden. Gesendet wird in Mam, Sendeschluß ist gegen 0130 Uhr.

- 4825 kHz: Radio Mam; nicht häufig zu hören; die Station hat bereits gegen 2330 Uhr Sendeschluß und bietet somit nur eine geringe theoretische Empfangsspanne. Die Station Aschkhabad aus der UdSSR hat zwischen 2300 und 0000 Uhr Sendepause.

-o 4835 kHz: Radio Tezulutlán; Sendeschluß um 0300 Uhr. Die Frequenz wird nicht von anderen starken Stationen belegt, somit ist der Empfang keine Seltenheit.

- 4845 kHz: Radio K'ek'chi; bis zum Sendeschluß um 0300 Uhr bei guten Mittelamerikabedingungen bei uns durchaus zu hören. Normalerweise ist Radio Nacional Manaus aus Brasilien allerdings stärker.

Adressen:

La Voz de Atitlán, Santiago Atitlán
La Voz de Nahualá, Nahuala, Depto. Solala
Radio Buenas Nuevas, 13020 San Sebastian, Huehuetenango
Radio Chortis, Centro Social Jocotan, Chiquimula
Radio Cultural, TGNA, Apartado 601, Guatemala City
Radio K'ek'chi, Fray Bartolomé de Las Casas, 16015 Alta Verapaz
Radio Mam, Escuelas Radiofonicas, Cabrican Huitan, Cabrican, Depto. Quezaltenango
Radio Maya de Barillas, Barillas, Depto. Huehuetenango
Radio Tezulutlán, Apartado 19, Cobán.

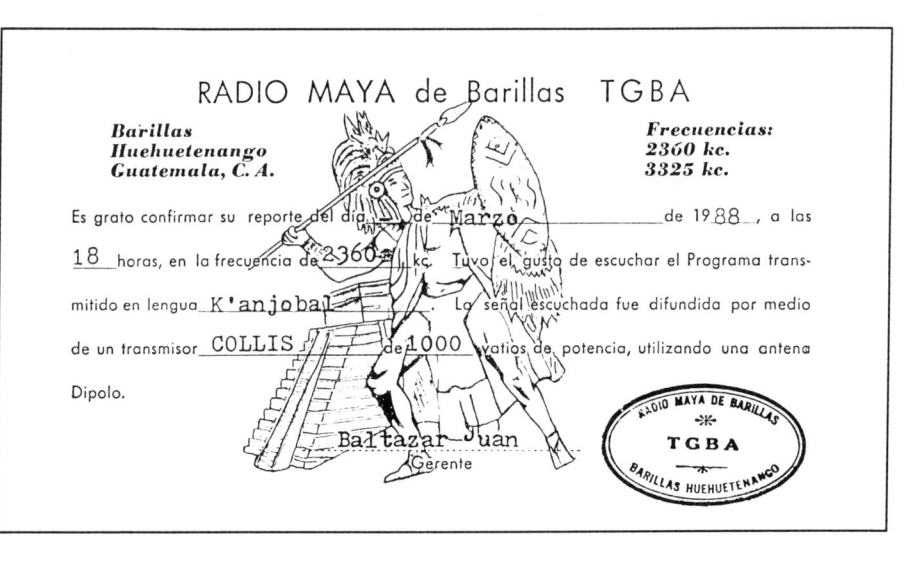

RADIO MAYA de Barillas TGBA

Barillas
Huehuetenango
Guatemala, C.A.

Frecuencias:
2360 kc.
3325 kc.

Es grato confirmar su reporte del día 1 de Marzo de 1988, a las 18 horas, en la frecuencia de 2360 kc. Tuvo el gusto de escuchar el Programa transmitido en lengua K'anjobal. La señal escuchada fue difundida por medio de un transmisor COLLIS de 1000 vatios de potencia, utilizando una antena Dipolo.

Baltazar Juan
Gerente

RADIO MAYA DE BARILLAS
TGBA
BARILLAS HUEHUETENANGO

Haiti

Nicht mehr zu hören sind Tropenbandstationen aus der Inselrepublik Haiti. Das könnte sich aber ändern, wenn Radio 4VEH, eine religiöse Station, auf der Tropenbandfrequenz den Sendebetrieb ausweitet.

Tropenbandfrequenzen:

-- 4930 kHz: Radio 4VEH; mit religiösen Programmen in Französisch nicht mehr bei uns zu empfangen, da bereits um 2215 Uhr Sendeschluß ist. Früher – die Programme wurden bis 2400 Uhr ausgestrahlt – war Radio 4VEH zwischen 2300 und 2400 Uhr bei guten Bedingungen hörbar.

Adresse: Radio 4VEH, B.P. 1, Cap Haitien.

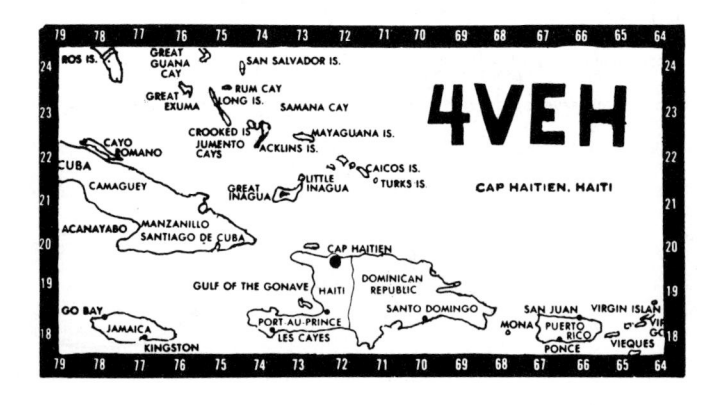

Honduras

Aus Honduras sind bei uns mehrere Tropenbandstationen zu hören – die meisten Programme haben religiösen Charakter, und es gibt sogar eine Art Auslandsdienst.

Tropenbandfrequenzen:

- 3251 kHz: Radio Luz y Vida; sendet in Spanisch und Englisch (mo 0300 Uhr) bis 0400 Uhr; bei guten Bedingungen hörbar.
- 4755 kHz: HRRI Sani Radio; bis zum Sendeschluß um 0200 Uhr war die Station mit Sendungen vorwiegend in Lokalsprachen zu empfangen. In letzter Zeit wurden Logmeldungen seltener, da CARACOL Bogotá die Frequenz dominiert.
-o 4820 kHz: HRVC La Voz Evangelica; bis 0500 Uhr aktiv. Um 0400 Uhr wird ein Englischprogramm empfangen. Die Programme haben religiösen Charakter. HRVC ist vor Sendebeginn von Botswana um 0350 Uhr häufiger zu beobachten.
- 4910 kHz: La Voz de la Mosquitía; die Station schließt um 0300 Uhr. Programme sind vorwiegend in Spanisch und Miskito. Der Empfang in Europa war in letzter Zeit gar nicht selten möglich.

Adressen:

HRRI Sani Radio, Ap. Postal 113, La Ceiba, Atlantida
  (bzw. AVANCE, Ap.Postal 2040, Tegucigalpa D.C.)
HRVC La Voz Evangelica, Ap. Postal 145-C, Tegucigalpa
La Voz de la Mosquitia, Puerto Lempira
Radio Luz y Vida, Apartado 303, San Pedro Sula.

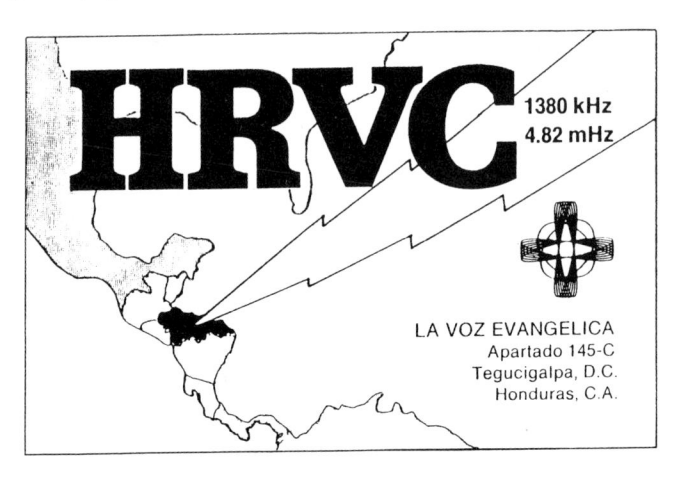

Kuba

Auch aus Kuba sind zwei Tropenbandsender aktiv, die bei uns empfangen werden können.

Tropenbandfrequenzen:

o + 4765 kHz: Radio Moskau Relais; über einen 100-kW-Sender wird hier das Mayak-Programm in russischer Sprache und der Lateinamerikadienst von Radio Moskau in Spanisch ausgestrahlt. Gesendet wird 24 Stunden am Tag, die Frequenz ist etwas instabil. Zu hören ist die Station meist über die gesamte zweite Nachthälfte.

-o 5025 kHz: Radio Rebelde; Inlandsdienst in Spanisch; Sendeschluß gegen 0400 Uhr. Mit 50 kW Leistung die sicherste und meist stärkste Station auf dieser Frequenz.

Adressen:

Radio Moskau, Moskau, UdSSR
Radio Rebelde, Apartado 62-77, La Habana.

Untergrundsender

Natürlich sind im politisch unruhigen Mittelamerika einige Untergrundsender aktiv, die mit etwas Glück auch bei uns empfangen werden können. Die Empfangsbedingungen im Tropenband sind jedoch eher mäßig.

Tropenbandfrequenzen:

- 3180 kHz: Radio Venceremos; die Programme der Station sind gegen die Regierung von El Salvador gerichtet und werden hier oder auf einer der anderen genannten Frequenzen von 0100–0200 und 0300–0400 Uhr ausgestrahlt.

- 3475 kHz: Radio Venceremos; siehe oben.

-- 3750 kHz: Radio Venceremos; siehe oben. Hier kaum zu empfangen (80-Meterband der Funkamateure).

- 5889 kHz: Radio Liberacion; die Station richtet ihre Programme von 2300–0015 und 0245–0400 Uhr gegen die Regierung Nikaraguas.

Adressen:

Radio Liberacion, Fuerzo Democratica Nicarguense, 1000 Thomas Jefferson St, Suite 607, Washington D.C., 20008, USA.
Radio Venceremos, Ap. Postal 7–907, Mexico D.F., Mexico.

Asienempfang im Tropenband

Nachdem wir in den vorherigen Abschnitten auf die etwas leichteren Einstiegsgebiete für den Tropenband-DXer eingegangen sind, kommen wir beim Asienteil des Handbuches auf ein Teilgebiet des Hobbys, das meist höhere Anforderungen an Empfangsanlage und Erfahrung des Tropenband-DXers stellt als die vorgenannten. Die bei uns aufnehmbaren Signale der asiatischen Stationen sind oft schwach, viele Sender kommen nur selten zu uns durch, und die Sendesprache stellt uns anders als bei Afrika- und Lateinamerikaempfang meist vor erhebliche Verständnisprobleme.

Sicher, einige der zu empfangenden Stationen senden auch in Englisch. Jedoch ist Englisch hier meist nur eine Sprache unter mehreren anderen; es dominieren die Lokalsprachen der einzelnen Staaten. Wer von uns beherrscht schon derartig gut Indonesisch, Hindi, Chinesisch oder Urdu, um den von asiatischen Tropenbandsendern ausgestrahlten Sendungen mühelos folgen zu können? Hier sei nochmal auf das Kapitel über Identifikation von Sendern mit Programmen in einer dem Hörer unbekannten Sprache verwiesen, das sich am Eingang des Buches befindet und einige gerade fürs Asien-DXing hilfreiche Informationen vermittelt.

Neben der meist unbekannten Sprache und den relativ schwachen Signalen asiatischer Stationen kommt für den Empfang erschwerend hinzu, daß die Empfangsmöglichkeiten für Asien sehr jahreszeitenabhängig sind. So sind frühnachmittags nur im Winter Tropenbandsender von diesem Kontinent bei uns zu empfangen – wie wir noch sehen werden, sind im Norden Europas wohnende Kurzwellenhörer dabei im Vorteil.

Wie läßt sich die Rundfunkszene in Asien in kurzer Form beschreiben?

Rundfunk in Asien ist hauptsächlich Staats- oder Regierungsrundfunk oder steht zumindest – als nach außen hin autonome Rundfunkorganisation – unter mehr oder weniger starkem Regierungseinfluß. Die Privatstationen, die es in einigen Ländern wie etwa Indonesien oder den Philippinen auch gibt, senden meist nur auf Mittelwellenfrequenzen und sind bei uns somit nicht oder nur in seltenen Ausnahmefällen zu empfangen.

Die meisten Länder-Rundfunkorganisationen benutzen die Kurzwelle zur flächendeckenden Versorgung des jeweiligen, oft sehr großen Landes. Dabei spielen die Tropenbänder natürlich eine große Rolle, da hier mit relativ geringem technischen Aufwand größere Reichweiten erzielt werden können. Somit ist es nicht verwunderlich, daß gerade aus den flächenmäßig großen Staaten wie Indonesien, Indien oder der Volksrepublik China bei uns bei guten Bedingungen viele unterschiedliche Stationen empfangen werden können. Sie sind Bestandteil einer dezentralen staatlichen Rundfunkorganisation. Neben dem zentralen Rundfunk aus der Hauptstadt sind aus diesen

Ländern zahlreiche meist ebenfalls unter Regierungseinfluß stehende Regional- oder Lokalstationen in den Tropenbändern aktiv. Eine zentrale Versorgung durch eine Rundfunkstation käme den unterschiedlichen Bedürfnissen in den einzelnen Landesteilen nicht entgegen. Allerdings werden in vielen Fällen auch bei den Lokalstationen die zentralen Nachrichtendienste aus der Hauptstadt übernommen. Bei vielen indonesischen Stationen hilft der Empfang der 15-Uhr-Nachrichten aus Jakarta bei der Bestimmung des empfangenen Landes – und beim Wissen um die exakte Frequenz auch der empfangenen Station.

Übrigens ist bemerkenswert, daß trotz inzwischen recht intensiver Nutzung von Rundfunksatelliten etwa in China und Indonesien die Zahl der aktiven Tropenbandstationen kaum zurückgegangen ist. Somit können wir hoffen, daß uns diese Stationen in den nächsten Jahren oder zumindest bis zum nächsten Sonnenflecken-Minimum in den Tropenbändern erhalten bleiben.

Das Rundfunknetz in Asien ist also in den meisten Ländern gut ausgebaut – und in den Tropenbändern hören wir zumindest einiges davon. Auch Stationen aus kleineren Ländern, die einen zentralen Rundfunkdienst betreiben, bieten meist mehrere Programme an, schon bedingt durch die Sprachvielfalt. Radio Singapore etwa ist mit vier Kanälen auf Kurzwelle aktiv, allerdings nur mit dem Englischdienst bei uns im Tropenband hörbar.

Rundfunk, insbesondere unter Regierungskontrolle, erfüllt natürlich auch Erziehungsaufgaben. Sie haben in den Programmen der meisten asiatischen Stationen einen hohen Stellenwert. Daneben wird sehr viel Wert auf Bewahrung und Pflege der einheimischen Kultur gelegt. Man wird bei den asiatischen Sendern keinen Musik-Einheitsbrei wie bei den meisten lateinamerikanischen Privatstationen und nicht dominierend internationale (amerikanische) Popmusik hören. Statt dessen kommt in vielen Fällen der Freund regional geprägter Musik auf seine Kosten: sowohl traditionelle Folklore als auch neuere Schlagerklänge aus den jeweiligen Ländern sind häufig zu hören.

Natürlich machen sich auch die wirtschaftlichen und Entwicklungsunterschiede zwischen den einzelnen Ländern in der Ausgestaltung der Rundfunkorganisation bemerkbar. Die „kleinen Riesen" wie etwa Singapur bieten Programme, die sich an hiesigen Ansprüchen messen lassen. Genauso wie bei den „großen" Stationen in Indonesien, Malaysia oder der VR China nehmen Informationssendungen einen breiten Platz in jeweiligen Programm ein. Senderausfälle und Frequenzdriften fallen bei diesen Stationen kaum ins Gewicht – der technische Standard der Rundfunkausstrahlungen ist relativ hoch.

Daneben gibt es eine Reihe von Ländern, wo der Ausbau des Rundfunkwesens noch nicht so weit vorangeschritten ist. Laos und Vietnam zählen etwa dazu. Hier sind neben den nicht flächendeckend versorgenden zentralen Rundfunkdiensten aus Hanoi und Vientiane noch eine Reihe kleiner und kleinster Tropenbandsender aktiv, die ihre Frequenzen ständig (unfreiwillig) ändern und oft über Monate oder Jahre gar nicht mehr im Tropenband aktiv sind. Gerade der Empfang dieser Stationen ist für viele Tropenband-DXer eine Herausforderung, da enorm schwierig.

Insgesamt gesehen tut sich auch beim Empfang asiatischer Stationen trotz weitgehendem Fehlen von Privatsendern ein interessantes Beobachtungsfeld auf. Die Vielzahl unterschiedlicher Sendestile und Kulturkreise läßt verstehen, daß sich nicht wenige Tropenband-DXer besonders auf den Beginn der Asiensaison in den Wintermonaten freuen.

Empfangsmöglichkeiten asiatischer Stationen

Asiatische Stationen können bei uns in den Tropenbändern zu zwei verschiedenen Empfangsphasen gehört werden: einmal am Nachmittag vom fade-in der Stationen bis zum jeweiligen Sendeschluß; zum anderen vom morgendlichen Sendebeginn (bei uns am späten Abend) bis zum fade-out der jeweiligen Station. Da der Sendeschluß der meisten ostasiatischen Stationen bereits recht früh erfolgt (1400–1600 Uhr UTC), sind Empfangsbeobachtungen am Nachmittag – bis auf süd- und westasiatische Stationen – auf die Wintermonate beschränkt. Die abendliche/nächtliche Beobachtungszeit läßt Empfänge übers ganze Jahr bei uns möglich werden. Die Ausbreitung erfolgt übrigens über den asiatischen Kontinent; über weite Teile der UdSSR hinweg. Daß die kürzeste Entfernung zwischen zwei Punkten auf dem Globus nicht so gradlinig verläuft wie auf der Landkarte, mag man ausprobieren.

Beginnen wir bei der Beschreibung der Empfangsmöglichkeiten asiatischer Stationen in der nachmittäglichen Beobachtungsperiode. Im Dezember läuft die Linie der Abenddämmerung von Nordwest nach Südost; erste asiatische Stationen können hier bereits gegen 1300 Uhr Weltzeit empfangen werden – in Extremsituationen sogar noch früher. Zu diesem Zeitpunkt liegt bereits der größte Teil des asiatischen Kontinents im Dunkeln; die Bedingungen lassen bereits um diese Zeit Empfänge insbesondere nordostasiatischer Stationen zu. Der Ausbreitungsweg für diese Signale läuft über die nördliche UdSSR und liegt schon komplett im Dunkeln, während Signale von weiter südlich liegenden Stationen noch über Kleinasien und Teile Osteuropas hinweg müssen. Das ist erst etwa eine Stunde später möglich, wenn auch dieser Weg geöffnet wird. Gegen 1400 Uhr sind also zusätzlich sowohl indonesische als auch indische Stationen bei uns hörbar und bleiben es bis zum jeweiligen Sendeschluß, der je nach Lokalzeit zwischen 1400 und 1800 Uhr, bei einigen Stationen auch später liegen kann.

Ein Blick auf den „Funkglobus" zeigt übrigens, daß zur Winterzeit bei den Empfängen asiatischer Stationen DXer im nördlichen Mitteleuropa gegenüber weiter südlich lebenden Hobbykollegen bevorzugt sind. Hier setzt die Abenddämmerung eher ein – und damit ergeben sich auch eher Empfangsmöglichkeiten für asiatische Stationen. Ideal wäre ein möglichst weit im Norden oder Nordosten gelegener Standort – auch ein Grund für einige DXer, zu dieser Jahreszeit für Tage oder Wochen in Richtung Skandinavien zu reisen und dort dem Hobby nachzugehen...

In den nächsten Monaten verläuft die Dämmerungslinie wieder steiler. Bei uns werden die Tage länger, und somit die Empfangsmöglichkeiten asiatischer Stationen wieder begrenzt. Bereits im März beginnt bei uns die Abenddämmerung erst gegen 1600 Uhr Weltzeit; dann haben viele interessante Stationen schon Sendeschluß gehabt. Um diese Zeit sind aber immerhin noch indische und pakistanische Stationen, Sender aus Xinjiang, der westlichsten Provinz der Volksrepublik China und sowjetische Sender zu empfangen. Alles, was noch später als 1600 Uhr sendet, ist hier auch zu hören.

Im weiteren Jahresverlauf ändert sich dies. Die Dämmerungslinie verläuft im Juni von Südwest nach Nordost – ein Nachmittagsempfang asiatischer Stationen ist kaum noch möglich. Die ersten Sender können bei uns kaum vor 1800 Uhr Weltzeit empfangen werden – dann sind außer der Nationalhymne von Radio Pakistan und Radio Afghanistan kaum noch Stationen aus diesem Kontinent zu empfangen.

Der Verlauf der Dämmerungslinie wird in den Folgemonaten wieder steiler, und so sind bereits im September erste asiatische Stationen wieder gegen 1600 Uhr zu empfangen. Der 21. September bringt mit der Tag-Nacht-Gleiche wieder die Umkehr der Richtung der Dämmerungslinie mit sich. Im Oktober sind so wieder ab 1500 Uhr asiatische Sender zu hören – insbesondere Stationen aus Indonesien und Südostasien kommen in diesem Monat recht gut herein.

Der Beginn der abendlichen Empfangsperiode asiatischer Stationen beginnt mit dem Sendebeginn der ersten noch bei uns zu empfangenden Sender gegen 2000 Uhr. Um diese Zeit liegt der gesamte asiatische Kontinent im Dezember in der Dunkelzone. Erste hier hörbare Stationen sind die Sender aus der östlichen Volksrepublik China und aus Korea, aber auch NSB Tokyo aus Japan kann auf diesem – nördlichen – Ausbreitungsweg empfangen werden. Danach haben auch die weiter westlich gelegenen Stationen ihren Sendebeginn. Um 2200 Uhr Weltzeit sind im Dezember bereits Japan und weite Teile Indonesiens im Tag-Bereich. Die Morgendämmerungslinie verläuft von Südwest nach Nordost über den asiatischen Kontinent. Um 2300 Uhr ist somit zwar noch die gesamte VR China im Dunkelbereich; aus Indonesien wird man um diese Zeit aber kaum noch eine Station empfangen. Zwischen 2300 und 0000 Uhr ist auch fadeout von Stationen aus Vietnam und Laos; um 0100 Uhr Weltzeit ist es in Indien und weiten Teilen der VR China bereits Tag. Gegen 0200 Uhr werden nur noch afghanische und westchinesische Sender gehört.

Eine Besonderheit ist der Dezemberempfang nordostasiatischer Stationen (Japan, Yakutsk) in den Morgenstunden zwischen 0700 und 0800 Uhr. Diese Sender sind nur um die Jahreswende bei sehr guten Bedingungen hörbar; es handelt sich dabei um eine sehr polnahe Ausbreitung an der Dämmerungslinie. In den genannten Weltregionen beginnt um diese Zeit bereits wieder die Abenddämmerung. Falls die Bedingungen sehr gut und die Sonnenfleckenaktivität nicht hoch ist, kann man auf diesem Ausbreitungsweg mit viel Glück auch etwas später pazifische Stationen empfangen.

Im März ist so etwas natürlich nicht möglich. Die Dämmerungslinie läuft ziemlich steil, und so sind sowohl ostchinesische als auch koreanische Stationen bereits gegen 2200 Uhr Weltzeit verschwunden. Um 0000 Uhr sind Indien und Westchina noch im Dunkelbereich; gegen 0130 Uhr haben uns auch die letzten Stationen aus dem Westen des Empfangsgebietes verlassen.

Bis zum Juni wird die Dämmerungslinie wieder flacher verlaufen – da die Sonne jetzt über der nördlichen Erdhalbkugel steht, ändert sich auch deren Richtung. Somit ergeben sich etwa im Juni ganz interessante Empfangsmöglichkeiten für südostasiatische Stationen, die jetzt länger als nordasiatische zu empfangen sind. Bereits um 2000 Uhr Weltzeit liegt der nordöstliche Teil der VR China bereits im hellen Bereich. Um 2200 Uhr liegt nur noch der Westen der VR China im Dunkelbereich. Dagegen können um diese Zeit besonders indonesische Stationen (Mitte und Westen) überraschend ordentlich empfangen werden – wieder ein Ausbreitungsweg, der zu großen Teilen der Dämmerungslinie folgt. Etwas eher konnten in den letzten Jahren auch australische Tropenbandsender in den Sommermonaten bei uns empfangen werden; diese Ausbreitung ist ebenfalls nur auf diesem Ausbreitungsweg für uns erklärbar.

Um 0000 Uhr UTC sind im Juni Westchina, Nepal und Teile Indiens bereits im Hellbereich; gegen 0100 Uhr wird im Sommer bei uns keine asiatische Station mehr in den Tropenbändern empfangen werden können.

Im September verläuft die Dämmerungslinie wieder steil; die Ausbreitungsbedingungen und damit auch die fade-out-Zeiten ähneln denen im März; somit sind auch hier gegen 0130 Uhr kaum noch asiatische Stationen empfangbar, und die Grey Line können wir um diese Jahreszeit auch nicht für unsere Zwecke nutzen. In den Folgemonaten Oktober und November überstreicht die Morgendämmerung den asiatischen Kontinent wieder – zunehmend flacher werdend – von Südwest nach Nordost, so daß nordostasiatische Stationen bei uns länger empfangen werden können.

Indikatorstationen

Die für den Asien-DXer in den Tropenbändern wichtigen Indikatorstationen seien nachfolgend kurz genannt. An ihnen kann festgestellt werden, ob sich weitere Empfangsversuche für die entsprechende Weltregion lohnen.

Aus Südostasien sind abends gute Indikatoren Radio Malaysia Sibu auf 5005 kHz und Radio Republik Indonesia mit dem Zentralprogramm aus Jakarta auf 4774 kHz. Beide Stationen kommen im Sommer ziemlich regelmäßig gegen 2200 Uhr; kommen sie gut, ist auch mit dem Empfang seltenerer Sender aus Südostasien zu rechnen. Für die nachmittägliche Empfangsperiode kann hier vor allem Radio Singapore auf 5052 und – schlechter – auf 5010 kHz genannt werden; RRI Ujung Pandang auf 4753 kHz (gut als Indikator fürs östliche Indonesien) und BBS Rangoon auf 4725 kHz sind ebenfalls im Winter nachmittags öfter zu empfangen. Im 90-Meterband kommt RRI Tanjungkarang auf 3395 kHz nicht ganz so selten bei uns an – und ist Indikator für dieses Frequenzband.

Für Ostasien und China-DX ist die Volksrundfunkstation Gansu auf 4865 kHz ein guter Indikator. Die Station kommt eigentlich immer, wenn es die Bedingungen zulassen. Wenn sie gut zu empfangen ist, lohnt sich die Suche nach anderen chinesischen oder koreanischen Stationen. Für den westlichen Teil der Volksrepublik China ist PBS Xinjiang auf einer der verschiedenen Tropenbandfrequenzen (z.B. 4500 oder 4735 kHz) ein guter Inikator – allerdings sind aus dieser Region sonst auch kaum Sender zu empfangen.

Für den Bereich Südasien können gut indische Stationen als Indikatoren herangezogen werden. Am häufigsten sind bei uns sowohl nachts als auch nachmittags All India Radio Hyderabad (4800 kHz), AIR Delhi (3925 oder 3365 kHz) und AIR Kurseong (3355 kHz) zu empfangen. Azad Kashmir Radio aus dem pakistanischen Teil des Kaschmir ist nachmittags ebenfalls ein guter Indikator für diese Region; bis 1800 Uhr ist die Station auf 4790 kHz zu hören. Zu erwähnen in diesem Zusammenhang ist auch Radio Nepal; nachmittags und seltener am späten Abend auf 5005 kHz aufnehmbar.

Eine weiter westlich gelegene Station ist Radio Afghanistan; am besten auf 4740 kHz über einen Sender in der UdSSR. Generell sind Stationen aus dieser Region, also auch aus den südlichen Unionsrepubliken der UdSSR, zuverlässiger zu empfangen als Stationen aus Indonesien, so daß es schwer fällt, weitere Indikatorstationen zu benennen. Eigentlich ist der Empfang weiterer Sender dieser Region regelmäßig auch ohne Abhören von Indikatoren erfolgversprechend.

Hörbare Stationen aus Asien

In der nachfolgenden Übersicht stellen wir, aufgegliedert nach den Regionen Mittlerer Osten, Südasien, Südostasien und Ostasien die bei uns empfangbaren Tropenbandstationen aus Asien vor. Diese Liste erhebt bei einigen Ländern (etwa Indonesien) keinen Anspruch auf Vollständigkeit; wir hielten es jedoch nicht für sinnvoll, Stationen, die zwar mit geringer Leistung auf Tropenbandfrequenzen senden, aber noch nie in Europa gehört wurden, mit ins Buch aufzunehmen. Möglichkeiten zum Empfang dieser Stationen bei uns würden sich ohnehin nur bei außergewöhnlich guten Bedingungen bieten – und damit ist bei der derzeit hohen Sonnenfleckenaktivität nicht zu rechnen.

Die angegebenen Zeiten beziehen sich wieder auf Weltzeit – also GMT / UTC. Zur Umrechnung:

1500 Uhr Weltzeit = 1600 Uhr MEZ = 1700 Uhr MESZ.

Vor den aufgelisteten Tropenbandfrequenzen befindet sich eine Angabe über die Hörbarkeit der betreffenden Station in Mitteleuropa. Dabei bedeuten

+	gut und regelmäßig hörbar ... findet sich hier kaum.
o	öfters hörbar
-	selten, bei guten Bedingungen hörbar
--	äußerst selten hörbar
i	inaktiv.

Mittlerer Osten und Arabische Halbinsel

Afghanistan

Eigentlich müßte man die Sendungen von Radio Afghanistan weiter hinten im Jahrbuch aufführen – sie werden zum Großteil über Sender im asiatischen Teil der UdSSR ausgestrahlt. Trotzdem also hier: die Station ist auf einigen der angegebenen Frequenzen öfters bei uns zu empfangen, am besten auf 4740 kHz, wo wir sie allabendlich in recht ordentlicher Qualität empfangen können. Sendesprachen sind Pushto und Dari.

Bei der derzeit unsicheren Lage in Kabul zeichnet sich bei Drucklegung ab, daß nachfolgende Informationen unter Umständen nicht lange Gültigkeit besitzen könnten.

Tropenbandfrequenzen:

- 3965 kHz: Radio Afghanistan via UdSSR; Programm 1 bis 1930 Uhr. Selten hier aufzunehmen, da Radio France die Frequenz mit einem 4-kW-Sender belegt.
- i 4450 kHz: Radio Afghanistan via UdSSR; Programm 1 und Auslandsdienst für die nähere Umgebung. Wurde im Herbst 1988 durch die Frequenz 4760 kHz ersetzt, war vorher aber gut zu hören. Derzeit 4940 kHz.
- o + 4740 kHz: Radio Afghanistan via UdSSR; Programm 1 bis 1930 und ab 0125 Uhr; täglich insbesondere an Nachmittagen zu empfangen. Durch den späten Sendeschluß ist die Station bei uns auch im Sommer hörbar.
- o + 4760 kHz: Radio Afghanistan via UdSSR; hier werden ebenfalls das 1. Programm und Auslandssendungen ausgestrahlt, ex 4450 kHz. Über einen Sender im asiatischen Teil der UdSSR nachmittags manchmal zu hören.
- o + 4760 kHz: Radio Afghanistan via UdSSR; die Frequenz wurde aus der Ukraine im Winter 88/89 fürs abendliche Auslandsprogramm nach Europa benutzt (Deutsch 1830 Uhr).
- -o 4775 kHz: Radio Afghanistan; **nicht** via UdSSR. Einzige Direktfrequenz; hier wird der Kabul City Service ab 0130 und bis 1930 Uhr sowie das „Untergrund"-Programm „Radio Iran Toilers" (1530–1730 Uhr) ausgestrahlt. Bei uns bei guten Bedingungen nicht selten zu hören.
- 4940 kHz: Radio Afghanistan via UdSSR; Programm 1 bis 1930 Uhr. Bei uns dominiert Radio Kiew die Frequenz, die Station ist darunter schwach aufzunehmen. Ex 4450 / 4760 kHz.
- Adresse: Radio Afghanistan, P.O.Box 544, Kabul.

Iran

Die IRIB (Islamic Republic of Iran Broadcasting) betrieb in den letzten Jahren einen Tropenbandsender, der auch bei uns empfangen werden kann. Hier werden nachmittags Auslandsprogramme für die nähere Umgebung ausgestrahlt.

Tropenbandfrequenz:

- -o 3779 kHz: IRIB Teheran; zwischen 1515 und 2230 Uhr mit Auslandsprogrammen v.a. in Farsi; bei uns nur sporadisch hörbar, da die Frequenz mitten im Sprechfunkbereich des 80-Meter-Amateurfunkbandes liegt
- Adresse: Islamic Republic of Iran Broadcasting, P.O.Box 19395, 3333, Teheran

Jemen (Arabische Republik)

Kurz vor Drucklegung wurde die bewährte Tropenbandfrequenz von Radio San'a, der Station aus der nordjemenetischen Hauptstadt, vermutlich wieder aktiviert. Sendesprache ist Arabisch.

Tropenbandfrequenz:

i	4750 kHz:	Radio San'a; Tests im Januar 1989, sporadisch mit der Frühsendung gehört.
o	4853 kHz:	Radio San'a; die Station wurde im Februar 1989 wieder auf dieser altbekannten Frequenz gemeldet, bei Drucklegung scheint jedoch nicht gesendet zu werden. Sonst ziemlich regelmäßig zum Sendebeginn um 0300 Uhr sowie am Nachmittag bis zum Sendeschluß um 2110 Uhr.
	Adresse:	Radio San'a, Ministry of Information, San'a.

Saudi-Arabien

Einen 50-kW-Sender in Diriyya betreibt der Broadcasting Service of the Kingdom of Saudi Arabia (BSKSA) im Tropenband. Hier wird zwischen 1000 und 2100 Uhr der Inlandsdienst in arabischer Sprache übertragen.

Tropenbandfrequenz:

-o 5875 kHz:	BSKSA Riyadh. Am frühen Abend bei uns hörbar, falls die Frequenz nicht – wie im Winter 1988/89 – durch BBC London belegt ist.
Adresse:	Broadcasting Service of the Kingdom of Saudi Arabia, P.O.Box 570, Riyadh, Saudi Arabia.

Untergrundstationen

Aus diesem zentralen Krisenherd senden natürlich eine ganze Reihe von Untergrundstationen auch in den Tropenbändern ihre Programme für die gewünschte Zielgruppe. Meist werden Sender in Nachbarländern benutzt. Da dadurch etwas weitere Entfernungen überbrückt werden müssen, ist die Frequenzwahl so, daß einige Sendungen auch in Europa empfangen werden können.

Da gerade Untergrundstationen ihre Frequenzen und Sendezeiten häufig ändern, um unerwünschten Störungen zu begegnen, sind folgende Angaben hörbarer Stationen mit Vorsicht zu genießen – sie waren Anfang 1989 aktuell.

Tropenbandfrequenzen:

- 3543 kHz: Vo Mojahed; 1600–2000 Uhr; Sender der Volks-Mujaheddin im Iran mit vermutetem Standort im Irak.
- 3800 kHz: Vo Communist Party of Iran; 1700–1900 Uhr.
-o 3880 kHz: Vo Iranian Revolution; Sender des kurdischen Teils der iranischen kommunistischen Partei; 1800–2000 Uhr.
-o 3935 kHz: Vo Iranian Kurdistan; ab 1700 Uhr gehört – hier ist ab 1600 Uhr die Voice of Fedaii aktiv (auch morgens, 0230–0325 Uhr).
- 4030 kHz: Vo Iraqi People; Sender der Irakischen kommunistischen Partei; regierungsfeindlich; 1500–1600 Uhr.
- 4095 kHz: Vo Iranian Kurdistan; Sender der Demokratischen Partei der iranischen Kurden; 1330–1500 Uhr und morgens von 0300–0430 Uhr aktiv.
-o 4145 kHz: Vo the Worker; 0300–0500 und 1630–1930 Uhr; Sender der Iranischen revolutionären Arbeiter-Organisation. Die Station driftet von 4108 bis 4165 kHz.
-o 4140 kHz: Vo the Fedaii; 1630-1800 Uhr; anti-Iran. Variabel bis 4250 kHz; selber Sender wie 4200 kHz.
- 4200 kHz: Vo Iranian Kurdistan ... siehe 4095 kHz.
-- 4260 kHz: Vo Mojahed; nachmittags bis 1515 Uhr.
-o 4320 kHz: Al-Quds Radio; zwischen 1600 und 1800 Uhr mit für die besetzten Gebiete Israels bestimmten Programmen. Unregelmäßig auf Kurzwelle aktiv. Wird betrieben von der Volksfront für die Befreiung von Palästina. Senderstandort vermutlich im Libanon oder in Syrien.
-o 4430 kHz: Vo Communist Party of Iran; 0315–0515 und 1700–1900 Uhr.

- o 4540 kHz: Vo Iranian Revolution; 1400–1600 / 1800–2000 Uhr.
- o 4630 kHz: Vo Iranian Kurdistan; 0300–0430 und 1330–1500 Uhr.
- o 4775 kHz: Radio Iran Toilers; 0230–0330 und 1530–1730 Uhr. Über einen Sender in Kabul werden Programme der iranischen Tudeh-Partei ausgestrahlt.
- 4890 kHz: Vo Iranian Kurdistan; gegen 0300–0430 hörbar; wurde in letzter Zeit auch auf 4965 und 4985 kHz gehört.
- 5510 kHz: Vo Iraqi Kurdistan; 0400–0500 und 1500–1615 Uhr; der Sender wird betrieben von der Demokratischen Partei Kurdistans und richtet sich gegen die irakische Regierung.
- 5825 kHz: Vo Afghanistan; ab 0130 und bis 1430 Uhr; der Sender richtet sich gegen die derzeitige afghanische Regierung und hat auch eine Anschrift in Deutschland. Zur Zeit inaktiv.

Adressen (soweit bekannt):
Al-Quds Radio, P.O.Box 25-74, al-Ghubayrah, Beirut, Libanon.
Radio Iran Toilers, P.O.Box 49034, S-10028 Stockholm, Schweden.
Voice of Afghanistan, Postfach 1103, D-7065 Winterbach, BRD.
Voice of Communist Party of Iran, BM, Box 3004, London WC1N 3XX, England.
Voice of the Fedaii, ACA, B.P.43, F-94120 Fontenay-sous-Bois, Frankreich.

Südasien

Bangladesch

Radio Bangladesch benutzt für seinen Inlandsdienst eine Tropenbandfrequenz, die auch bei uns zu empfangen ist. Sendesprachen sind Englisch und Bangla.

Tropenbandfrequenz:

- o 4879 kHz: Radio Bangla Desh; zu hören sowohl ab Sendebeginn um 0000 Uhr (bzw. 0030 Uhr) bis zum fade-out als auch nachmittags bis zum Sendeschluß um 1730 Uhr hörbar. Nicht mit PBC Quetta aus Pakistan verwechseln; die Station benutzt diese Frequenz ebenfalls.
- i 4890 kHz: Radio Bangla Desh; wurde lange Jahre alternativ zu 4879 kHz eingesetzt; kann jederzeit wieder aktiviert werden. Ähnliche Empfangschancen.

Adresse: Radio Bangla Desh, Research Engineer, Directorate General, NBA House, Shabag Avenue, P.O.Box 2204, Dhaka.

Indien

Übers Land verteilt finden sich in diesem dichtbesiedelten Subkontinent überall regionale Rundfunksender der staatlichen Kette All India Radio. Auch über Tropenbandsender werden von diesen Stationen eigenproduzierte Programme und Übernahmen aus Delhi ausgestrahlt.

Gerade die Programmübernahmen sind eine gute Hilfe bei der Identifikation des Landes und (falls die genaue Frequenz bekannt ist) auch der empfangenen Station. Eine solche Nachrichtensendung aus Delhi, die von allen Regionalstationen übernommen wird, wird etwa um 1530 Uhr ausgestrahlt.

Sendesprachen sind in der Regel Hindi und insbesondere bei den Programmübernahmen auch Englisch, es wird jedoch auch in mehreren lokal bedeutenden Sprachen (z.B. Kaschmiri) gesendet.

Der Sendebeginn der Regionalstationen ist generell um 0030 Uhr; die Sender strahlen abends ihr Programm, soweit nicht anders vermerkt, bis etwa 1740 Uhr aus.

Direkte Empfangsbestätigungen der Lokalstationen sind uns in letzter Zeit nicht mehr bekanntgeworden.

Tropenbandfrequenzen:

- -o 3205 kHz: AIR Lucknow; bei guten Bedingungen an Nachmittagen nicht selten.
- - 3223 kHz: AIR Simla; eher selten, auch an Nachmittagen.
- -o 3235 kHz: AIR Guwahati; eine der häufigsten Stationen aus Indien auf 90 Metern. Insbesondere nachmittags hörbar.
- - 3255 kHz: AIR Shillong; soll den Integrated North Eastern Service bis 1830 Uhr übertragen; neue Station.
- -- 3268 kHz: AIR Kohima. Ziemlich selten, nur bis 1600 Uhr aktiv; keine Morgensendungen.
- - 3277 kHz: AIR Kashmir, Srinagar. Morgens Sendebeginn um 0100 Uhr; besser aber nachmittags zu hören. Der Sender hat 7,5 kW Leistung.
- -o 3295 kHz: AIR Delhi; Frequenz für den Auslandsdienst in Urdu, nachmittags bis 1930 Uhr.
- - 3305 kHz: AIR Ranchi; seltener; nachmittags bis 1740 Uhr. Morgens Sendebeginn um 0100 Uhr.
- -o 3315 kHz: AIR Bhopal; nicht zu häufig nachmittags.
- -- 3345 kHz: AIR Kashmir, Jammu. 2-kW-Station; kaum bei uns hörbar.
- o 3355 kHz: AIR Kurseong. Nur nachmittags eingesetzte Frequenz; Sendeschluß um 1700 Uhr. Häufigste indische Station auf 90 Metern.
- o 3365 kHz: AIR Delhi. Nachmittags bis 1840, aber auch mit der Morgensendung ab 0030 Uhr ab und zu aufzunehmen.
- - 3375 kHz: AIR Guwahati; nachmittags nicht so häufig, ab und zu aber nachts aufnehmbar.
- o 3905 kHz: AIR Delhi; Auslandsdienst in Hindi, Tamil, Burmesisch, Nepali und Farsi, // 4860 kHz. Sowohl am (hiesigen) späten Abend (ab 2300 Uhr) als auch am Nachmittag zu empfangen.
- o 3925 kHz: AIR Delhi. Inlandsdienst, // 3365 kHz. Ziemlich gut bei uns zu hören. Die Störungen von NSB Tokyo sind zu vernachlässigen.
- - 4760 kHz: AIR Port Blair; Anfang 1989 wurden Tests dieser neuen Station von den Andamanen-Inseln hier gemeldet. Zu hören am ehesten am späten Nachmittag.
- -- 4775 kHz: AIR Guwahati; betreibt diese Frequenz nur für die Morgensendung. Kaum hier zu hören.
- -- 4795 kHz: AIR Shillong; „Morgenfrequenz" des Integrated North Eastern Service. Noch kein Empfang in Europa bekanntgeworden.

o 4800 kHz:	AIR Hyderabad; nachmittags bis 1740 (und manchmal später) bei uns hörbar; je später, desto gestörter (durch LNBS Maseru aus Lesotho).
-o 4820 kHz:	AIR Calcutta. Insbesondere am Nachmittag manchmal stärker als die sibirische Station auf gleicher Frequenz.
- 4840 kHz:	AIR Bombay. Wird bei guten Bedingungen bei uns gehört.
-o 4860 kHz:	AIR Delhi. Falls Radio Moskau nicht zu sehr stört, öfter an Nachmittagen zu empfangen. Programme // 3905 kHz.
-- 4895 kHz:	AIR Kurseong; die Frequenz wird nur für die Morgensendung ab 0130 Uhr eingesetzt.
-o 4920 kHz:	AIR Madras. Abends ab 0030 Uhr, manchmal auch nachmittags zu empfangen. Nicht selten.
- 4990 kHz:	AIR Sender Madras; Auslandsdienst in Tamilisch von 0000–0045 Uhr; zu dieser Zeit wird die Frequenz anderweitig belegt.
- 5050 kHz:	AIR Aizawl. Nachmittags nur bis 1630 Uhr; bei uns kaum zu hören.

Die Adressen:

AIR Aizawal, Aizawal 796001, Mizoram
AIR Bhopal, P.O.Box 49, Shamla Hills, Bhopal 462002
AIR Bombay, Broadcasting House, Backbay Reclamation, Bombay 400020
AIR Calcutta, G.P.O. Box 696, Eden Gardens, Calcutta 700001
AIR Delhi, Akashvani Bhavan, Parliament Str, New Delhi 110001
AIR Guwahati, P.O.Box 28, Guwahati 781003, Assam
AIR Hyderabad, Rocklands, Safiabad, Hyderabad 500004, Andhra Pradesh
AIR Kashmir, Srinagar 190001, Kashmir
AIR Kohima, Kohima 797 001, Nagaland
AIR Kurseong, Mehta Club Building, Kurseong 734203, Darjeeling, West Bengal
AIR Lucknow, 13 Vidhan Sabha Marg, Lucknow 226001, Uttar Pradesh
AIR Madras, Kamarjar Salai, Mylapore, Madras 600004, Tamilnadu
AIR Port Blair, Port Blair 744102, Andaman Islands
AIR Ranchi, Ranchi 834001, Bihar
AIR Shillong, Meghalaya, Shillong 793001
AIR Simla, P.O.Box 6, Simla 171004, Himachal Pradesh

Nepal

Aus dem Himalaya-Königreich ist bei uns Radio Nepal auf zwei Tropenbandfrequenzen zu empfangen. Die Sendungen sind in Nepali, englischsprachige Nachrichten kommen von 1415–1430 Uhr und sind im Winter hörbar.

Tropenbandfrequenzen:

- o 3230 kHz: Radio Nepal; die Frequenz wird nur im Winter eingesetzt. Bei uns zu hören bis zum Sendeschluß um 1715 Uhr.
- o 5005 kHz: Radio Nepal. Bis zum Sendeschluß ziemlich regelmäßig zu empfangen; eine der häufigeren asiatischen Stationen im Tropenband. Auch zum Sendebeginn um 0015 Uhr bestehen Empfangschancen.
- Adresse: Radio Nepal, P.O.Box 634, Singha Durbar, Kathmandu.

Pakistan

Auch Radio Pakistan betreibt einige bei uns hörbare Tropenbandsender in verschiedenen Städten des Landes. Sendesprache ist hauptsächlich Urdu, daneben wird aber auch z.B. in Baluchi, Pushto oder Punjabi gesendet – man kann sich seiner Sache insbesondere bei den Regionalstationen nicht sicher sein.

Tropenbandfrequenzen:

- -- 3665 kHz: Azad Kashmir Radio; uns ist ein Empfang dieser Station im 80-Meter-Amateurfunkband in letzter Zeit nicht bekannt geworden. Gesendet wird ab 0045 und bis 1800 Uhr.
- -- 3955 kHz: RP Rawalpindi; sendet hier ab 0045 und von 1500–1800 Uhr; kaum zu hören.
- - 3979 kHz: RP Islamabad; 1400–1800 Uhr aktiv. Bei uns kaum zu hören, da die Frequenz im 75-Meterband stark gestört wird.
- - 4779 kHz: RP Islamabad; 1300–1600 Uhr in Pushto; nur selten bei uns zu hören.
- o 4790 kHz: Azad Kasmir Radio: nachmittags –1800 Uhr; ziemlich regelmäßig, zuverlässigste Station aus Pakistan auf 60 Metern.
- - 4815 kHz: RP Karachi: nachmittags/abends –1900 Uhr; eher selten; die Frequenz wird momentan im aktuellen Sendeplan nicht angegeben.
- - 4880 kHz: RP Quetta: nachmittags –1600 Uhr und 1745–1800 Uhr; ab 0045 Uhr schwieriger. Nicht mit Radio Bangla Desh verwechseln, das die Frequenz auch benutzt.

-- 4950 kHz:	RP Peshawar; 1400–1500 Uhr; selten zu hören.	
- 4980 kHz:	Azad Kashmir Radio: Morgenfrequenz ab 0045 Uhr. Hier meist nur während des Ramadan bei verlängertem Programm hörbar.	
- 5010 kHz:	RP Rawalpindi; momentan nicht im Sendeplan angegeben. 1988 nur nachts aktiv, war die Station sonst nachmittags hörbar.	
-- 5045 kHz:	RP Islamabad; hier werden zwischen 1600–1745 Uhr Auslandsprogramme in Englisch und Türkisch ausgestrahlt; bei uns noch nicht gehört.	
o 5090 kHz:	RP Islamabad; morgens ab 0045 Uhr ziemlich häufig, da die Frequenz um diese Zeit frei ist. Falls nachmittags gesendet wird, auch dann zu hören.	

Adressen:

Azad Kashmir Radio, Muzzaffarabad, Azad Kashmir
Radio Pakistan, Broadcasting House, Constitution Avenue, Islamabad.

Sri Lanka

Nur auf wenigen Tropenbandfrequenzen ist die Sri Lanka Broadcasting Corporation (SLBC) bei uns zu empfangen. Die anderen Sendedienste der Inselrepublik unterhalten keine Sender im 60- oder 90-Meterband. Die Sendungen in Singhalesisch und Englisch beginnen morgens um 0000 Uhr; Sendeschluß am Abend ist um 1730 Uhr Weltzeit. In Vollmondnächten wird das Programm durchgehend ausgestrahlt.

Tropenbandfrequenzen:

-o 4870 kHz:	SLBC Ekala; mit dem Commercial Service in Singhalesisch morgens ab 0000 und – häufiger – nachmittags und abends bis zum Sendeschluß um 1730 Uhr hörbar.
- 4902 kHz:	SLBC Ekala; der National Service in Singhalesisch beginnt das Programm bereits um 0000 Uhr; ist hier aber vorwiegend nachmittags hörbar. Seltener als 4870 kHz.
-- 4940 kHz:	SLBC Ekala; Commercial Service in Englisch; bei uns nicht zu hören (Kiew!).
-- 5020 kHz:	SLBC Ekala; Commercial Service in Tamilisch; bei uns ebenfalls nur selten gemeldet. Variabler Sendebeginn zwischen 2330 und 0030 Uhr. Alternativ wird die Frequenz 4968 kHz eingesetzt.
Adresse:	Sri Lanka Broadcasting Corporation, P.O.Box 574, Colombo 7.

Südostasien

Burma

Aus Burma ist bei uns eine Tropenbandfrequenz in der Saison mehr oder weniger regelmäßig zu empfangen. Die anderen genannten Sender sind in Europa kaum zu hören.

Tropenbandfrequenzen:

- o 4725 kHz: BBS Rangoon; bei guten Südostasienbedingungen ab 1330 Uhr bis zum recht variablen Sendeschluß (zwischen 1445 und 1600 Uhr) häufiger zu empfangen. Hier wird das Nationalitätenprogramm in verschiedenen Lokalsprachen ausgestrahlt.

- 5040 kHz: BBS Rangoon; diese fürs Englischprogramm benutzte Frequenz wurde 1988 verschiedentlich aktiviert. Bei uns war die Station hier früher an Nachmittagen bei sehr guten Bedingungen zu hören; im letzten Winter hörten wir auf der Frequenz nur Radio Tiflis.

-- 5060 kHz: BBS Rangoon; über eine Station der burmesischen Armee in Taunggyi wird unregelmäßig ein Programm in Burmesisch und Minderheitensprachen ausgestrahlt. Da bereits um 1330 Uhr Sendeschluß ist, ist die Station bei uns wohl nicht zu hören.

Adresse: Directorate General of Information and Broadcasting Dept., Burma Broadcasting Service, GPO Box 1432, Rangoon, Burma.

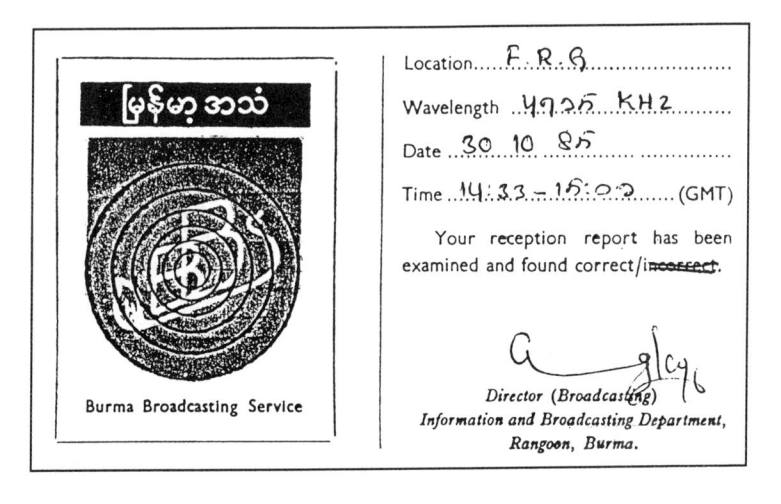

Indonesien

Die Inselrepublik Indonesien bietet dem Kurzwellenhörer neben einem nur schwach einfallenden Auslandsdienst eine Vielfalt hörbarer Inlandsstationen insbesondere in den Tropenbändern. Grund dafür ist der große geografische Einzugsbereich der meisten Stationen, der neben dem Einsatz von Mittelwellen- und UKW-Sendern auch die Benutzung von höheren Frequenzen in den Tropenbändern bedingt.

Viel bleibt von der Rundfunkvielfalt Indonesiens für den mitteleuropäischen Hörer allerdings nicht mehr übrig. Wir hören fast ausschließlich Stationen der staatlichen Senderkette Radio Republik Indonesia in den Tropenbändern.

Direkt aus Jakarta werden von RRI das „Programa Nasional" und das „Programa Khusus" landesweit über Tropenbandfrequenzen ausgestrahlt. Daneben gibt es fünf weitere Hauptsendezentren, die sogenannten „Nusantara"-Stationen, in Medan, Yogjakarta, Ujung Pandang, Banjarmasin und Jayapura – alle bei uns in den Tropenbändern hörbar – und eine Vielzahl regionaler Stationen in den größeren Städten des Landes.

Diese Lokalstationen übernehmen häufig Programme der zuständigen Nusantara-Station für den jeweiligen Landesteil. Oft sind auch Relais von Sendungen aus Jakarta zu hören – so etwa bei den um diese Zeit noch aktiven RRI-Stationen die Nachrichtensendung um 1500 Uhr Weltzeit.

Die in Indonesien zugelassenen Privatstationen dürfen lediglich Mittelwellenfrequenzen benutzen und bleiben somit für uns unhörbar. Neben den RRI-Stationen gibt es auf Tropenband nur noch Stationen des Militärs (Radio Angkaran Udara / Radio Angkatan Bersenjata) und Stationen, die von Kommunalverwaltungen größerer Städte (Radio Khusus Pemerintah Daerah), von Provinzregierungen (Radio Khusus Pemerintah Daerah Tingkat Satu) oder Distriktverwaltungen (Radio Khusus Pemerintah Daerah Tingkat Dua) betrieben werden. Diese Stationen sind bedingt durch ihre geringe Leistung bei uns kaum hörbar.

Indonesische Stationen sind bei uns im Winter nachmittags vom fade-in bis zum recht variablen Sendeschluß (von 1400 Uhr bis in den hiesigen Abend hinein) zu empfangen. Vor allem in den Sommermonaten kommen Indonesier auch mit ihrer Morgensendung gegen 2200 Uhr bei uns an. Immer mehr Stationen gehen dazu über, ihre Programme über den „traditionellen" Sendeschluß gegen Mitternacht Ortszeit hinaus auszudehnen; zu besonderen Anlässen wird manchmal 24 Stunden gesendet (so etwa im islamischen Fastenmonat Ramadan). Trotz der dadurch erweiterten Empfangsmöglichkeiten sind die Empfangschancen bei fade-in bzw. fade-out der Stationen meist am besten.

Wir beschränken uns in der nachfolgenden Auflistung auf in Europa schon empfangene Stationen. Diese Aufstellung ist zwar unvollständig, bleibt aber übersichtlich und umfaßt sicher über 90 Prozent der auch für sehr gut ausgerüstete DXer „erreichbaren" Stationen.

Tropenbandfrequenzen:

-- 2307 kHz: RRI Jakarta; mit dem Programa Nasional bei sehr guten Bedingungen im Winter nachmittags zu hören – Sendeschluß ist gegen 1700 Uhr. Generell sind die Stationen im 120-Meterband absolute Raritäten in Europa – die Sendeleistung beträgt kaum mehr als 1 kW.

-- 2350 kHz: RRI Yogjakarta; wenn überhaupt, dann am späten Nachmittag zu empfangen. Parallelfrequenz ist 5046 kHz; die Sendestärke beträgt 1 kW.

-- 2377 kHz: RRI Surabaya; die Frequenz wird ab 1700 bis 2130 Uhr eingesetzt; hier kaum hörbar.

-- 2390 kHz: RRI Cirebon; Sendeschluß um 1700 Uhr; sehr selten!

- 2432 kHz: RRI Banda Aceh; bis zum variablen Sendeschluß zwischen 1600 und 1800 Uhr manchmal hörbar – noch am ehesten von den genannten Stationen im 120-Meterband.

-- 2439 kHz: RRI Surakarta; ab 2200 Uhr und bis 1710 Uhr.

-- 2456 kHz: RRI Dili; vielleicht am Spätnachmittag. Sendet bis 2100 Uhr.

-- 2472 kHz: RRI Purwokerto; Nachtfrequenz; 1700–2200 Uhr. Bei uns kaum hörbar.

-- 2490 kHz: RRI Ujung Pandand; Nachtfrequenz; 1600–2100 Uhr.

-- 3204 kHz: RRI Bandung; –1700 Uhr; selten.

- 3215 kHz: RRI Manado; bei guten Bedingungen kommt die Station auch bei uns in Europa an. Empfangsmöglichkeiten gibt's nur mit der Morgensendung ab 2100 Uhr. Nachmittags ist normal um 1230 Uhr Sendeschluß – Verlängerungen ausgenommen.

-- 3223 kHz:	RRI Mataram; bis 1520 Uhr (nach den Jakarta-Nachrichten). Sendebeginn ist morgens um 2200 Uhr. Hörbar.
-- 3225 kHz:	RRI Tanjung Pinang; bei guten Bedingungen hörbar; Sendebeginn morgens um 2200 Uhr, nachmittags –1400 Uhr.
- 3232 kHz:	RRI Bukkitinggi; nachmittags bis 1520 (manchmal verlängert); morgens ab 2300 Uhr. Öfters bei guten Bedingungen bei uns hörbar.
-- 3241 kHz:	RRI Sibolga; sehr schwach; hier sendet auch RRI Ambon.
- 3250 kHz:	RRI Banjarmasin; morgens ab 2200 Uhr, nachmittags bis 1600 Uhr. Die Frequenz ist oft gestört und läßt so kaum Empfang zu.
-- 3265 kHz:	RRI Bengkulu; ab 2130/bis 1600 Uhr; sehr selten!
-- 3266 kHz:	RRI Gorontalo; ab 2100 Uhr; kaum hörbar...
-- 3277 kHz:	RRI Jakarta; Programma Nasional; Sendezeiten wie 2307 kHz (und genauso hörbar...)
-- 3286 kHz:	RRI Madiun; 1700–2130 Uhr; sehr selten!
-- 3306 kHz:	RRI Dili; ab 2100 Uhr / bis 1240 Uhr (!). Wenn überhaupt, nachmittags im Mittwinter bei sehr guten Bedingungen bei uns zu empfangen.
-- 3325 kHz:	RRI Palangikaraya; ab 2100 / bis etwa 1430 Uhr.
-- 3345 kHz:	RRI Ternate; ab 2000 Uhr / bis 1500 Uhr; selten, aber hörbar.
-- 3345 kHz:	RRI Pontianak; die Station aus Westborneo sendet ab 2200 und bis 1600 Uhr und hat damit später fade-in und fade-out als Ternate auf gleicher Frequenz.
-- 3365 kHz:	RRI Padang; –1600 Uhr; die indische Station ist auf dieser Frequenz stärker.
-- 3376 kHz:	RRI Medan; stark gestörte Frequenz, sonst wäre die Station ab 2130 und bis 1610 Uhr hier bei guten Bedingungen hörbar.
- 3385 kHz:	RRI Kupang, ab 2130 und vor allem –1520 kHz hörbar.
-o 3395 kHz:	RRI Tanjungkarang. Die Station ist in den letzten Jahren häufigste indonesische Station auf 90 Metern und kann vor allem nachmittags bis 1700 Uhr empfangen werden. Morgens ist Sendebeginn um 2155 Uhr.
-- 3800 kHz:	RRI Gorontalo; vgl. 3266 kHz.

RADIO REPUBLIK INDONESIA PALEMBANG

TRADITIONAL HOUSES, PALEMBANG

Palembang is the capital of the Province of South Sumatera, the oil city, the main commercial centre in Southern Sumatera, Indonesia. The city was the capital of the old, famous Kingdom of Crivijaya.

Picture shows the panoramic view of a village in the lower parts of the city, most of the houses are built on piles.

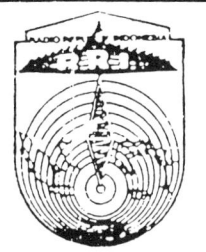

RRI

STASIUN REGIONAL I

TANJUNGKARANG

Jl. Gatot Subroto 1 Pahoman
BANDAR LAMPUNG
Tilpon 52280 - 52664

PROGRAM SIARAN

Gelombang 75, 88, 290 m.
FM 93 & 98 MHz.

-o 3905 kHz:	RRI Banda Aceh. Die Station von der Nordspitze Sumatras ist bei uns mit einem 50-kW-Sender sowohl morgens (ab 2200 Uhr) als auch nachmittags (bis 1715 Uhr) hörbar, falls die Frequenz eingesetzt wird. Alternativfrequenz ist 4955 kHz.	
- 3935 kHz:	RRI Semarang. Vor allem nachmittags (–1700 Uhr). Morgens ist Sendebeginn um 2200 Uhr.	
-- 3945 kHz:	RRI Denpasar. Sendezeiten wie Semarang, etwas seltener zu hören, da die chinesische Station hier für gewöhnlich stärker einfällt.	
-- 3960 kHz:	RRI Palu; selten, aber hörbar. Sendebeginn um 2130, Sendeschluß um 1600 Uhr.	
- 3976 kHz:	RRI Surabaya. Früher nachmittags nicht selten (–1600 Uhr), in letzter Zeit ziemlich rar. Morgens Sendebeginn um 2130 Uhr.	
-- 3986 kHz:	RRI Manokwari; mit Morgenprogrammen von 2030–2400 Uhr hier aktiv, nachmittags bis 1400 Uhr. Bei uns ist SRI Bern stärker.	
-- 3995 kHz:	RRI Pontianak, // 3345 kHz. Hier ist RAI Rom stärker.	

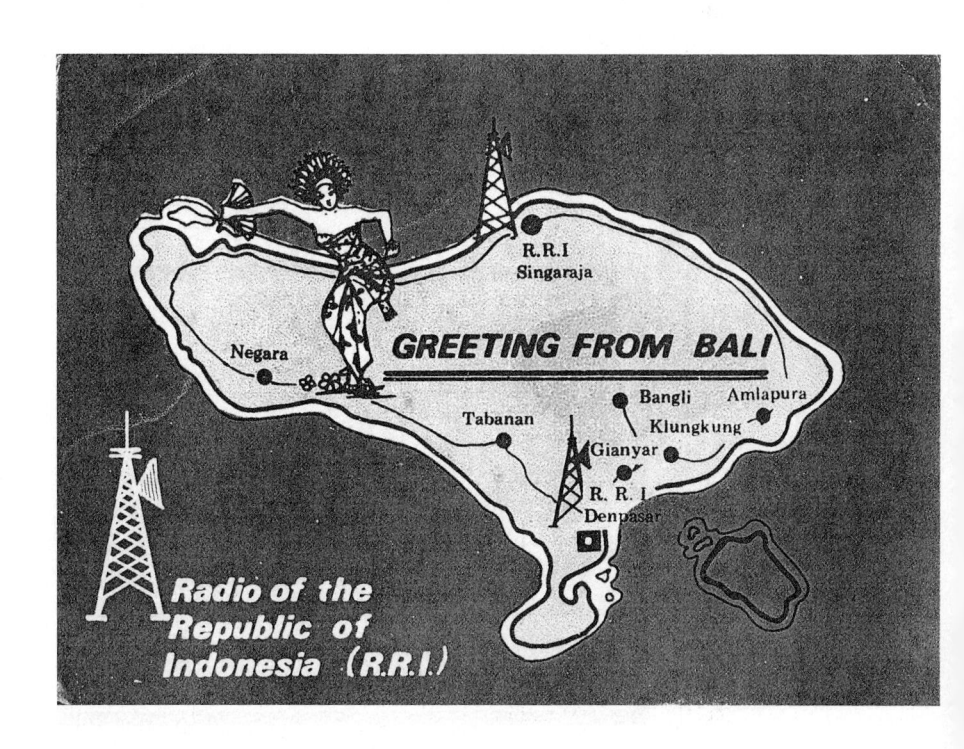

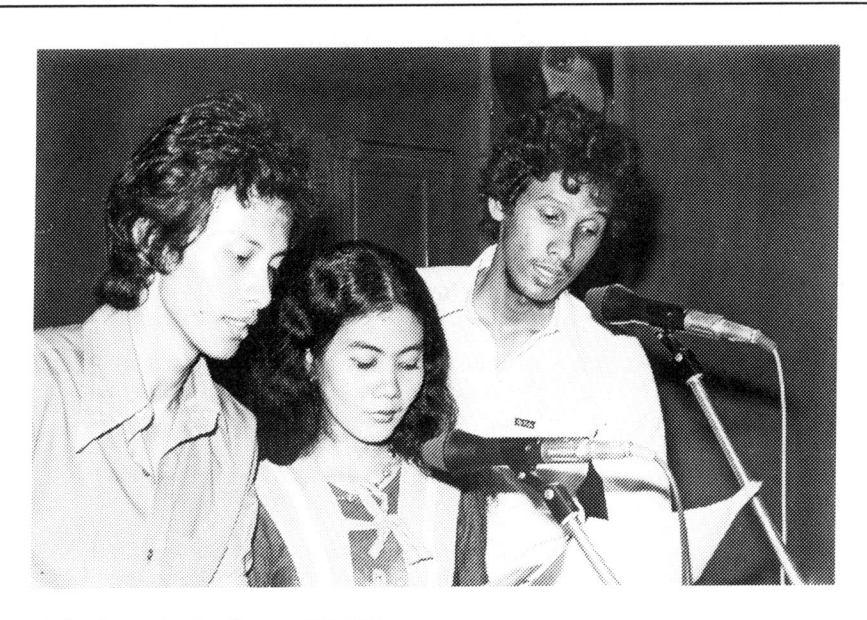

Aufnahmen im Studio von RRI Jakarta

- 4000 kHz: RRI Kendari; –1600 Uhr; manchmal nachmittags hörbar. Sendebeginn morgens um 2200 Uhr.
-o 4002 kHz: RRI Padang. Die Station kam auch im letzten Winter an besseren Tagen nachmittags ziemlich zuverlässig herein. Sendeschluß um 1600, Sendebeginn um 2200 Uhr.
-- 4087 kHz: RKPDT2 Blitar; –1600 Uhr; aus Wohlwollen hier aufgenommene Distriktstation...
-- 4699 kHz: RKIP Surabaya. Der Empfang dieser Nicht-RRI-Station kann bei sehr guten Bedingungen möglich sein; Sendeschluß ist gegen 1700 Uhr, Sendebeginn um 2200 Uhr.
-o 4719 kHz: RRI Ujung Pandang. Derzeit nachmittags durch 4753 kHz ersetzte Abendfrequenz der Station. Früher konnte der Sender hier im Winter regelmäßig –1600 Uhr empfangen werden. Jetzt soll Ujung Pandang hier morgens ab 2100 Uhr aktiv sein – probieren geht über studieren.
-o 4753 kHz: RRI Ujung Pandang. Die Frequenz wird jetzt nachmittags –1600 Uhr eingesetzt und ist hier bei guten Bedingungen nicht selten.

i	4764 kHz:	RRI Medan; im Moment inaktive Nusantara-Station für Sumatra. Früher im Winter fast jeden Nachmittag –1600 Uhr hörbar.
o	4774 kHz:	RRI Jakarta, Programa Nasional. Sowohl ab 2200 Uhr als auch bis 1610 Uhr hörbar; nachmittags allerdings gestört durch Radio Afghanistan auf 4775 kHz.
--	4790 kHz:	RRI Fak-Fak. Die Station aus dem Westen Neuguineas ist bei uns ganz selten. Gesendet werden soll rund um die Uhr mit 250 bis 1000 Watt.
-	4803 kHz:	RRI Surakarta – sehr selten bei uns in den (hiesigen) Abendstunden; Nachtfrequenz der Station!
--	4845 kHz:	RRI Ambon; wanderlustiger Sender (Drift bis 4864 kHz). Abends ab 2000 Uhr, falls Nouakchott nicht sendet. Nachmittags wird die Frequenz nicht benutzt.
-	4856 kHz:	RRI Palembang. Manchmal nachmittags (–1600/1700 Uhr). Mit der Morgensendung ab 2200 Uhr kaum hörbar.
--	4870 kHz:	RRI Wamena. 500 Watt Sendeleistung lassen den Empfang der Station unwahrscheinlich werden: ab 2100, –1215 (!) Uhr.

RADIO REPUBLIK INDONESIA
SIARAN NUSANTARA I

Address : Jalan Riburane 2
Sulawesi Selatan
UJUNG PANDANG

QSL

Ujung Pandang, **26 - 11 - 1986**

We thank you for your report dated **30 - 10 - 1986** and we are pleased to inform you that your enumeration of the programme items on **63.56** M.B. (**4720** Kc./sec) is found to be correct.

It assists us to the improvement of our transmissions and strengthens the friendly relations between us.

R.R.I. NUSANTARA I.
UJUNG PANDANG
SLAMET POEJONO
Director

- 4875 kHz: RRI Sorong. Die Station aus dem östlichen Neuguinea kann einige Male im Jahr auch bei uns empfangen werden – auch schon zum Sendebeginn um 2000 Uhr. Die Abendprogramme enden um 1330 Uhr.
- 4900 kHz: RRI Surakarta; Nachtfrequenz – wird zwischen 1700 und 2210 Uhr eingesetzt. Selten hörbar.
-- 4903 kHz: RRI Gorontalo; neue Frequenz dieser Station. Sendeschluß ist um 1500 Uhr.
-o 4910 kHz: RRI Bukkitinggi. Nachmittags gar nicht so selten; hier wird teils 24 h gesendet, teils ist gegen 1700 Uhr Sendeschluß.
-o 4927 kHz: RRI Jambi. Die Station kann nachmittags (–1400 Uhr) und vor allem abends ab 2200 Uhr empfangen werden. Nicht selten, erfordert aber trennscharfe Empfänger.
- 4932 kHz: RRI Surakarta. Bis 1700 Uhr eingesetzt; nicht so selten.
-o 4955 kHz: RRI Banda Aceh. Vgl. 3905 kHz. Falls die Frequenz eingesetzt wird, ist sie vor allem mit der Morgensendung ab 2200 Uhr zu empfangen.
o 5046 kHz: RRI Yogjakarta. Ziemlich regelmäßig zu empfangender Indonesier auf 60 Metern. Sendeschluß ist erst um 1800 Uhr, im Winter ist die Station gegen 1500 Uhr öfter hörbar.
- 5258 kHz: RRI Sibolga. Abends/nachts –2200 Uhr und ab Sendebeginn um 2300 Uhr hörbar, falls die Frequenz frei ist.
-- 5500 kHz: RRI Biak. Die Station ist bei uns sehr selten zu empfangen; Sendebeginn ist bereits um 2000 Uhr (Neuguinea!), Sendeschluß erst um 1600 Uhr.
-o 5894 kHz: RRI Pekanbaru. Ab 2200 Uhr und nachmittags bis 1600 Uhr (unregelmäßig auch später) bei uns häufiger zu empfangen. Alternativ werden 5886 kHz eingesetzt.

Adressen:

RKIP Surabaya, Kotakpos 247, Woncolo, Surabaya, Jawa Timur
RKPDT2 Blitar; Jln Semeru 40, Blitar, Jawa Timur
RRI Ambon, Jln. Jendral Achmad Yani, Ambon, Maluku
RRI Banda Aceh, Box 112, Banda Aceh, 23243, D.I. Aceh
RRI Bandung, Jln. Diponegoro 61, Bandung, Jawa Barat
RRI Banjarmasin, Jln. Lampung Mangkurat 1, Banjarmasin, Kalimantan Selatan
RRI Bengkulu, Jln Let.Jend.S.Parman 25, Bengkulu
RRI Biak, Jln Achmad Yani, Kotakpos 505, Biak, Irian Jaya
RRI Bogor, Kotakpos 232, Bogor, Jawa Barat
RRI Bukittinggi, Jln. Dr. A.Rivai 22, Bukittinggi, Sumatera Barat

RRI Cirebon, Jln Brigjen Dharsono/By Pass, Cirebon, Jawa Barat
RRI Denpasar, Jln. Hayam Wuruk, Denpasar, Bali
RRI Fak-Fak, Jln Kapt. Tendean, Fak-Fak, Irian Jaya
RRI Gorontalo, Jln Jend.Sudirman, Gorontalo, Sulaweise Utera
RRI Jakarta, P.O.Box 356, Jakarta
RRI Jambi, Jln. Mohammed Tahir 36, Jambi, Propinsi Jambi
RRI Jakarta, Kotakpos 157, Jakarta
RRI Kendari, Kotakpos 7, Kendari, Sulawesi Tenggara
RRI Kupang, Jln. Tompello 8, Kupang, Timor, Nusa Tenggara Timur
RRI Madiun, Jln. Kalimantan 6, Madiun, Jawa Timur
RRI Manado, Jln. Sam Ratulangi 3, Manado, Sulawesi Utara
RRI Manokwari, Jln. Merdeka 68, Manokwari, Irian Jaya
RRI Mataram, Kotakpos 2, Ampenan-Mataram, Lombok
RRI Medan, Jln. Letkol Martinus Lubis 5, Medan, Sumatera Utara
RRI Padang, Kotakpos 77, Padang, Sumatera Barat
RRI Palangkaraya, Jln Ade Irma Nasution, Palangkaraya, Kalimantan Tengah
RRI Palembang, Jln. Merdeka 2, Palembang, Sumatera Selatan
RRI Palu, Jln R.A. Kartini, Sulawesi Tengah
RRI Pekanbaru, Kotakpos 51, Pekanbaru, Propinsi Riau
RRI Pontianak, Jln Jendral Sudirman 7, Pontianak, Kalimantan Barat
RRI Purwokerto, Jln Jendral Sudirman 427, Purwokerto, Jawa Tengah
RRI Semarang, Kotakpos 74, Semarang, Jawa Tengah
RRI Sibolga, Jln. Ade Irma Suryani Nasution 5, Sibolga, Sumatera Utara
RRI Sorong, Jln. Jendral Achmad Yani, Klademak II, Sorong, Irian Jaya
RRI Surabaya, Jln. Embong Malang 89, Surabaya, Jawa Barat
RRI Surakarta, Kotakpos 40, Surakarta, Jawa Tengah
RRI Tanjungkarang, Kotakpos 24, Tanjungkarang, Lampung
RRI Tanjung Pinang, Jln. Diponegoro 579, Tanjung Pinang, Propinsi Riau
RRI Ternate, Jln. Kedaton, Ternate, Maluku
RRI Ujung Pandang, Jln. Riburane 2, Ujung Pandang, Sulawesi Selatan
RRI Wamena, Kotakpos 10, Wamena, Irian Jaya
RRI Yogjakarta, Box 18, Yogjakarta, 55224, D.I. Yogjakarta

RADIO REPUBLIK INDONESIA

RRI NUSANTARA III MEDAN JALAN LTK. MARTINUS LUBIS No. 5 TLPN. 23114 - 23116 - 23152

Kampuchea

Lange nicht hörbar war der Inlandsdienst der Voice of the People of Kampuchea aus Pnom-Penh, der Hauptstadt des krisengeschüttelten Landes. Das änderte sich vor kurzem, denn jetzt wird wieder ein Tropenbandsender betrieben.

Tropenbandfrequenz:

-o 4910 kHz: VoPo Kampuchea; in den letzten Monaten ab Sendebeginn um 2230 Uhr bei uns hörbar. Nachmittags ist um 1430 Uhr Sendeschluß. Die Frequenz variiert leicht – bis 4907 kHz.

Adresse: Voice of the People of Kampuchea, 28 Ave Sandech Choun Nath, Phnom-Penh.

Laos

Das ehemalige Königreich – heute unter schwächer werdendem vietnamesischem Einfluß stehend – stellt für DXer eine echte Herausforderung dar. Außer dem nationalen Rundfunk in Vientiane hält keine der schwachen Provinzstationen ihre Frequenz exakt ein. Manche Stationen bleiben für Monate oder Jahre inaktiv. Somit sind auch die aus Vientiane verschickten Sendepläne (mit offiziellen Frequenzen) mit Vorsicht zu genießen.

Tropenbandfrequenzen:

- 4445 kHz: LNR Vientiane. Der Lokaldienst aus Vientiane hält seine Frequenz ziemlich exakt ein. Sendebeginn ist um 2230 Uhr; Sendeschluß bereits um 1230 Uhr. Somit bleiben Empfänge auf die hiesigen Abendstunden beschränkt – und selten.

-- 4535 kHz: LNR Udom Sai. Derzeit inaktiv. Sendebeginn sonst um 2230 Uhr; Sendeschluß um 1330 Uhr.

- 4660 kHz: LNR Houa Phanh. Die Programme beginnen um 2300 Uhr; Sendeschluß ist um 1330 Uhr.

-- 4990 kHz: LNR Xieng Khouang. die Station beginnt um 2300 Uhr und konnte früher – als man noch außerhalb des 60-Meterbandes umherdriftete – bei uns häufiger aufgenommen werden. Jetzt sind Empfänge auf der belebten Frequenz eher unmöglich.

Adresse: National Radio of Laos, B.P. 310, Vientiane.

Malaysia

Radio Television Malaysia ist eine staatliche Rundfunkorganisation. In den Sendezentren Kuala Lumpur, Kota Kinabalu und Kuching werden Programme u.a. in Englisch, Bahasa Malaysia, Chinesisch, Tamilisch, Iban und anderen Lokalsprachen produziert. Bei uns sind einige Tropenbandstationen öfter zu empfangen.

Tropenbandfrequenzen:

-- 3385 kHz: RTM Sarawak, Miri; Sendung in Iban ab 2200 und bis 1500 Uhr. Die Station konnte unseres Wissens bislang nicht in Europa empfangen werden.

- 4835 kHz: RTM Sarawak, Kuching. Malaiisch-Dienst zwischen 2300 und 1600 Uhr. Kann im Winter manchmal nachmittags bis zum Sendeschluß empfangen werden.

-o 4845 kHz: RTM Kuala Lumpur, Tamil-Dienst. Im Winter recht regelmäßig bis zum Sendeschluß um 1500 Uhr. Die Morgenprogramme (gesendet wird ab 2100 Uhr) sind kaum zu hören; hier dominiert Nouakchott.

-- 4895 kHz: RTM Sarawak, Kuching; Sendesprache Iban // 3385 kHz (und genauso selten hörbar).

- 4950 kHz: RTM Sarawak, Kuching; Chinesisch/Englisch-Dienst. Kommt bei guten Bedingungen im Winter gar nicht so selten von 1400–1600 Uhr in Englisch; Sendebeginn ist um 2200 Uhr.

-- 4970 kHz: RTM Sabah, Kota Kinabalu; Malaiisch-Dienst, nachmittags bis 1600. Seit Jahren nicht hörbar, auch nicht mit der Morgensendung ab 2130 Uhr.

-o 5005 kHz: RTM Sarawak, Sibu; Iban-Dienst. Im Gegensatz zu anderen malaiischen Stationen am ehesten mit der Morgensendung ab 2200 Uhr zu empfangen. Sendeschluß ist um 1500 Uhr; nachmittags blockiert aber Radio Nepal die Frequenz.

- 5030 kHz: RTM Sarawak, Kuching; Bidayuh-Dienst, selten nachmittags bis 1500 Uhr. Morgens ist Sendebeginn um 2200 Uhr.

Adressen:

Radio Malaysia, Dept. of Broadcasting, Angkasapuri, Bukit Putra,
  50614 Kuala Lumpur
Radio Malaysia Sabah, P.O.Box 1016, 88614 Kota Kinabalu, Sabah
Radio Malaysia Sarawak, Broadcasting House, Jalan Satok, Kuching.

Singapur

Die Sender der Singapore Broadcasting Corporation (SBC) sind im Tropenband mit Englischprogrammen bei uns häufiger zu empfangen.

Die Auslandsdienst-Programme übers BBC-Relais Singapore hören wir im Tropenband fast täglich.

Tropenbandfrequenzen:

o 3915 kHz: BBC-Relais Singapore; zwischen 1500 und 1745 sowie von 2200–2315 Uhr kommen Englischprogramme. Ferner wird in Russisch (1800–2130 Uhr) und südostasiatischen Sprachen (ab 2315 Uhr) gesendet. Die Station ist nachts und im Winter nachmittags regelmäßig bei uns hörbar.

-o 5010 kHz: SBC Singapore; Beginn der Morgensendung um 2200 Uhr. Sendeschluß ist um 1605 Uhr. Der 10-kW-Sender (ehemals von BFBS betrieben) kommt vor allem mit der Morgensendung bei guten Bedingungen bei uns an.

o 5052 kHz: SBC Singapore; Sendezeiten wie oben. Im Spätherbst ist die Station vor allem nachmittags ziemlich regelmäßig aufzunehmen.

Adressen:

BBC Relais Singapore, P.O.Box 434, Singapore.
Singapore Broadcasting Corp., P.O.Box 60, Singapore 9128.

Thailand

Radio Thailand ist bei uns nur schwer zu empfangen. Das gilt natürlich auch für den Inlandsdienst, der einen Tropenbandsender benutzt.

Tropenbandfrequenz:

- 4828 kHz: Radio Thailand; nominell 4830 kHz; zum Sendebeginn um 2230 Uhr selten zu empfangen. Nachmittags wird bis 1600 Uhr – unter Ausschluß der europäischen Öffentlichkeit – gesendet.

Adresse: Radio Thailand, 236 Vibhavadi Rangsit Superhighway, Dindaeng, Huai Khwang, Bangkok 10400.

Untergrund

Die Untergrund-Stationen aus Südostasien sind bei uns nur schlecht hörbar.

Tropenbandfrequenzen:

- 5110 kHz: Voice of the People of Burma; der Sender der burmesischen kommunistischen Partei sendet vermutlich aus der VR China. Zeiten: 0030–0200 sowie 1200–1330 Uhr.
- 5408 kHz: Voice of the National Army of Democratic Kampuchea; sendet vermutlich ebenfalls aus der VR China. Zeiten: 2315–0130 / 1000–1530 Uhr. Zu hören vor allem gegen 0000 Uhr mit der Morgensendung.

Adresse: Voice of the National Army of Democratic Kampuchea; c/o Permanent Mission of Democratic Kampuchea to the United Nations, 212 East 47th Street, 24G, New York, NY 10017, USA.

Vietnam

Ähnlich wie die kleinen Stationen im Nachbarland Laos sind die wenigen vietnamesischen Sender im Tropenband eine begehrte, aber vergleichsweise noch seltenere „Beute" europäischer Top-DXer. Die Frequenzen unterliegen starken Schwankungen, manche Sender sind auf ihren Kurzwellenfrequenzen längere Zeit inaktiv. Somit erklärt sich auch, warum bis auf die Sender aus der Hauptstdt Hanoi Empfangsbeobachtungen in Europa absolute Raritäten bleiben.

Tropenbandfrequenzen:

-o 3999 kHz: Hanoi; 2145–1600 Uhr. Hörbar bei guten Bedingungen manchmal mit Morgen- und Abendsendung.

-- 4681 kHz: Bin Tri Thien; bereits um 1230 Uhr Sendeschluß und damit für uns kaum hörbar.

- 4699 kHz: Gia Lai Kon Tum; Sendebeginn um 2300 Uhr, Sendeschluß um 1400 Uhr. Es bestehen sehr geringe Empfangschancen, wenn die Frequenz frei ist.

-- 4773 kHz: Son La; –1400 Uhr. Kaum hörbar.

-- 4796 kHz: Nghia Binh; –1230 und ab 2300 Uhr; die Frequenz driftet zwischen 4712 kHz und der genannten Frequenz; kaum hörbar.

-- 4821 kHz:	Ha Tuyen; Sendebeginn 2300 Uhr; Sendeschluß um 1330 Uhr. Kaum hörbar, andere Stationen sind stärker.
-- 4887 kHz:	Than Hoa; 2330–2400 Uhr; kaum hörbar.
-- 5140 kHz:	Phu Kanh; –1230 Uhr – und daher wenn überhaupt nur im Mittwinter zu empfangen.
- 5617 kHz:	Hoang Lien Son; –1330 Uhr und mit der Morgensendung ab 0000 Uhr selten bei uns zu empfangen.
Adresse:	Vietnam Radio and Television, 58 Quan Su Street, Hanoi (Adressen der Regionalstationen sind uns nicht bekannt).

Ostasien

China (Volksrepublik)

Zwar unter staatlicher Kontrolle, aber dezentral organisiert ist der Chinesische Rundfunk ein interessantes Betätigungsfeld für den europäischen Kurzwellenhörer. Die flächendeckende Versorgung des großen Landes kann zur Zeit trotz starker Mittelwellensender nur über Tropenband- und Kurzwellenfrequenzen gewährleistet werden. Die meisten der hier aktiven Stationen können auch wir hören.

Da ist zunächst die zentrale chinesische Volksrundfunkstation aus Beijing (Chinese People's Broadcasting Station, CPBS), die über mehrere Kurzwellensender zwei Chinesisch-Programme fürs Inland, zwei für Taiwan und einen Minoritätendienst etwa in Tibetanisch oder Uighurisch ausstrahlt. Alle genannten Programme können bei uns beobachtet werden.

In den großen Provinzstädten im ganzen Land unterhalten zahlreiche lokale Volksrundfunkstationen (People's Broadcasting Stations – PBS) ein oder mehrere Vollprogramme, teils auch in unterschiedlichen Sprachen. Gut zu hören ist etwa PBS Xinjiang aus Westchina mit Programmen in Chinesisch, Uighurisch, Kasachisch, Mongolisch und Kirgisisch. PBS Heilongjiang sendet in Chinesisch und Koreanisch, PBS Nei Menggu auch in Mongolisch. Viele Provinzstationen übernehmen in Beijing produzierte Programme – etwa den zentralen Nachrichtendienst um 2230 Uhr.

Voice of the Strait heißt ein von der Volksbefreiungsarmee betriebener Sendedienst Richtung Taiwan. Mit zwei Programmen, Haixia 1 und 2, ist die Station im Tropenband hörbar.

Auch die Voice of Jinling und die Voice of Pujiang richten ihre Chinesischprogramme nach Taiwan – die Inselchinesen haben also eine breite Auswahl an Programmen vom Festland...

Auf wenigen Frequenzen im Tropenbandbereich sendet zudem Radio Beijing (Peking), der offizielle Auslandsdienst der Volksrepublik, beispielsweise seine Russisch- und Japanischprogramme.

Tropenbandfrequenzen:

- 2310 kHz: PBS Yunnan 3; lokale Dialekte, Sendebeginn um 2230, Sendeschluß um 1630 Uhr. Bei guten Bedingungen nachmittags hörbar. Die chinesischen Stationen im 120-Meterband zählen insgesamt zu den häufiger hörbaren Sendern in diesem Frequenzbereich.

- 2340 kHz:	PBS Fujian 1; 2050–2400 und bis 1700 Uhr; im Winter nachmittags hörbar.	
- 2415 kHz:	PBS Zhejiang, Wenzhou; 2135–0005 / bis 1420 Uhr. Seltener.	
-- 2445 kHz:	PBS Jiangxi; unregelmäßig, ab 2100 / bis 1500 Uhr.	
-o 2460 kHz:	PBS Yunnan 1; nicht selten bei uns hörbar. Sendebeginn um 2150 Uhr, Sendeschluß um 1540 Uhr.	
- 2475 kHz:	PBS Zhejiang 1, Hangzhou; ab 2100 / bis 1500 Uhr.	
-o 2490 kHz:	Vo Strait 1; ab 2100 / bis 1750 Uhr. Bei guten Bedingungen nicht selten hörbar.	
-o 2560 kHz:	PBS Xinjiang, Uighurisch-Dienst. Ab 2300 Uhr / bis 1700 Uhr; im Winter nachmittags öfters hörbar.	
- 3200 kHz:	Vo Strait 2; bis 1630 Uhr, gestört hörbar.	
-o 3220 kHz:	CPBS 1 Beijing; 2000–2400 Uhr; nachmittags bis 1730 Uhr. Gestört, aber häufiger hörbar.	
- 3260 kHz:	PBS Guizhou; ab 2130 / bis 1605 Uhr. Seltener.	
- 3280 kHz:	Vo Pujiang; –1545 Uhr // 4950 kHz. Selten zu empfangen.	
- 3290 kHz:	CPBS 2 Beijing; 2100–2330 / bis 1600 Uhr; selten.	
- 3300 kHz:	Vo Strait 1, 2230–0030 / bis 1750 Uhr.	
- 3310 kHz:	PBS Jilin; ab 2050 / bis 1505 Uhr; in guten Wintern nachmittags hörbar.	
i 3360 kHz:	CPBS Taiwan-Dienst 2; die Frequenz war früher abends ziemlich häufig aufzunehmen und wird jetzt nicht benutzt.	
- 3535 kHz:	Vo Strait 1; 2230–0030 / –1750 Uhr; da die Frequenz mitten im CW-Teil des 80-Meter-Amateurfunkbandes liegt, nur unter starken Störungen hörbar. Eventuell bei Drucklegung inaktiv.	
- 3815 kHz:	CPBS Taiwan-Dienst 1; über den Abend bis 2400 Uhr selten hörbar.	
- 3900 kHz:	PBS Nei Menggu, Hailar; 2150–0030 / –1450 Uhr; ziemlich früher Sendeschluß, daher eher mit der Morgensendung bei uns zu erwarten.	
-o 3940 kHz:	PBS Hubei; häufig abends ab 2100 Uhr. Nachmittags ist Sendeschluß um 1600 Uhr; im Winter ist die Station auch um diese Zeit hörbar.	
-o 3950 kHz:	PBS Qinghai 1; 2200–0030 / –1535 Uhr; oft Störungen vom Nachbarkanal 3955 kHz (BBC!); abends hörbar.	

-o 3960 kHz:	PBS Xinjiang, Chinesischdienst; im Winter zwischen 2300 und 0200 Uhr sowie bis 1700 Uhr. Im Sommer wird stattdessen 7380 kHz eingesetzt.	
- 3960 kHz:	R. Beijing; Auslandsdienst in Japanisch 2130–2200 Uhr sowie bis 1530 Uhr; kaum hörbar.	
-o 3970 kHz:	PBS Nei Menggu; ab 2130 / bis 1500 Uhr; soll inaktiv sein.	
- 3990 kHz:	PBS Xinjiang; Uighurisch-Dienst. Von 2300–0200 sowie bis 1730 Uhr (schlecht!) hörbar; im Sommer wird 7195 kHz benutzt.	
- 3990 kHz:	Vo Pujiang; bis 1545 Uhr; sehr selten.	
-- 4020 kHz:	Radio Beijing; Auslandsdienst, nachmittags/abends.	
- 4035 kHz:	PBS Xizang, Lhasa; Heimdienst in Tibetanisch von 2230–0130; s/off ist um 1545 Uhr. Auf dieser Frequenz wird auch der Auslandsdienst von Radio Beijing in Hindi ausgestrahlt: 1600–1700 Uhr.	
-- 4130 kHz:	Radio Beijing Auslandsdienst; nachmittags mit feeder-Programmen.	
- 4190 kHz:	CPBS Beijing, Minoritäten-Dienst; 2130–2230 in Koreanisch und Mongolisch.	
-o 4220 kHz:	PBS Xinjiang, Mongolisch; 2300–0230 sowie –1700 Uhr, // 5060 kHz; nicht selten.	
- 4250 kHz:	CPBS 2 Beijing; 2100–2330; –1600 Uhr.	
o 4330 kHz:	PBS Xinjiang, Kasachisch; 0000–0230 sowie –1700 Uhr; // 5440 kHz, dort besser zu hören.	
- 4330 kHz:	Vo Strait 2; –1400 Uhr, selten!	
-o 4460 kHz:	CPBS 1 Beijing; 2000–2400 sowie –1730 Uhr; öfters insbesondere abends hörbar.	
o 4500 kHz:	PBS Xinjiang, Chinesischdienst; 2300–0200 sowie –1700 Uhr; häufig zu hören.	
-- 4525 kHz:	PBS Nei Menggu, Mongolisch; ab 2120 sowie bis 1515 Uhr; u.U. inaktiv; hier kommt der Sender aus der UdSSR stärker an.	
-- 4620 kHz:	R. Beijing; Auslandsdienst u.a. in Russisch	
o + 4735 kHz:	PBS Xinjiang, Uighurischdienst; 2300–0200 sowie –1700 Uhr fast täglich hörbar!	
-o 4750 kHz:	PBS Xizang; 2230–0200, –1445 Uhr; mit der Morgensendung bei uns manchmal hörbar.	

- 4750 kHz:	PBS Nei Menggu, Hailar, Mongolisch; 2130–2400 sowie –1500 Uhr; schwächer als Xizang und eigentlich nur hörbar, wenn diese Station nicht sendet.
-o 4760 kHz:	PBS Yunnan; 2150–0100 / –1535 Uhr; bei guten Chinabedingungen ziemlich regelmäßig hörbar.
- 4785 kHz:	PBS Zhejiang; ab 2100 und –1500 Uhr; nicht so häufig hörbar, da die Frequenz meist durch Radio Baku geblockt wird.
- 4800 kHz:	CPBS 2 Beijing; 2230–0200 / –1600 Uhr; nicht so häufig.
o + 4815 kHz:	Radio Beijing; Auslandsdienst in Mongolisch und Russisch zwischen 1200 und 1600 sowie 2200–2400 Uhr.
-o 4840 kHz:	PBS Heilongjiang; ab 2050 und bis 1545 Uhr; öfters sowohl nachmittags als auch abends hörbar.
- 4840 kHz:	Vo Strait 1; 2300–0030 / –1340 Uhr; selten und schwächer als Heilongjiang hörbar.
- 4850 kHz:	CPBS Beijing, Taiwandienst 2; 2100–2330 Uhr; ziemlich selten, da belegte Frequenz.
+ 4865 kHz:	PBS Gansu; 2130–0030 sowie bis 1600 Uhr; im Winter nachmittags und mit der Morgensendung das ganze Jahr über regelmäßig zu hören.
- 4875 kHz:	Voice of Jinling; –1600 Uhr; selten, da Radio Tiflis hier immer stark einfällt.
o + 4883 kHz:	Radio Beijing; Mongolisch/Russisch, // 4815 kHz.
-o 4905 kHz:	CPBS 1 Beijing; 2000–2300 Uhr; früher häufiger hörbar, am besten nach Sendeschluß von Ndjamena.
-o 4915 kHz:	PBS Guangxi 1; ab 2110 / bis 1605 Uhr; bei guten Bedingungen vor allem nachmittags zu empfangen.
- 4925 kHz:	PBS Heilongjiang 2, Chinesisch/Koreanisch; 2100–2330 Uhr, seltener hörbar.
- 4932 kHz:	PBS Sichuan; mit Morgenprogrammen sehr selten hörbar.
- 4940 kHz:	PBS Qinghai; 2200–0030 / –1530 Uhr; selten unter Radio Kiew brauchbar zu empfangen.
- 4950 kHz:	Vo Pujiang; –1545 Uhr, selten in Europa.
-o 4960 kHz:	Radio Beijing; Auslandsdienst in Japanisch 2130–2200 sowie –1530 Uhr.

o	4970 kHz:	PBS Xinjiang, Kasachisch; 0000–0230 / –1700 Uhr; häufiger bei uns hörbar.
-	4975 kHz:	PBS Fujian 1; ab 2050 / bis 1600 Uhr; selten hörbar. Nachmittags wird die Frequenz von Radio Dushanbé aus der UdSSR geblockt.
-o	4980 kHz:	PBS Xinjiang, Mongolischdienst; 2300–0230 / –1700 Uhr; nachts nicht gerade selten.
-	4990 kHz:	PBS Hunan 1; 2100–0100 / –1610 Uhr; mit der Morgensendung bei guten Bedingungen zu empfangen.
-	5010 kHz:	PBS Guangxi 2 in Lokalsprachen; 2130–2400 / –1500 Uhr; seltener.
-	5020 kHz:	PBS Jiangxi; ab 2100 / bis 1500 Uhr; selten.
-o	5030 kHz:	CPBS 2 Beijing und Minoritätenprogramme; 2130–0100 / 1200–1600 Uhr.
-	5040 kHz:	PBS Fujian 1; Sendebeginn um 0000 Uhr, daher kaum hörbar.
-	5050 kHz:	PBS Guangxi, Vietnamesisch; –1600 Uhr; selten.
o +	5060 kHz:	PBS Xinjiang; Mongolisch, 2300–0230 / –1700 Uhr; vor allem die Morgensendung ist gut zu empfangen.
o	5075 kHz:	CPBS 2 Beijing; 2100–0100 / –1600 Uhr.
-o	5090 kHz:	CPBS Beijing, Taiwandienst 2; 2100–0100 / –1600 Uhr; nachmittags bei uns hörbar.
-o	5125 kHz:	CPBS Beijing, Taiwandienst 1; 1400–2330 Uhr.
-	5145 kHz:	Radio Beijing; Auslandsdienst in Mongolisch und Russisch, 1100–1600 Uhr.
-o	5163 kHz:	CPBS 2 Beijing; 2100–2400 / –1600 Uhr.
-	5240 kHz:	Vo Strait 1; –1340 Uhr, daher bei uns selten.
-	5250 kHz:	Radio Beijing; feeder-Frequenz für Auslandsdienst.
-	5295 kHz:	Radio Beijing; nachmittags Auslandsdienst in Chinesisch und verwandten Sprachen.
-o	5320 kHz:	CPBS 1 Beijing; –1730 Uhr.
-	5420 kHz:	CPBS Beijing; Minoritätendienst in Koreanisch und Mongolisch 2130–2230 sowie 1200–1300 Uhr. Abends hörbar.
o +	5440 kHz:	PBS Xinjiang, Kasachisch; 0000–0230 / –1700 Uhr; ziemlich häufig hörbar.
o +	5800 kHz:	PBS Xinjiang, Uighurisch; 2300–0200 / –1700 Uhr.

-o 5850 kHz: Radio Beijing; Auslandsdienst in Mongolisch und Russisch; 1100–1600 Uhr, // 5145 kHz.
-o 5860 kHz: CPBS 1 Beijing; 2000–0100 / –1730 Uhr.
-o 5880 kHz: CPBS 1 Beijing; 2000–2300 / –1730 Uhr.

Von chinesischen Regional-Rundfunkstationen liegen uns nur in Einzelfällen vollständige Anschriften vor. Die Stationen sind aber in der jeweiligen Stadt meist gut bekannt, so daß eine „selbstgestrickte" Anschrift, die Name von Provinz und Provinzhauptstadt enthalten muß, immer ausreicht. Sie kann etwa so aussehen:

> People's Broadcasting Station Xinjiang
> Urumqi
> Xinjiang Province, P.R. of China.

weitere vollständige Adressen:

Chinese People's Broadcasting Station, Xi Chang An Jie 3, Beijing
PBS Gansu, 34 Qingyang Lu, Lanzhou Shi, Gansu
PBS Guangzhou, 686 Renmin Beilu, Guangzhou Shi, Guangdong
PBS Guangxi, Wuyi Lu, Liuzhou Shi, Guangxi
PBS Heilongjiang, Zhongshan Lu, Harbin Shi, Heilongjiang
PBS Jiangxi, 168 Bei Lu, Rui Jin, Nanchang Shi, Jiangxi
PBS Jinling, Box 268, Nanjing, Jiangsu
PBS Liaoning, 4-3 Heping Dajie, Heping Qu, Shengyang Shi, Liaoning
PBS Zhejiang, 17 Pudisi Lu, Hanzhou Shi, Zhejiang
Radio Beijing, Beijing
Voice of Jinling, P.O.Box 268, Nanjing, Jiangsu
Voice of Pujiang, P.O.Box 3064, Shanghai
Voice of the Strait, P.O.Box 187, Fuzhou.

Hongkong

DXer wissen, daß RTV Hongkong seinen Tropenbandsender nur zu Zeiten des South China Sea Yacht Race betreibt. Solange das Rennen läuft – das nächste ist für April 1990 geplant – werden zwischen 2325 und 2340 Uhr Wetterberichte ausgestrahlt.

Tropenbandfrequenz:
-- 3945 kHz: RTV Hongkong; mit Wetter 2325–2340 unter obiger Einschränkung. Empfang in Europa ist uns noch nicht bekanntgeworden.

Adresse: RTV Hongkong, P.O.Box 70200, Kowloon Central Post Office, Hong Kong.

Japan

Nur geringe Möglichkeiten bestehen für den europäischen DXer, japanische Stationen in den Tropenbändern zu empfangen. Zu hören ist mit viel Glück die Station NSB (Nihon Shortwave Broadcasting) – der Sender mit der Ansage „Radio Tanpa" strahlt seine Programme ausschließlich auf Kurzwelle aus. NHK (Nippon Hoso Kyokai), der landesweite Rundfunkdienst, betreibt zwar wenige Tropenbandsender, diese sind jedoch mit einer Leistung von unter einem Kilowatt nur als Notsender vorgesehen.

Tropenbandfrequenzen:
-- 3267 kHz: NHK Fukuoka; Empfangschancen siehe oben...
-- 3277 kHz: NHK Osaka; dito.
-- 3611 kHz: NHK Tokyo; dito.
- 3925 kHz: NSB 1 Tokyo/Sapporo; einige in Europa öfters hörbare japanische Tropenbandstation. Gesendet wird fast rund um die Uhr mit einer Pause von einer Viertelstunde um 2030 Uhr. Zu hören ist NSB bei uns selten in den Abendstunden (gegen 2100 Uhr). Nachmittags belegt AIR Delhi die Frequenz – NSB ist dann nur unter starken Störungen aufzunehmen.
-- 3945 kHz: NSB 2 Tokyo; mit 10 kW Sendeleistung bei uns kaum hörbar; gesendet wird von 2300–1000 Uhr. Empfangschancen bestünden zum Sendebeginn und am Wintermorgen.
-- 3970 kHz: NHK Sapporo; Notsender, nicht hörbar.
-- 3974 kHz: NHK Nagoya; dito.

TNX FR UR QSL

NSB

● 1st Program ● 50KW
JOZ 3.925MHz
JOZ_2 6.055MHz
JOZ_3 9.595MHz
JOZ_4 3.925MHz (10KW)

● 2nd Program ● 10KW
JOZ_5 3.945MHz
JOZ_6 6.115MHz
JOZ_7 9.760MHz

JAPAN

Adressen:

Nihon Shortwave Broadcasting (NSB), 1-9-15 Akasaka, Minato-ku, Tokyo 107
Nippon Hoso Kyokai (NHK), 2-2-1 Jinnan, Shibuya-ku, Tokyo.

Korea (Nord)

Aus der Domokratischen Volksrepublik Korea, dem Lande Kim Il Sungs, sind bei uns einige Tropenbandsender mit Inlandsprogrammen häufiger zu empfangen. Die beiden Sendeanstalten KCBS (Korean Central Broadcasting Station) und Pyongyang Broadcasting Station (PBS) unterstehen dem Ministerium für Post und Telekommunikation in Pyongyang.

Tropenbandfrequenzen:

- -o 2300 kHz: KCBS Hyesan; 2000–1800 Uhr mit Regionalprogrammen von 2230–2300 und 1100–1800 Uhr – sonst Relais KCBS. Im Winter ist die Station vor Sendeschluß häufiger hörbar.
- - 2350 kHz: KCBS Sariwon; Sendezeiten wie oben, aber unregelmäßiger zu hören.
- - 2400 kHz: KCBS Hamhung; Sendezeiten wie 2300 kHz, nicht häufig.
- o 2850 kHz: KCBS Pyongyang; 2000–1800 Uhr; häufig auf störungsfreier Frequenz sowohl am Spätnachmittag als auch abends hörbar.
- - 3221 kHz: KCBS Wonsan; 2000–1800 Uhr mit Regionalprogrammen; selten, stärker gestört.
- - 3250 kHz: PBS / Radio Pyongyang; in Koreanisch und Japanisch mit Auslandsprogrammen und dem Inlandsdienst; 2100–0100 Uhr; 1100–2030 Uhr; selten bei uns hörbar.
- -o 3320 kHz: Pyongyang Broadcasting Station; 2100–1900 Uhr; bei uns häufig bei guten Nordasienbedingungen.
- - 3350 kHz: KCBS Pyongsong; 2000–1800 Uhr, auch Regionalprogramme.
- o 3920 kHz: KCBS Shinuiju; 2000–1800 Uhr mit Regionalprogrammen wie 2300 kHz; dank freier Frequenz häufiger in Europa zu hören.
- - 3960 kHz: KCBS Kanggye; Zeiten wie Shinuiju. Nur selten hörbar, da die Frequenz anderweitig stark belegt wird (Xinjiang).
- - 3980 kHz: KCBS Ch'ongjin; 2000–1800 Uhr; selten.

Empfangsberichte werden von nordkoreanischen Inlandsstationen für gewöhnlich nicht bestätigt.

Adresse: Korean Central Broadcasting Station / Pyongyang Broadcasting Station; Ministry of Posts and Telecommunications, Pyongyang.

Korea (Süd)

KBS, das Korean Broadcasting System, ist der zentrale Rundfunkdienst Südkoreas und strahlt seine Programme vorwiegend im UKW- und Mittelwellenbereich aus. Ein einziger 5-kW-Sender ist im Tropenband aktiv. Empfänge (und Empfangsbestätigungen) zählen hier zu den Raritäten.

Tropenbandfrequenz:
- 3930 kHz: KBS Suwon; 24 h aktiv. Bei uns könnte die Station am ehesten am Abend gegen 2100/2200 Uhr empfangen werden. Auch nachmittags gibt's theoretische Empfangsmöglichkeiten.

Adresse: KBS, 18 Yoido-dong, Yongdungp'o-gu, Seoul 150.

Mongolei

Radio Ulan Bator, der staatliche Rundfunkdienst der Mongolei, betreibt zur Inlandsversorgung eine Reihe von Tropenbandsendern, die bei guten Nordasienbedingungen im Winter vor allem zum Sendebeginn bei uns zu empfangen sind. Nachmittags (Sendeschluß ist bei allen Stationen um 1600 Uhr) sind diese Sender kaum zu hören.

Tropenbandfrequenzen:
- 3960 kHz: Radio Ulan Bator Dalanzadgad; noch am ehesten zum Sendebeginn um 2200 Uhr. Gestörte Frequenz.
o 4080 kHz: Radio Ulan Bator; mit 50 kW Leistung bei guten Bedingungen regelmäßig zum s/on hörbar.
-o 4750 kHz: Radio Ulan Bator, Ulgii; mit 12 kW Leistung von Zeit zu Zeit bei uns hörbar.
- 4832 kHz: Radio Ulan Bator. Altai; nominell 4830 kHz, nur unter Störungen hörbar (auf 4830 kHz sendet Afrique No.1!).
-o 4850 kHz: Radio Ulan Bator; konnte im letzten Winter trotz gestörter Frequenz öfters empfangen werden.
-- 4865 kHz: Radio Ulan Bator, Sainshand; hier dominiert PBS Gansu aus der VR China.
-- 4870 kHz: Radio Ulan Bator, Ulaangom; sehr selten, evtl. inaktiv.
- 4893 kHz: Radio Ulan Bator, Murun; manchmal zu empfangen, wenn nicht auf der Nominalfrequenz 4895 kHz gesendet wird (driftet bis 4900 kHz).
- 4995 kHz: Radio Ulan Bator, Choibalsan; auch der Empfang dieser Station ist nur selten möglich.
Adresse: Radio Ulan Bator, C.P.O.Box 365, Ulan Bator.

Taiwan

Einen einzigen Tropenbandsender betreibt das Central Broadcasting System (CBS) – eine Senderkette, die Programme Richtung Volksrepublik China ausstrahlt. Zur Inlandsversorgung in Taiwan selbst werden ausschließlich Mittelwellen- und UKW-Frequenzen benutzt. WYFR Family Radio, eine christlich-religiöse Station mit Sitz in den USA, benutzt Sender in Taiwan für Programme Richtung Asien – allerdings hauptsächlich auf höheren Frequenzen.

Tropenbandfrequenzen:

-- 3335 kHz: CBS Taipei; 1000–2200 Uhr in Hakka; bei uns sehr selten abends hörbar, also etwa zwischen 2000 und 2200 Uhr.

-- 5275 kHz: WYFR Relais; nachmittags bis 1600 Uhr mit Programmen in Mandarin Richtung Volksrepublik China selten hörbar.

Adressen:

Central Broadcasting System, 55 Pai An Rd, Ta Chih, Taipei 10494.
WYFR Family Radio, 290 Hegenberger Rd, Oakland, CA 94621, USA.

Untergrund

Auch in Ostasien sind einige inoffizielle Rundfunkstationen aktiv. Die hier hörbaren Sender kommen allerdings fast ausschließlich aus der Rundfunkszene der beiden Koreas.

Tropenbandfrequenzen:

- 3480 kHz: Vo National Salvation; 2000–0100 / 1000–1700 Uhr; propagiert die Wiedervereinigung Koreas aus nordkoreanischer Sicht. Dort wird auch der Sendestandort vermutet.

-- 3912 kHz: Vo the People; 2000–2100 / 1500–1600 Uhr; mit vermutetem Standort in Südkorea werden Programme Richtung Norden ausgestrahlt. Bei uns kaum hörbar (BBC Singapore stört).

-- 3985 kHz: Radio Echo of Hope; 2000–2100 / 1400–1700 Uhr; sendet ebenfalls von Anlagen in Südkorea aus Richtung Norden. Bei uns ist auf dieser Frequenz das Schweizer Radio zu hören.

-o 4160 kHz: Echo of the Masses; 2000–2300 und 1100–1400 Uhr; mit der Morgensendung bei uns zu hören. Das Echo der Massen sendet vermutlich aus Nordkorea Richtung Süden, gibt aber vor, die Programme in Südkorea zu produzieren.

- 4450 kHz: Vo National Salvation; 2000–0100 / 1000–1700 Uhr; seit Radio Afghanistan die Frequenz verlassen hat, könnte die Station empfangen werden.
-o 4557 kHz: Vo National Salvation; Sendezeiten wie oben, bei uns hörbar.
- 5885 kHz: Echo of the Masses; 1100–1400 Uhr.

Bekannte Adressen:

Voice of National Salvation, The Front for Saving of the Nation, Kankoku Minzoku Minshu Tensen, 1-2-1 Hirakawa-machi, Chiyota-ku, Tokyo, Japan.

Pazifikempfang im Tropenband

Wirklich nur etwas für Spezialisten ist der Empfang pazifischer Sender in den Tropenbändern der Kurzwelle. Der lange Ausbreitungsweg und die schwache Sendeleistung der meisten Sender lassen diese Stationen bei uns nur als Rarität hörbar werden.

Somit sollte man sich erst dann an Empfangsversuche wagen, wenn man beim Empfang von Sendern aus anderen Weltgegenden genügend Tropenbanderfahrung gesammelt hat. Es ist schon wichtig, sich in diesem Frequenzbereich gut auszukennen, um nicht beim vermeintlichen Empfang von Pazifikstationen auf harmonische Nebenausstrahlungen europäischer Mittelwellensender, schwache kommerzielle Sprechfunkdienste oder einfach andere schwach einfallende Rundfunkstationen hereinzufallen.

Die Hoffnung, man kann im Tropenbandbereich sämtliche unabhängigen Pazifikinseln mit einem leistungsstarken Sender empfangen, trügt leider. Neben den Stationen aus Australien und Papua Neuguinea betreiben lediglich einige wenige Inseln vorwiegend aus dem Westpazifik einen Tropenbandsender – für uns meist unhörbar.

Eine generelle Charakterisierung hier empfangbarer pazifischer Rundfunkstationen fällt schwer. Im Grunde genommen tut sich uns hier eine Rundfunkszene auf, die der asiatischen vergleichbar ist. Staatliche oder unter öffentlicher Aufsicht stehende Sender beherrschen das Bild, Privatsender sind bei uns nicht hörbar. Neben zentralen Rundfunkstationen wie etwa FR3 Nouméa aus Neukaledonien hören wir (hoffentlich!) z.B. aus Papua-Neuguinea dezentral organisierte Tropenbandstationen, deren Standorte über die gesamte Inselrepublik verteilt sind.

Wann kann man pazifische Sender bei uns in den Tropenbändern empfangen?

Beste Zeit für Pazifik-DX sind die Tage bzw. Wochen um die Wintersonnenwende. Zum einsetzenden Nachmittag liegt dann bereits der gesamte Ausbreitungsweg etwa zwischen Papua Neuguinea und Europa im Dunkelbereich bzw. in der Dämmerungszone. Mit ersten Empfängen pazifischer Stationen kann dann bereits gegen 1300 Uhr Weltzeit gerechnet werden – das ist leider genau die Zeit des Sendeschlusses einiger Stationen aus Papua Neuguinea. Früher konnten die Sender im 60-Meterband um diese Jahreszeit besonders in Norddeutschland bis zum Sendeschluß um 1400 Uhr UTC manchmal empfangen werden.

Die zweite Empfangsmöglichkeit bietet sich im Dezember und Januar am Abend ab Sendebeginn der Stationen bis zum Beginn der Morgendämmerung im Sendegebiet. Erste Empfänge könnten bereits um 1800 Uhr erfolgen (pazifische Inseln); ab 1900 Uhr könnten australische Stationen empfangen werden, bis etwa 2100 Uhr Weltzeit werden eventuell Sender aus Papua Neuguinea gehört. Auch der Ausbreitungsweg für dieses

„Fenster" verläuft über den asiatischen Kontinent; die Signale werden aber kurz vor fade-out am besten sein (Grey-Line-DX).

Die letzte Möglichkeit, pazifische Stationen im Winter zu empfangen, ist nur kurz und auf die Zeit von etwa 0700 bis 0800 Uhr beschränkt. Bei uns herrscht um diese Zeit Morgendämmerung, im pazifischen Raum beginnt bereits die Abenddämmerung. Echtes Grey-Line-DX ist also möglich, und zwar verläuft der Ausbreitungsweg dabei wohl über Nordsibirien hinweg an der Dämmerungslinie. Der „lange Weg" über den amerikanischen Kontinent wäre prinzipiell um diese Zeit auch offen, ist aber länger und damit für Empfänge weniger prädestiniert.

Während der Pazifik-Empfang am Nachmittag und in den hiesigen Morgenstunden auf die Zeit um die Jahreswende beschränkt ist, kann in den Abendstunden theoretisch auch zu anderen Jahreszeiten mit Pazifik-Empfängen gerechnet werden. Der Ausbreitungsweg über Asien hinweg liegt gegen 2000 Uhr das ganze Jahr über im Dunkelbereich, jedoch sind Empfänge pazifischer Stationen zu anderen Jahreszeiten als im Winter eher selten zu verzeichnen. Noch am ehesten bestehen zur Sommer-Sonnenwende Möglichkeiten. Im Juni und Juli könnte nämlich zwischen 2000 und 2100 Uhr Weltzeit wieder die Dämmerungslinie für Pazifikempfang genutzt werden. Während bei uns um diese Zeit Abenddämmerung herrscht oder die Dunkelheit schon hereingebrochen ist, geht in Australien zu dieser Zeit die Sonne auf – der mögliche Ausbreitungsweg kann sich auf einem großen Teil die Grey Line und die damit verbundenen besseren Möglichkeiten zunutze machen. Tatsächlich sind im letzten Sommer verschiedentlich die australischen Sender im 120-Meterband gemeldet worden; der Empfang von Stationen aus Papua ist uns um diese Jahreszeit hingegen noch nicht bekannt geworden.

Daß Stationen aus dieser Weltregion trotz allem im Winter häufiger als im Sommer zu empfangen sind, liegt vermutlich an den stärkeren atmosphärischen Störungen, denen das Signal auf seinem Weg nach Europa im Sommer ausgesetzt ist. Ohne „Hilfe" durch die Dämmerungslinie ist der Empfang sehr schwierig – somit erscheint er zu Zeiten der Tag-Nacht-Gleiche im März und September noch am unwahrscheinlichsten.

Um nochmals zu relativieren: daß überhaupt Empfang von Pazifikstationen bei uns möglich wird, erfordert neben Geduld ausnahmslos einen guten Empfänger mit leistungsfähiger Antenne, Erfahrung und vor allem sehr gute Bedingungen. Im Winter 88/89 konnten kaum Pazifikempfänge in Europa verzeichnet werden; die Sonnenfleckenaktivität war zu hoch – und damit Dämpfung und Empfangsstörungen im uns interessierenden Frequenzbereich.

Wegen der geringen Zahl hier hörbarer Stationen verzichten wir auf eine umfangreiche Nennung von Indikatorstationen. ABC Brisbane (Australien) auf 4920 kHz mag einen Anhaltspunkt dafür abgeben, ob weitere Sender aus Australien und Papua Neuguinea bei uns erwartet werden können – der Empfang von Sendern von anderen Pazifikinseln ist ohnehin Glückssache.

Hörbare Stationen aus dem Pazifik

Es folgt eine Übersicht über die unserer Meinung nach noch am ehesten hörbaren Tropenbandstationen aus dem pazifischen Raum.

Die angegebenen Zeiten beziehen sich auf Weltzeit – also GMT / UTC. Zur Umrechnung:

2000 Uhr Weltzeit = 2100 Uhr MEZ = 2200 Uhr MESZ.

Vor den aufgelisteten Tropenbandfrequenzen befindet sich eine Angabe über die Hörbarkeit der betreffenden Station in Mitteleuropa. Dabei bedeuten

+	gut und regelmäßig hörbar (...)
o	öfters hörbar (...)
-	selten bei guten Bedingungen hörbar
--	äußerst selten hörbar
i	inaktiv.

Australien

Zur Versorgung des fünften Kontinents mit Inlandsprogrammen sind nach wie vor Tropenbandsender im Einsatz. Insbesondere die Hörer in den inneren Landesteilen Australiens sind teilweise auf Tropenbandfrequenzen für die Rundfunkversorgung angewiesen. Vor einigen Jahren eröffnete die Central Australian Aboriginal Media Association (CAAMA) drei neue 50-kW-Sender, die gemeinsam mit ABC, der australischen Rundfunkgesellschaft, als Northern Territories Shortwave Service betrieben werden. Die CAAMA strahlt Programme in Englisch und Lokalsprachen aus, die insbesondere für die australischen Ureinwohner bestimmt sind.

Tropenbandfrequenzen:

-o 2310 kHz: ABC/CAAMA Alice Springs; der Sender wird von 0830–2130 Uhr benutzt und ist bei sehr guten Bedingungen zwischen 1930 Uhr und Sendeschluß (der im Sommer um 2230 Uhr liegen kann) bei uns hörbar. Programme der CAAMA kommen mo–do von 1930–2030 und von 2050–2145 Uhr.

- 2325 kHz: ABC/CAAMA Katherine; Sendezeiten wie oben, etwas seltener, aber hörbar.
- 2485 kHz: ABC/CAAMA Tennant Creek; Sendezeiten und Empfangschancen wie oben.
- 4835 kHz: ABC/CAAMA Alice Springs; die Frequenz wird zwischen 2130 und 0830 Uhr benutzt und konnte bei uns im Winter gegen 2130 Uhr beobachtet werden. Um diese Zeit ist auch Mali auf dieser Frequenz.
-- 4910 kHz: ABC/CAAMA Tennant Creek; siehe 4835 kHz. Konnte bei uns noch nicht empfangen werden; Chancen bestünden zum Sendebeginn gegen 2130 Uhr.
-o 4920 kHz: ABC Brisbane; die Station soll 24 Stunden auf dieser Frequenz aktiv sein. Zu hören manchmal an Winternachmittagen bei fade-in gegen 1300 Uhr; wird bei guten Bedingungen an Winterabenden ziemlich regelmäßig ab 1900 Uhr hörbar. Der Morgenempfang gegen 0730 Uhr ist hier die Ausnahme, aber möglich (Mittwinter!).
-- 5025 kHz: ABC/CAAMA Katherine; konnte bei uns im Winter gegen 2130 Uhr empfangen werden.

Adressen:

ABC Brisbane, Box 9994, Brisbane Qld 4001
ABC Darwin, Box 9994, Darwin NT 5750 (Adresse für ABC-Sendungen
  über den Northern Territories SW Sercive)
CAAMA Radio, P.O.Box 2924, Alice Springs, NT 5740.

Marshall-Inseln

Der Empfang des Regierungs-Kommerzsenders WSZO Majuro von dieser Inselgruppe im Westpazifik bleibt Mitteleuropäern wohl vorenthalten.

Tropenbandfrequenz:

-- 4945 kHz: WSZO Majuro; die Frequenz wird nur von 0530–1000 Uhr benutzt. In Frage käme ein Empfang bei uns somit nur im Mittwinter morgens – und zu dieser Zeit ist CARACOL Bogotá auf der gleichen Frequenz viel stärker. Eventuell inaktiv, Antennenprobleme.

Adresse (für Empfangsberichte...):

Radio WSZO, Dept. of Interior and Outer Island Affairs, Majuro, Marshall Islands 96960, US Pacific Territories.

Neukaledonien

In den siebziger Jahren konnte der Tropenbandsender von RFO Nouméa (Radio France d'Outre-mèr) einige Male in Europa empfangen werden. In den letzten Jahren sind Empfangsmeldungen der 20-kW-Station jedoch sehr rar geworden.

Tropenbandfrequenz:

-- 3355 kHz: RFO Nouméa; 24 h „on the air". Bei uns bestehen am ehesten im Winter nachmittags Empfangschancen (fade-in!). Abendempfang ist uns noch nicht bekanntgeworden.

Adresse: RFO Nouméa, B.P. G3, Nouméa Cedéx.

Papua Neuguinea

Eine größere Zahl von Tropenbandstationen gewährleistet noch keinen guten Empfang von Signalen aus Papua Neuguinea in Europa. Übers Land verteilt sind in PNG zahlreiche Lokalstationen aktiv, die in Regionalsprachen, Melanesisch, Pidgin und in Ausnahmefällen Englisch die Hauptlast der Landes-Rundfunkversorgung tragen. Es existiert zwar auch ein zentraler Dienst mit Standort Port Moresby (der in vergangenen Jahren häufiger empfangen werden konnte); jedoch ist dessen Kurzwellen-Aktivität in letzter Zeit stark von der Findigkeit der Techniker abhängig. Neue Sender sind aber auch für den Zentralrundfunk in Sicht, nachdem Ende 1988 einige Regionalstationen auf 10 kW Sendeleistung „hochgerüstet" wurden.

Empfangschancen für die genannten Stationen bestehen im Moment eigentlich nur um die Jahreswende zwischen 1930 und 2030 Uhr. Morgens sind die Regionalstationen nicht zu erwarten, und nachmittags ist bereits um 1300 Uhr Sendeschluß – zu früh für uns.

Übrigens ist bei Drucklegung unseres Buches nicht bekannt, ob inzwischen die bei einigen Stationen für Ende 1988 angekündigten Frequenzwechsel durchgeführt worden sind. Sicherheitshalber nennen wir die alten Frequenzen in Klammern.

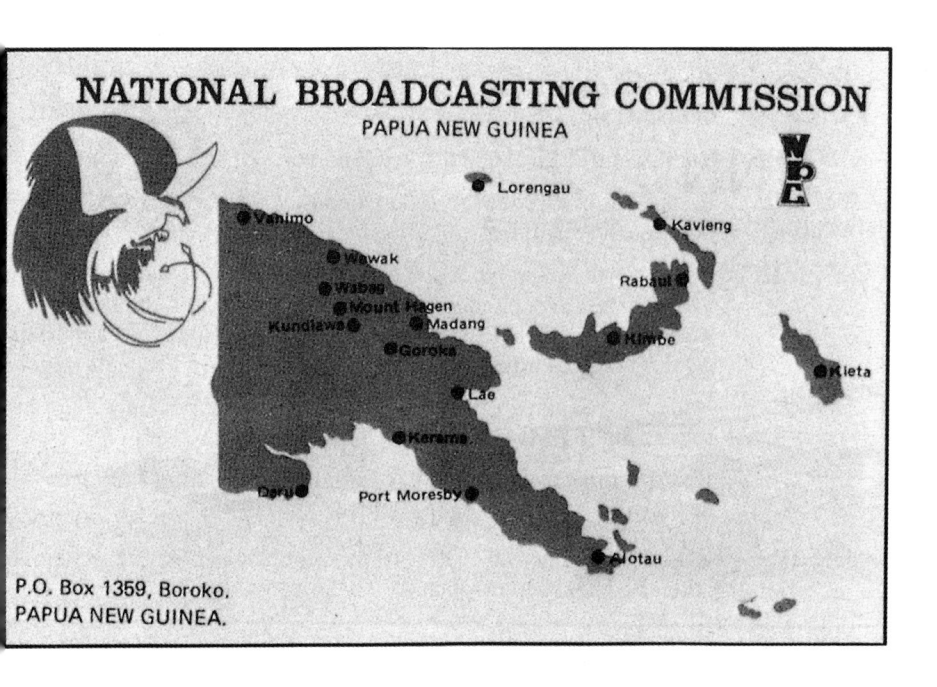

Tropenbandfrequenzen:

-- 2410 kHz: Radio Enga; wie alle 120-Meter-Stationen aus PNG bei uns kaum hörbar. Sendebeginn um 1945 Uhr.

-- 2435 kHz: Radio West New Britain (ex 3235 kHz); Sendebeginn schon um 1900 Uhr.

-- 2450 kHz: Radio Western Highlands (ex 3375 kHz); beginnt um 1945 Uhr und war in guten Jahren im 90-Meterband sehr selten hörbar.

-- 2465 kHz: Radio Manus (ex 3315 kHz). Die Station auf der nördlich der Hauptinsel gelegenen Insel Manus beginnt ihre Sendungen bereits um 1845 Uhr.

-- 2490 kHz: Radio Simbu (ex 3355 kHz); beginnt um 1945 Uhr.

-- 3205 kHz: Radio West Sepik; sendet morgens nur von 1930–2000 Uhr; hier kaum hörbar.

-- 3220 kHz: Radio Morobe; startet um 1930 Uhr; sehr selten.

-- 3245 kHz: Radio Gulf; ab 1900 Uhr – sehr selten.

-- 3260 kHz: Radio Madang; ab 2000 Uhr – ein Empfang ist uns noch nicht bekannt geworden.

-- 3275 kHz: Radio Southern Highlands; die Station aus Mendi sendet ab 2000 Uhr für die nähere Umgebung.

-- 3290 kHz: Radio Central; ab 2000 Uhr, kaum hörbar.

-- 3305 kHz: Radio Western; sendet ab 1930 Uhr aus dem südwestlichen Landesteil Neuguineas.

- 3320 kHz: Radio North Solomons (ex 3325 kHz). Die Station (Sendebeginn um 1900 Uhr) ist in den letzten Jahren mehrfach bei uns empfangen worden. Auf 3320 kHz ist allerdings gerade im Winter Verwechslungsgefahr mit der nordkoreanischen Station auf dieser Frequenz gegeben.

- 3335 kHz: Radio East Sepik; ab 1945 Uhr, in den letzten Jahren am wenigsten seltene Station aus PNG auf den Tropenbändern.

-- 3345 kHz: Radio Northern – mit nur 2 kW Leistung auf gestörter Frequenz kaum bei uns zu empfangen. Sendebeginn: 1930 Uhr.

-- 3365 kHz: Radio Milne Bay – ab 1930 Uhr; der Empfang der Station ist bei sehr guten Bedingungen möglich.

-- 3380 kHz: Radio East New Britain (ex 3385 kHz), sendet von 1900–2130 Uhr; könnte gehört werden.

-- 3395 kHz:	Radio Eastern Highlands. Beginnt erst um 2000 Uhr; der Empfang erscheint unwahrscheinlich.
-- 3905 kHz:	Radio New Ireland. Die Station von der Nordspitze Neu-Irlands sendet leider nur mit 2 kW. So ist die Chance gering, den Sender ab 2000 Uhr zu empfangen.
i 3925 kHz:	NBC Port Moresby. Früher war der 10-kW-Sender ein guter Indikator für PNG-Empfangsmöglichkeiten auf 90 Meter und kam jeden Winter mehrmals in Europa an. Derzeit wegen Ersatzteilmangel inaktiv.
-- 4890 kHz:	NBC Port Moresby. Hier wird ein provisorischer 2-kW-Sender eingesetzt, um den Tropenbandbetrieb des zentralen Rundfunkdienstes aus Papua aufrechtzuerhalten. Die Station ist durch die geringe Leistung bei uns kaum zu erwarten. Gesendet wird ab 1930 Uhr, der Sendeschluß soll noch um 1400 Uhr liegen. Die Frequenz wird abends von ORTS Dakar aus dem Senegal mitbenutzt!

Adressen:

NBC Port Moresby, P.O.Box 1359, Boroko
Radio Central, P.O.Box 1359, Boroko
Radio East New Britain, P.O.Box 393, Rabaul
Radio East Sepik, P.O.Box 65, Wewak
Radio Eastern Highlands, P.O.Box 311, Goroka
Radio Enga, P.O.Box 196, Wabag
Radio Gulf, P.O.Box 36, Kerema
Radio Madang, P.O.Box 2036, Madang
Radio Milne Bay, P.O.Box 111, Alotau
Radio Morobe, P.O.Box 1262, Lae
Radio New Ireland, P.O.Box 140, Kavieng
Radio Northern, P.O.Box 137, Popondetta
Radio North Solomons, P.O.Box 35, Kieta
Radio Simbu, P.O.Box 228, Kundiawa
Radio Southern Highlands, P.O.Box 104, Mendi
Radio Western, P.O.Box 23, Daru
Radio Western Highlands, P.O.Box 311, Mt Hagen
Radio West New Britain, P.O.Box 142, Kimbe
Radio West Sepik, P.O.Box 37, Vanimo.

Salomonen

DXer's Traum ist der Empfang der Solomon Islands Broadcasting Corporation.

Tropenbandfrequenz:

-- 5020 kHz: SIBC Honiara; Sendebeginn ist morgens um 1900 Uhr. Um diese Zeit bestehen noch am ehesten Empfangschancen; in den Morgenstunden ab 0730 Uhr ist im Winter über die Grey Line theoretisch Empfang möglich. Abends ist ORTN Niamey aus dem Niger oft stärker.

Adresse: SIBC, P.O.Box 654, Honiara.

Vanuatu

Leser des Jahrbuches „Sender & Frequenzen" wissen bereits, daß Vanuatu eine Inselgruppe zwischen Neukaledonien und den Salomonen ist. Radio Vanuatu, der Regierungssender aus Port Vila, sendet mit 10 kW und kann auf einer freien Frequenz manchmal bei uns in Bislama, Englisch und Französisch gehört werden.

Tropenbandfrequenz:

- 3945 kHz: Radio Vanuatu; Sendebeginn ist um 1900 Uhr. Bei sehr guten Bedingungen im Mittwinter sowohl um diese Zeit – bis etwa 2000 Uhr – sowie morgens zwischen 0730 und 0830 Uhr hörbar.

Adresse: Radio Vanuatu, P.O.Box 49, Port Vila.

Tropenbandempfang aus der UdSSR

Ein Kapitel für sich ist in diesem Buch der Empfang von Tropenbandstationen aus der UdSSR. Im flächenmäßig größten Staat der Erde sind eine Reihe von Kurzwellensendern in den Tropenbändern aktiv und natürlich bei uns gut zu empfangen. Die meisten dieser Sender haben ihre Standorte in den asiatischen Unionsrepubliken und übertragen die örtlichen Heimdienstprogramme – jede Unionsrepublik verfügt über eine oder mehrere eigene Rundfunkstationen. Daneben werden auf einigen Frequenzen die zentralen Inlandsprogramme aus Moskau übertragen. Kurze lokale Einblendungen gewährleisten dabei auch den Empfang von Sendungen kleinerer Regionalstudios. UdSSR-DX ist also ein Feld, das Anfängern (wegen der guten Hörbarkeit der meisten Stationen) und Spezialisten (wegen dem möglichen Empfang mancher „exotischen" Regionalsendung) gleichermaßen etwas bietet.

Neben den Inlandsdiensten sind aus der UdSSR auch Auslandsprogramme auf den Tropenbändern zu hören. Hat man für die Ausstrahlungen etwa von Radio Yerewan für den Nahen und Mittleren Osten noch Verständnis, kann man sich über die Benutzung von Tropenbandfrequenzen durch den zentralen Auslandsdienst Radio Moskau manchmal ärgern. In den letzten Jahren werden Europa- und Überseedienste aus Moskau verstärkt vor allem in der Wintersendeperiode im Tropenband ausgestrahlt, zum Teil auf Frequenzen, auf denen somit manche seltene DX-Station ungehört bleiben muß. Radio Moskau hingegen ist auch auf anderen Wellenbereichen in zufriedenstellender Qualität zu empfangen.

Zu den Ausbreitungsbedingungen für UdSSR-Stationen im Tropenband gilt im wesentlichen das für Asienempfang bereits Gesagte. Die Empfangsmöglichkeiten sind im Winter am besten, wenn die ersten Stationen bereits am frühen Nachmittag empfangen werden können. Bis zum Einsetzen der Morgendämmerung in der Weltregion des Senders sind somit Empfänge möglich – dabei ist klar, daß weiter östlich gelegene Stationen eher fade-out haben als westlichere Sender. Hingewiesen sei noch auf die winterlichen Möglichkeiten, Stationen aus dem äußersten Osten der UdSSR manchmal mit erstaunlich ordentlichen Signalen entlang der Dämmerungslinie zu empfangen. Mögliche Empfangszeit ist hierbei etwa 0700–0800 Uhr Weltzeit.

Wer sich die Mühe macht und einen Empfangsbericht an kleine sowjetische Stationen schickt, wird übrigens oft nicht mit einer Antwort belohnt. Während von einigen Sendern, die auch Auslandssendungen ausstrahlen, QSLs keine Seltenheit sind, sind einige Stationen als Nichtbestätiger bekannt. Ausnahmen bestätigen allerdings die Regel – und ein Bericht in russischer Sprache (Vordruck...) hat schon manchmal Wunder bewirkt.

Nachfolgend nun eine Übersicht über hier hörbare Sendefrequenzen sowjetischer Sender. Alle genannten Zeiten beziehen sich wieder auf Weltzeit (UTC).

Tropenbandfrequenzen:

-- 3995 kHz: Khaborovsk; Relais Moskau 2 (M2); –1700 Uhr; hier ist kaum Empfang möglich, da RAI Rom auf dieser Frequenz dominiert.

-o 4010 kHz: R. Frunze; 1. Programm zwischen 0000 und 2000 Uhr. Lokalprogramme kommen nachmittags zwischen 1415 und 1600 Uhr bzw. 1630–1730 Uhr. Die Station ist jedoch nach Sendebeginn einfacher zu hören.

-- 4025 kHz: Radio Moskau via Vladivostok; im Winter in Chinesisch und Koreanisch –1500 Uhr; selten!

- 4030 kHz: Radio Anadyr; 1500–1400 Uhr Moskau 1&2-Relais sowie Lokalprogramme (u.a. 1830–2000, wochentags 2215–1300 Uhr). Die Station von der Pazifikküste Sibiriens ist vielleicht am Wintermorgen hörbar.

-o 4040 kHz: Radio Yerewan; 1. Programm, 0200–2200 Uhr.

-- 4040 kHz: RM2 Vladivostok; 0500–0400 Uhr.

o + 4045 kHz: R. Moskau; Auslandsdienst in Polnisch 1600–2230 Uhr, Winter.

-o 4050 kHz: R. Frunze 2; 0000–2000 Uhr mit Lokalprogrammen etwa um 0100–0200, oder 1315–1500 (mo–fr). Dienstags kommt hier um 0130 Uhr ein Deutschprogramm.

- 4055 kHz: RM 1/2, Chita; 1400–2100 Uhr.

+ 4060 kHz: Radio Moskau; Winterfrequenz für Auslandsdienst von 0430–0630 und 1400–2300 Uhr.

- 4395 kHz: RM2/3, Yakutsk; die Station aus Sibirien überträgt die Inlandsprogramme aus Moskau zwischen 2200 und 1600 Uhr.

-o 4485 kHz: Radio Ufa; 0200–1800 Uhr Zentralprogramm aus Moskau mit lokalen Einblendungen u.a. von 0200–0330 und 1200–1600 Uhr (mo–fr). Häufiger als

-- 4485 kHz: Radio Petropavlovsk. 1700–1600 Uhr mit M1, M2 und Lokalprogrammen (u.a. 1825–1900, 1930–2000, 0735–0815 Uhr). Der Empfang der Station aus Kamtschatka könnte im Winter morgens möglich werden.

- 4520 kHz: RM2 Khanty-Mansiysk; 0000–2000 Uhr.

o 4610 kHz:	Radio Alma Ata 1, 0000–1930 Uhr mit Programmen in Russisch und Kasachisch sowie M1-Relais.
- 4610 kHz:	Radio Khaborovsk; 2000–1400 Uhr Relais M1 sowie lokal 2030–2100, 2140–2200, 2230–2300, 2315–2400 Uhr. Zu hören vielleicht, falls Alma Ata die Frequenz nicht benutzt, also zwischen 2000 und 0000 Uhr.
o + 4635 kHz:	Radio Dushanbé 1: 0000–2000 Uhr mit häufigen Regionalsendungen und M1-Relais. Sehr häufig, freie Frequenz.
o 4785 kHz:	Radio Baku 1; 0200–2200 Uhr; nachmittags/abends unter Störungen häufig hörbar.
+ 4795 kHz:	Radio Moskau; im Winter 1700–2300 Uhr mit Auslandsprogrammen.
- 4795 kHz:	Radio Ulan Ude; 2200–1700 Uhr, Relais M1 mit Lokaleinblendungen u.a. von 2215–2300 und 2315–2330. Bei guten Nordasienbedingungen nach Sendebeginn hörbar, falls Radio Moskau die Frequenz nicht belegt.
-- 4800 kHz:	Radio Yakutsk; 2000–1600 Uhr mit M1 und Lokalprogrammen zwischen 2120–2140, 2230–2300, 2330–2400 Uhr; am ehesten am Wintermorgen gegen 0700 Uhr; sehr selten.
o 4810 kHz:	Radio Yerewan; 0200–1300 Uhr M1; 1300–2100 Uhr eigenes zweites Programm – häufig zu hören.
-o 4820 kHz:	Radio Khanty-Mansiysk; 0000–2000 Uhr M1 / Lokal (so z.B. 0130–0200, 0215–0300, 1400–1445 Uhr). Auch Programmübernahmen aus Tyumen.
o 4825 kHz:	Radio Aschkhabad; 0000–2000 Uhr mit M1 und Lokalprogrammen (0030–0100, 0115–0200, 1615–1900 Uhr). Häufig.
-- 4825 kHz:	Radio Yakutsk; 2000–1600 Uhr M1 und lokal; zu normalen Zeiten ist Aschkhabad viel stärker, aber vielleicht bestehen am Wintermorgen Empfangsmöglichkeiten.
o 4850 kHz:	Radio Taschkent 2; 0000–1800 Uhr mit vereinzelten M1-Relais; hier v.a. nachmittags oft hörbar.
+ 4860 kHz:	Radio Moskau; 0400–0630, 1330–2100 Uhr M1/M2/M3, auch Relais des Auslandsdienstes in den Abend- und Nachtstunden (Winter).
-- 4860 kHz:	Radio Chita, 2000–1600 Uhr M1 und lokal; meist unhörbar – s.o.
o 4875 kHz:	Radio Tbilisi 2; 0200–2100 Uhr; nachmittags/abends regelmäßig mit M2 und Lokalprogrammen.
+ 4895 kHz:	Radio Moskau; Auslandsdienst im Winter 0600–2230 / 2300–0400 Uhr.

-o 4895 kHz:	Radio Tyumen; 0000–2000 Uhr Relais M1 und Lokalprogramme (u.a. 0230–0300, 1445–1600 Uhr). Nachmittags im Winter zu empfangen.
- 4920 kHz:	Radio Yakutsk; 2000–1600 Uhr mit M1 und Lokalprogrammen. Wird bei uns manchmal am Wintermorgen gegen 0700 Uhr gemeldet. Bei guten Nordasienbedingungen ist vor Mitternacht ebenfalls Empfang möglich.
o 4930 kHz:	M2 Aschkhabad; M2-Relais zwischen 2350 und 2300 Uhr – das Programm wird auf gleicher Frequenz auch aus Tiflis übertragen.
+ 4940 kHz:	Radio Kiew 2; sicher die erste Station fast jeden Tropenband-Neulings. Immer gut zu hören, wenn gesendet wird und es dunkel ist. Aktiv 0245–0145 Uhr.
-- 4940 kHz:	Radio Yakutsk; M1/local; Frequenz wird nur im Winter eingesetzt und ist hier kaum hörbar – s.o.
o 4958 kHz:	Radio Baku 2; 0200–2200 Uhr. Häufig.
o 4975 kHz:	Radio Dushanbé 2; 0000–1300 Uhr mit Inlands- und 1300–1900 Uhr mit Auslandsdienst für die nähere Umgebung.
o 4990 kHz:	Radio Yerewan; Inlandsprogramm zwschen 0200 und 1630; Auslandsprogramme in Armenisch, Türkisch, Farsi und Arabisch –2100 Uhr. Täglich abends hörbar.
o 5015 kHz:	Radio Arkhangelsk; 0200–2200 Uhr mit M2 und Lokalprogrammen (u.a. 0315–0415, mo/mi/fr 1620–1700 Uhr); nicht selten abends. Nicht zu verwechseln mit
-- 5015 kHz:	Radio Vladivostok; 1700–1600 Uhr mit M1/M2 und Lokalprogrammen. Selbst an Wintermorgen kaum zu erwarten, da auch Arkhangelsk auf diesem Ausbreitungsweg liegt.
- 5015 kHz:	RM1 Aschkhabad; soll auch auf dieser Frequenz senden: 0000–2000 Uhr.
o + 5035 kHz:	Radio Alma Ata 2; 2230–1800 Uhr mit Übertragungen des Auslandsdienstes. Früher wurde über diesen Sender auch das chinesischsprachige Programm von Radio Frieden & Fortschritt ausgestrahlt.
- 5035 kHz:	RM3 Unk; schwach zu hören, 0300–2100 Uhr.
o 5040 kHz:	Radio Tbilisi 1; 0200–2105 Uhr; im Winter nachmittags regelmäßig.
-o 5055 kHz:	RM3; 0400–2100 Uhr, zeitweilig auch nachts.

o 5260 kHz: Radio Alma Ata 2; 0000–1800 Uhr; zum Sendebeginn und nachmittags auf ziemlich ungestörter Frequenz gut zu hören.

o 5290 kHz: Radio Krasnoyarsk; 2200–1800 Uhr mit Relais M1 und Lokalprogrammen u.a. von 2340–2400 und 0050–0100 Uhr.

Adressen:

Radio Alma Ata, Ul. Mira 175-a, 580 013 Alma Ata, Kasachische SSR.
Radio Arkhangelsk, Ul. Popova 2, Arkhangelsk, RSFSR.
Radio Aschkhabad, Kurortnaya 111, 744 024 Aschkhabad, Turkmenische SSR.
Radio Baku, Ul. M.Guzeina 1, 370 011 Baku, Aserbaidschanische SSR.
Radio Chita, Box 45, 672090 Chita, RSFSR.
Radio Dushanbé, Ul. Chapaeva 25, 734 025 Dushanbé, Taschikische SSR.
Radio Frunze, Pr. Molodoy Gavardii 63, 720885 Frunze 10, Kirgisische SSR.
Radio Khanty-Mansiysk, Ul. Mira 7, 626200 Khanty-Mansiysk, RSFSR.
Radio Kiew, 26 Kreshchatik Ave, 252001 Kiew, Ukrainische SSR.
Radio Krasnoyarsk, Sowjetskaya 128, 660 001 Krasnoyarsk, RSFSR.
Radio Moskau, Moskau, UdSSR.
Radio Petropavlovsk-Kamchatskiy, Nikolskaya Sopka, 683000 Petropavlovsk-Kamchatskiy, RSFSR.
Radio Taschkent, 49 Khorezm Street, 700 000 Taschkent, Usbekische SSR.
Radio Tbilisi, Ul. Lenin 68, 380015 Tbilisi, Georgische SSR.
Radio Tyumen, Telecenter, Permyakova 6, 625035 Tyumen, RSFSR.
Radio Ufa, Ul. GHafuri 9, 450076 Ufa, RSFSR.
Radio Ulan Ude, Ul. Erbanova 7, 670000 Ulan Ude, RSFSR.
Radio Vladivostok, Ul. Uborevitsa 20-A, 690000 Vladivostok-Central, RSFSR.
Radio Yakutsk, Ordzhonikidze 48, 677892 Yakutsk, RSFSR.
Radio Yerewan, 5 Mravian Stree, 375000 Yerewan, Armenische SSR.

Tropenbandempfang aus Europa und Nordamerika

Zwar gehört Europa nicht zur Tropenzone, dennoch gibt es einige Rundfunkstationen, die in dem uns interessierenden Frequenzbereich aktiv sind und hier nicht verschwiegen werden sollen. Dabei handelt es sich im wesentlichen um Sender, die – erlaubterweise – Frequenzen im 75-m-Rundfunkband benutzen. Nur wenige europäische Stationen senden auf 90 oder 60 Meter.

Wir werden nachfolgend nicht hinweisen auf Stationen, deren harmonische Nebenausstrahlungen von ihren Mittelwellensendern im Tropenbandbereich auf einer Vielfachen der ursprünglichen Sendefrequenz zu empfangen sind. Zum einen sind diese Empfangsmöglichkeiten stark abhängig vom Standort von Hörer und Sender, zum anderen ändert sich die „Szene" ständig, denn ab und zu werden nicht optimal abgestimmte Mittelwellensender doch technisch optimiert, so daß die Sendestärke der „Harmonischen" auf ein Mindestmaß zurückgeht. Für uns ist interessant zu wissen, daß auf Vielfachen der jeweiligen Mittelwellenfrequenz manchmal Stationen bei uns zu empfangen sind, die im Tropenband eigentlich nichts zu suchen haben.

Europäische Stationen können im Tropenbandbereich bei Dämmerung und Dunkelheit gut empfangen werden. In der näheren Umgebung des Sendestandortes sind diese Sender natürlich auch tagsüber hörbar, so daß der Empfang der nachfolgend aufgeführten Stationen im Regelfall nicht allzu schwierig sein wird.

Tropenbandfrequenzen:

o 3375 kHz: AUT Schulungssender des Österreichischen Bundesheeres; mit Informations- und Unterhaltungsprogrammen für den Bundesheer-Soldaten mo–fr von 0830–1430 Uhr zu empfangen. Dienstags wird bis 1830 Uhr gesendet.

+ 3955 kHz: G BBC London; 0300–0730 und 1600–2315 Uhr mit World Service-Programmen.

o + 3960 kHz: D R. Liberty; im Sommer in Russisch zwischen 2100 und 0700 Uhr.

o 3965 kHz: F RFI Paris; in den Abend- und Nachtstunden (1700–0900 Uhr) mit Weltdienst-Programmen in Französisch und Englisch.

o + 3970 kHz:	D		R. Free Europe; 2100–2400 und 0200–0500 Uhr im Sommer in Tschechisch, Slowakisch und Rumänisch.
+ 3975 kHz:	G		BBC London; morgens und abends mit Auslandsdienstprogrammen in verschiedenen europäischen Sprachen. Im Winter u.a. in Deutsch 1830–2000 Uhr.
o + 3980 kHz:	D		Voice of America, Relais München; 0300–0700 und 1700–2400 Uhr mit Programmen in osteuropäischen Sprachen sowie (morgens) Englisch.
+ 3985 kHz:	SUI		Schweizer Radio International; die Frequenz wird zwischen 0600–1100 und 1330–2045 Uhr für den Europadienst eingesetzt. Von 2100–2300 Uhr werden Programme von Radio Beijing im Relais übertragen.
o + 3990 kHz:	D		Radio Free Europe; im Sommer in Polnisch 0300–0500 und 2100–2300 Uhr.
o + 3995 kHz:	D		Deutsche Welle Jülich; der 100-kW-Sender wird während der Dunkelheit fürs Deutschprogramm für Europa eingesetzt.
o 3995 kHz:	I		RAI Rom; Relais des Inlandsdienstes Radiotre zwischen 1400 und 2300 Uhr; zu hören, wenn die Deutsche Welle die Frequenz nicht benutzt.
-- 3999 kHz:	GRL		Kalaallit Nunaata Radioa; der Inlandsdienst aus Grönland hat zwar mit Europa geographisch ziemlich wenig zu tun, nimmt aber als einzige nordamerikanische Tropenband-Rundfunkstation eine Sonderstellung ein. Gesendet wird von 1000–0300 Uhr; bei sehr guten Nordamerikabedingungen auch auf Mittelwelle ist die Station in der zweiten Nachthälfte u.U. hörbar.
o 5035 kHz:	AUT		Schulungssender des Österreichischen Bundesheeres; Sendezeiten und Empfangsmöglichkeiten siehe 3375 kHz.
o + 5057 kHz:	ALB		Radio Tirana, Sender Gjirokaster; mit Inlandsdienst in Albanisch zwischen 0400 und 2200 Uhr morgens und abends gut zu hören.
+ 5875 kHz:	G		BBC London; die Frequenz wurde erstmalig im Winter 1988/89 abends fürs Deutschprogramm eingesetzt.

Adressen:

ALB	Radio Tirana, Rue Ismail Quemal, Tirana.
AUT	Schulungssender des Österreichischen Bundesheeres, Postfach 289, A-1011 Wien.
D	Deutsche Welle, Postfach 10 04 44, 5000 Köln 1.
	Radio Free Europe / Radio Liberty, Öttingenstr. 67, D-8000 München 22.
	Voice of America; US Information Agency, Washigton D.C. 20547, USA.
F	Radio France Internationale, 116 ave. du Président Kennedy, F-75786 Paris Cédéx 16.
G	BBC London, External Services, Bush House, London WC2B 4PH.
GRL	Kalaallt Nunaata Radioa, P.O.Box 1007, DK-3900 Godthab, Dänemark/Grönland.
I	RAI Roma, C.P. 320, I-00100 Roma.
SUI	Schweizer Radio International, CH-3000 Bern 15.
	Radio Beijing, External Services, Beijing, VR China.

Frequenzliste hörbarer Tropenbandsender

Die nachfolgende Frequenzliste stellt sämtliche hörbaren Tropenbandsender in Frequenzreihenfolge zusammen. Nähere Informationen, etwa über die Sendezeiten einzelner Stationen, finden Sie in den einzelnen Ländervorstellungen innerhalb des Buches.

Nach der Frequenzangabe folgt in Spalte S die Angabe der Hörbarkeit der einzelnen Station in Mitteleuropa. Dabei bedeuten:

i	inaktiv, Sender z.Zt. nicht in Betrieb
--	nur bei sehr guten Bedingungen hörbar
-	schwache / sehr schwache Hörbarkeit auch bei guten Bedingungen
o	mittlere Hörbarkeit, nicht nur bei guten Bedingungen
+	gute, regelmäßige Hörbarkeit.

Wir verzichten auch in dieser Publikation auf Kilowatt-Angaben der auf den einzelnen Frequenzen benutzten Sender. Oft handelt es sich bei diesen Angaben um maximal erreichbare Sendeleistungen, die im Regelfall aus unterschiedlichen Gründen nicht erreicht werden. Manche „offiziellen" Leistungsangaben etwa lateinamerikanischer Stationen sind mit Vorsicht zu genießen und dienen in vielen Fällen in erster Linie zu Werbezwecken. Bei Senderleistungen, die meist zwischen einem und einhundert Kilowatt liegen, ist eine freie Frequenz für den Empfang der meisten Stationen wichtiger als die jeweils benutzte Leistung.

In der Frequenzliste finden Sie genügend Platz, sich selbst Eintragungen und Ergänzungen zu den genannten Stationen zu machen. Oft tauchen neue Sender auf den Tropenbändern auf, manchmal verstummen alte, früher häufig zu empfangende Sender – wir bilden hier in der Frequenzliste einen Ist-Zustand zum Zeitpunkt der Drucklegung des Buches ab – ob die Liste auch Jahre nach dem Erscheinungstermin aktuell bleibt, hängt von Ihren Einträgen ab.

Nicht veröffentlicht haben wir die öfters hörbaren „harmonischen" Nebenausstrahlungen europäischer Mittelwellensender. Diese treten oft nur kurzfristig auf, und wären somit schnell veraltet. Man sollte sich bei Benutzung der Liste aber vor Augen halten, daß solche unerwartet zu empfangenden Signale durchaus auftreten können. Somit sollte eine Station nicht ausschließlich nach dieser Liste „identifiziert" werden – es ist in jedem Fall sicherer, sich auf Stationsansagen zu verlassen.

Freq. (kHz)	S	ITU-Land	Sender, ggf. Hinweise und Bemerkungen
2300	-o	KRE	Hyesan
2307	-	INS	RRI Jakarta
2310	-	CHN	PBS Yunnan 3
	--	AUS	ABC/CAAMA Alice Springs
2325	--	AUS	ABC/CAAMA Tennant Creek
2340	-o	CHN	PBS Fujian 1
2350	-	KRE	Sariwon
	--	INS	RRI Yogjakarta
2360	--	GTM	R. Maya de Barillas
2377	--	INS	RRI Surabaya
2380	-	B	R. Educadora Limeira
	--	FLK	FIBS Port Stanley
2390	--	INS	RRI Cirebon
	i	GTM	La Voz de Atitlán
2400	-	KRE	Hamhung
2410	-	B	R. Transamazonica
	--	PNG	R. Enga
2415	-	CHN	PBS Zhejiang
2420	-	B	R. Sao Carlos
2432	-	INS	RRI Banda Aceh
2435	--	PNG	R. West New Britain
2445	--	CHN	PBS Jiangxi
2450	--	PNG	R. Western Highlands
2456	--	INS	RRI Dili
2460	-o	CHN	PBS Yunnan 1
2463	-	MDG	R. Madagasikara (Drift von 2495)
2465	--	PNG	R. Manus
2472	--	INS	RRI Purwokerto
2475	-	CHN	PBS Zhejiang 1
2485	-	AUS	ABC/CAAMA Katherine
2490	-o	CHN	VoStrait 1 Fuijan
	-	B	R. Oito de Setembro
	--	INS	RRI Ujung Pandang
	--	PNG	R. Simbu
2495	-	MDG	R. Madagasikara (alternativ 5010 kHz)
2560	-o	CHN	PBS Xinjiang (Uighurisch)
2643	-	MDG	R. Madagasikara (alt. zu 2495)
2850	o	KRE	KCBS Pyongyang
3078	--	IW	Voice of Peace (2x1539)
3200	-	SWZ	TWR Swaziland (alt. 3205)

Freq. (kHz)	S	ITU-Land	Sender, ggf. Hinweise und Bemerkungen
3200	-	CHN	VoStrait 2 Fujian
3205	-o	IND	AIR Lucknow
	--	PNG	R. West Sepik
	-	INS	RRI Bandung
	-	B	R. Ribeirao Preto
3210	-o	MOC	R. Mocambique
3215	-o	AFS	Radio Oranje
	-	INS	RRI Manado
3220	-o	CHN	CPBS 1 Beijing
	-	EQA	HCJB Quito
	--	PNG	R. Morobe
3221	-	KRE	Wonsan
3222	-o	TGO	R. Kara
3223	-	IND	AIR Simla
	--	INS	RRI Mataram
3225	-	VEN	R. Occidente
	-	INS	RRI Tanjung Pinang
	i	B	Lins Radio Clube
3230	-o	LBR	ELWA Monrovia
	-o	AFS	R. RSA
	-o	NPL	R. Nepal (Winterfrequenz, im Sommer 7165 kHz)
	-	PRU	R. El Sol de los Andes
3232	-	INS	RRI Bukittinggi
	-	MDG	R. Madagasikara
3235	o	IND	AIR Guwahati
	--	B	R. Clube de Marilia
3240	-o	SWZ	TWR Manzini
	-	EQA	R. Antena Libre
	i	PRU	R. America (inaktiv)
3241	-	INS	RRI Ambon
3245	-	B	R. Clube Varginha
	--	PNG	R. Gulf
3250	-	INS	RRI Banjarmasin
	-	KRE	PBS / Radio Pyongyang
3251	-	HND	R. Luz y Vida
3255	-	LBR	LBS Monrovia
	-	LSO	BBC Lesotho
	-	B	R. Educadora Cariri
	-	VEN	LV de El Tigre / R. 980
	-	EQA	LV del Trifuno

Freq. (kHz)	S	ITU-Land	Sender, ggf. Hinweise und Bemerkungen
3255	--	IND	AIR Shillong (angebl. Tests)
3260	-	NGR	ORTN Niamey
	-	EQA	LV del Rio Carrizal
	-	CHN	PBS Guizhou
	--	PNG	R. Madang
	--	PRU	LV de Oxapampa
3265	-	INS	RRI Bengkulu
3266	--	INS	RRI Gorontalo
3267	--	J	NHK Fukuoka
3268	-	IND	AIR Kohima
3269	-	EQA	R. Ecos del Oriente
3270	-o	NMB	SWABC Windhuk
	-	CHN	R. Beijing
3275	i	SWZ	TWR Manzini (derzeit nicht benutzt)
	-	VEN	R. Mara
	--	PNG	R. Southern Highlands
3277	-	IND	R. Kashmir
	-	INS	RRI Jakarta
	--	J	NHK Osaka
3280	-	MOZ	R. Mocambique Beira
	--	EQA	LV del Napo
	-	CHN	Vo Pujiang
	-	PRU	Estacion Huari
3285	i	HNB	R. Belize (wird reaktiviert)
3286	--	INS	RRI Madiun
	-	EQA	LV del Rio Tarqui
3287	-o	MDG	R. Madagasikara
3290	-o	NMB	SWABC Windhuk
	-	ZMB	ZBS Lusaka (unregelmäßig)
	-	CHN	CPBS 2 Beijing
	--	PRU	R. Tayabamba
	--	PNG	R. Central
3295	-o	IND	AIR Delhi
3300	-	BDI	RTV Nationale Bujumbura
	-o	GTM	TGNA R. Cultural
	-	CHN	VoStrait 1
3305	-	IND	AIR Ranchi
	--	PNG	R. Western
3306	i	ZWE	ZBC Gwelo (alternativ: 4828 kHz)
	--	INS	RRI Dili

Freq. (kHz)	S	ITU-Land	Sender, ggf. Hinweise und Bemerkungen
3310	-	BOL	R. San Miguel Riberalta (alt. 3320)
	-	CHN	PBS Jilin
3315	-	IND	AIR Bhopal
3320	-	AFS	SABC R. South Africa / R. Orion
	-o	KRE	Pyongyang BC Station
	-	PNG	R. North Solomons
3322	--	EQA	Rdif. Sangay
3325	-o	B	R. Liberal Belem
	-	GTM	R. Maya de Barillas
	i	EQA	Ondas Quevedenas
	--	INS	RRI Palangkaraya
3326	-	NIG	FRCN Lagos
3330	-o	RRW	R. Ruanda
	-o	PRU	Ondas del Huallaga
3331	-	COM	R. Comoro
3335	-	TAI	BCC Taipei
	-	PNG	R. East Sepik
	i	B	R. Alvorada, Londrina (inaktiv)
3339	i	TNZ	R. Tanzania, Sansibar (unregelmäßig)
3340	-	MOZ	R. Mozambique (E 1800 Uhr)
	-	PRU	R. Altura
3345	--	INS	RRI Pontianak
	--	INS	RRI Ternate
	i	AGL	ER do Huambo (inaktiv)
	--	PNG	R. Northern
	--	IND	AIR R. Kashmir
3346	-	ZMB	R. Zambia (unregelmäßig)
3350	-	KRE	KCBS Pyongsong
	i	GHA	GBC Accra (nur unregelmäßig eingesetzt)
3355	o	IND	AIR Kurseong
	-	AGL	R. Nacional Luanda
	--	NCL	RFO Noumea
3356	-	BOT	R. Botswana
3360	-	GTM	LV de Nahuala
	i	EQA	R. Federacion Sucua
3365	o	IND	AIR Delhi
	-	B	R. Cultura Araraquara
	-	INS	RRI Padang
		PNG	R. Milne Bay
3366	-	GHA	GBC Accra

Freq. (kHz)	S	ITU-Land	Sender, ggf. Hinweise und Bemerkungen
3370	--	MOZ	R. Mocambique
	--	BOL	R. Florida
3375	-	IND	AIR Guwahati
	-o	B	R, Nacional Sao Gabriel
	-o	B	R. Ecuatorial, Macapa
	--	B	R. Educadora Guaja Mirim
	-	AGL	R. Nac. Angola
3376	--	INS	RRI Medan
3378	o	AUT	Schulungssender des österr. Bundesheeres
3380	-	MWI	MBC Blantyre
	-	C	Vo Communist Party of Iran
	-	GTM	R. Chortis
	--	BOL	R. Cumbre
	--	PNG	R. East New Britain
3381	-o	EQA	R. Iris
3385	-	INS	RRI Kupang
	-	B	R. Educadora Rural, Tefé
	--	MLA	RTM Sarawak
	i	GUF	RFO Cayenne (inaktiv, sehr selten)
3390	-	ZAI	R. Candip, Bunia
	--	BOL	R. Camargo
3395	-o	EQA	R. Zaracay
	-	INS	RRI Tanjung Karang
	-	PNG	Radio Eastern Highlands
3396	i	ZWE	ZBC Gwelo (alternativ 5012 kHz)
3400	o	ISL	Rikisutvarpid (abends, im Winter)
3401	-	B	R.Dif. 6 de Agosto (var. bis 3440 kHz)
3450	--	PRU	R. Oyon
3465	--	PRU	R. Reina de la Selva
3475	-	C	R. Venceremos
3475	-	BOL	R. Padilla Vega
3480	-	C	Vo National Salvation (Kor.)
3535	-	CHN	VoStrait 1 Fuzhou
3543	-	C	Vo Mojahed
3569	--	B	R Très de Julho
3611	--	J	NHK Tokyo
3665	--	PAK	R. Azad Kashmir
3754	-	C	R. Venceremos
3779	-o	IRN	IRIB Kalamabad
3800	-	INS	RRI Gorontalo

Freq. (kHz)	S	ITU-Land	Sender, ggf. Hinweise und Bemerkungen
3800	-	C	Vo Communist Party of Iran
3815	-	CHN	CPBS Beijing (Taiwan-Programm)
3880	-	C	Vo Iranian Revolution
3900	-	CHN	PBS Nei Menggu
3905	o	IND	AIR Delhi
	-o	INS	RRI Banda Aceh
	--	PNG	R. New Ireland
3912	-	C	Vo the People (Kor.)
3915	o	SNG	BBC Kranji
3920	o	KRE	KCBS Shinuiju
3925	o	IND	AIR Delhi
	-	J	NSB Tokyo/Sapporo
	i	PNG	NBC Port Moresby (inaktiv)
3927.5	-	AFS	Capial Radio Transkei
3930	-	KOR	KBS Suweon
3935	-	INS	RRI Semarang
	-	C	Vo Iranian Kurdistan
3940	-o	CHN	PBS Hubei
	-	C	Vo Broad Masses of Eritrea
		HKG	RTV Hongkong (nur beim South China Yacht Race)
3945	-	INS	RRI Denpasar
	-	VUT	R. Vanuatu
	--	J	NSB Tokyo
3950	-o	CHN	PBS Qinghai
3955	+	G	BBC London
	-	AFS	SABC R. South Africa / R. Orion
	--	PAK	RP Rawalpindi
3958	--	FLK	FIBS Falkland Islands (alt. zu 2380)
3960	o	D	R. Liberty
	-o	CHN	PBS Xinjiang
	-	CHN	R. Beijing
	-	MNG	R. Ulan Bator
	-	INS	RRI Palu
	-	KRE	Kanggye
3965	-o	URS	R. Afghanistan
	o	F	France Inter, Allouis
3970	o	D	RFE
	-o	CME	R. Buea
	i	CHN	PBS Nei Menggu
	i	AGL	Em.R. da Huila (inaktiv, sehr selten)

Freq. (kHz)	S	ITU-Land	Sender, ggf. Hinweise und Bemerkungen
3970	--	J	NHK Sapporo (Notsender)
3974	--	J	NHK Nagoya (Notsender)
3975	+	G	BBC London
	--	LBR	LRCN Monrovia
3976	-	INS	RRI Surabaya
3980	+	D	VoA München
	-	KRE	KCBS Chongjin
	-	PAK	RP Islamabad
3985	+	SUI	SRI Bern (auch Relais Radio Beijing)
	--	C	R. Echo of Hope (Kor.)
3986	--	INS	RRI Manokwari
3990	o	D	R. Free Europe
	-	LBR	VoA Monrovia
	-	CHN	PBS Xinjiang
	-	CHN	Vo Pujiang
3995	+	D	DW Jülich
	o	I	RAI Rom
	--	INS	RRI Pontianak
	--	URS	R. Moskau via Kyzyl / Khaborowsk
3999	-o	VTN	Vo Vietnam, Hanoi
	--	GRL	Groenlands Radio
4000	i	CME	R. Bafoussam (inaktiv, sonst nicht selten)
	-	INS	RRI Kendari
4002	-o	INS	RRI Padang
4010	-o	URS	R. Frunze
	-	PRU	R. Frequencia Popular
4020	--	CHN	R. Beijing
4025	--	URS	R. Moskau Vladivostok
4030	-	URS	R. Moskau Anadyr
	-	C	Vo Iraqi People
4035	-	CHN	PBS Xizang/Tibet
4039	--	PRU	R. Marginal
4040	-	URS	R. Yerewan
	--	URS	R. Moskau Vladivostok
4045	o+	URS	Radio Moskau (Winter)
4050	-o	URS	R. Frunze
4055	+	URS	RM3 Chita
4060	+	URS	R. Moskau (Winter)
4080	o	MNG	R. Ulan Bator
4087	--	INS	RKPDT2 Blitar

Freq. (kHz)	S	ITU-Land	Sender, ggf. Hinweise und Bemerkungen
4090	-o	TAI	WYFR via VoFC
4095	-	C	Vo Iranian Kurdistan
4100	-	CHN	PBS Tianjin
4118	-	B	R.Dif. Sena Madueira
4120	-	KRE	VoNational Salvation
4130	-	CHN	R. Beijing
	-	C	Vo Democratic Kampuchea
4145	-o	C	Vo the Worker / Vo the Feda'i
4160	-	C	Echo of the Masses
4190	-	CHN	CPBS Beijing Minoritäten-Dienst
4200	-	CHN	R. Beijing
	-	C	Vo Iranian Kurdistan
4220	-o	CHN	PBS Xinjiang (Mongolisch)
4238	-	PRU	R. Inca, Bagnos del Inca
4250	-o	CHN	CPBS 2 Beijing
4260	-	C	Vo Mojahed
4300	-	PRU	R. Moderna
4301	-	PRU	R. Grau
4320	-o	C	Al-Quds-Radio
4330	o	CHN	PBS Xinijang (Kasachisch)
	-	CHN	VoStrait 2 Fuzhou
4395	--	URS	RM 2/3 Yakutsk
4430	-o	C	Vo Communist Party of Iran
4422	-	BOL	R. Reyes
4440	-o	LAO	LNR Vientiane (variabel = 4445)
	i	BOL	R. Santa Rosa (inaktiv)
4450	i	URS	R. Afghanistan (wechselte auf 4760 kHz)
	-	C	Vo National Salvation
4460	-	CHN	CPBS 1 Beijing
4462	-	PRU	R. Norandina
4472	-	BOL	R. Movima
4485	-o	URS	RM Ufa
	-	PRU	LV de Celendín
		URS	RM Petropavlovsk
4495	--	PRU	R. Contumaza
4500	o	CHN	PBS Xinjiang
4520	-	URS	RM Khanty-Mansiysk
4525	i	CHN	PBS Nei Menggu
4527	--	BOL	R. Nuevo Horizonte
4535	-	LAO	LNR Udom Sai

Freq. (kHz)	S	ITU-Land	Sender, ggf. Hinweise und Bemerkungen
4540	-o	C	Vo Iranian Revolution
	-	BOL	R. Galaxia
4557	-	C	Vo National Salvation
4588	-o	ARG	R. Rivadavia
4606	-	PRU	R. Ayaviri
4610	o	URS	R. Alma Ata 1
	-	URS	RM Khaborovsk
4620	-	CHN	R. Beijing
4630	-	C	Vo Iranian Kurdistan
4635	o+	URS	R. Dushanbe
4649	-o	BOL	R. Santa Ana
4660	-	LAO	LNR Houa Phan
4666	-	C	R. SPLA (anti-Sudan)
4680	o	EQA	R. Nac. Espejo
4681	-	BOL	R. Paititi
	--	VTN	R. Bin Tri Thienh
4699	-	INS	RKIP Surabaya
	-	VTN	R. Gia Lai-Kon Tum
4700	i	GUI	R. Conacry (nominell 4900, Drift... – inaktiv)
	-	PRU	R. Waira
4705	--	PRU	R. Imperio
4719	-	INS	RRI Ujung Pandang (später Abend)
	-	BOL	R. Abaroa
4725	-o	BRM	BBC Rangoon
4731	-	BOL	R. Riberalta (sehr variable Frequenz)
4732	-	PRU	R. San Juan de Caraz
4735	o+	CHN	PBS Xinjiang (Uighurisch)
4740	o+	URS	R. Afghanistan
	i	BOL	R. Mamore (inaktiv)
4747	-o	BOL	R. C.V.U., La Voz del Trópico
4750	-o	CHN	PBS Xizang
	-o	CME	R. Bertoua
	i	YEM	R. San'a (Tests Ende 1988)
	i	ZAI	R. Lubumbashi (wohl inaktiv)
	-	CHN	PBS Nei Menggu
	-	IND	AIR Port Blair (Tests 1988/89)
	-o	MNG	R. Ulan Bator
4753	-o	INS	RRI Ujung Pandang (nachmittags)
4755	-o	B	R. Dif. do Maranhao
	-o	CLM	CARACOL Bogotá

Freq. (kHz)	S	ITU-Land	Sender, ggf. Hinweise und Bemerkungen
4755	-	HND	HRRI Sani Radio
	-	B	R. Educacao Rural Campo Grande
	-	PRU	R. Huanta 2000
4760	o	URS	R. Afghanistan Relais (im Winter Auslandsdienst, sonst Inlandsdienst (ex 4450, auch 4940)
	-o	LBR	ELWA Monrovia
	-o	SWZ	TWR Swaziland
	-	CHN	PBS Yunnan
	-	EQA	Emisoras Atalaya
4764	i	INS	RRI Medan (inaktiv)
4765	o	CUB	R. Moskau Relais (frühmorgens)
	o	B	R. Nac. Cruzeiro do Sul
	-o	B	R. Rural, Santarem
4770	o	NIG	FRCN Kaduna
	-o	VEN	R. Mundial Bolivar
	i	AGL	Em.R. do Lunda Norte (inaktiv, sonst sehr selten)
4771	-	KRE	R. Pyongyang
4773	--	VTN	R. Son La
4774	o	INS	RRI Jakarta
4775	i	SWZ	TWR Manzini (seit längerem nicht benutzt)
	-o	AFG	R. Afghanistan
	-o	C	R. Iran Toilers
	-	B	A Voz do Oeste
	-	B	R. Congonhas
	-	BOL	R. Los Andes
	-	PRU	R. Tarma
	--	IND	AIR Guwahati
4777	-	GAB	RTG Libreville
4779	-	PAK	RP Islamabad
4780	-o	VEN	La Voz de Carabobo
	-	DJI	R. Djibouti
	i	CLM	R. Super (inaktiv)
	--	AGL	Em.R. do Kuando-Kubango
4783	-o	MLI	R. Bamako
4785	o	URS	R. Baku
	-	CHN	PBS Zheijiang
	-	TNZ	R. Tanzania
	i	CLM	Ecos del Combeima
	i	B	R. Ribamar
	--	B	R. Caiarí

Freq. (kHz)	S	ITU-Land	Sender, ggf. Hinweise und Bemerkungen
4785	--	BOL	R. Cooperativa Satipo
4790	o	PAK	Azad Kashmir Radio
	o	PRU	R. Atlantida
	i	SWZ	TWR Manzini (Frequenz wird bei Bedarf eingesetzt
	--	INS	RRI Fak-Fak
4795	+	URS	R. Moskau (Auslandsdienst – Winter)
	-o	CME	R. Douala
	-o	BOL	R. Nueva America
	-	URS	RM Ulan Ude
	-	B	Rd. Aquidauania
	-	EQA	LV de los Caras
	--	IND	AIR Shillong
4796	--	VTN	R. Nghia Binh
4800	o	CHN	CPBS 2 Beijing
	o	LSO	LNBS Maseru
	o	IND	AIR Hyderabad
	-o	EQA	R. Popular
	-o	GTM	R. Buenas Nuevas
	--	URS	R. Yakutsk
4803	-	INS	RRI Surakarta
4805	o	B	R. Difusora do Amazonas
	-	B	R. Itatiaia
4806,5	i	STP	R. Nac. Sao Tome (inaktiv)
4807	--	PRU	R. Onda Azul
4810	-o	URS	R. Yerevan
	-	PRU	R. San Martin
	i	VEN	R. Popular Maracaibo (inaktiv)
	-	EQA	La Voz de Galapagos
	--	BOL	R. Libertad (unregelmäßig)
4815	-o	CHN	R. Beijing
	-o	CLM	R. Guatapuri
	-o	BFO	NR of Burkina Ouagadougou
	-o	B	R. Nac. Tabatinga
	-	B	R. Difusora Londrina
	i	PAK	RP Karachi
4820	o	BOT	R. Botswana
	o	URS	R. Moskau Khanty-Mansiysk
	-o	HND	La Voz Evangelica
	-o	IND	AIR Calcutta
	-	AGL	ER da Huila, Lubango

Freq. (kHz)	S	ITU-Land	Sender, ggf. Hinweise und Bemerkungen
4820	-	EQA	R. Paz y Bien
4821	-	VTN	R. Ha Tuyen
4822	--	PRU	R. Atahualpa
4825	+	URS	R. Aschkhabad
	-	GTM	R. Mam
	-	PRU	La Voz de la Selva
	-	B	R. Ed. Braganca
	-	B	R. Cancao Nova
	--	URS	R. Yakutsk
4828	-	BOL	Radio Grigota
	-	ZWE	ZBC Gwelo 2 (alternativ zu 3306 kHz)
	-	THA	R. Thailand (nominell 4830)
4830	o+	GAB	Afrique No.1
	o+	VEN	R. Tachira
	i	CHN	PBS Liaoning (inaktiv)
4832	o	CTR	R. Reloj (anscheinend inaktiv)
	-	MNG	R. Ulan Bator
4835	o+	MLI	Radiodif. du Mali
	-o	GTM	R. Tezulutlan
	-	AUS	ABC / CAAMA Alice Springs
	-	MLA	R. Malaysia Sarawak
	-	PRU	R. Maranón
4838	i	B	R. Atalaya
4840	-o	CHN	PBS Heilongjiang
	-	CHN	VoStrait 1 Fujian
	-	IND	AIR Bombay
	-	VEN	R. Valera
	-	PRU	R. Andahuaylas
	-	EQA	R. Interoceania
4843	-	COG	RTVC PointeNoire (inaktiv)
4845	o	B	R. Nacional Manaus
	o+	MTN	R. Nouakchott
	-o	MLA	R. Malaysia Kuala Lumpur
	-	BOL	R. Fides
	-	CLM	R. Bucaramaranga (nur selten aktiv)
	-	GTM	R. Kek'chi
	-	B	R. Meteorologica Paulista
	--	INS	RRI Ambon
4846	-	ZAI	R. Bukavu
4850	o	URS	R. Tashkent

Freq. (kHz)	S	ITU-Land	Sender, ggf. Hinweise und Bemerkungen
4850	-o	CME	R. Yaounde
	-o	VEN	R. Capital
	-o	MNG	R. Ulan Bator
	-	DOM	R. Clarín
	-	CHN	CPBS Beijing (Taiwan-Dienst 2)
	i	CTR	R. Columbia (inaktiv)
4851	-	EQA	R. Luz y Vida
4853	i	YEM	R. Sana
4855	i	CLM	R. Neiva (inaktiv)
	-	MOZ	R. Mocambique
	-	B	R. Por um Mundo Melhor
	-	B	R. Emissora Aruana
	-	BOL	R. Centenario
	-	MAU	MBC Forest Side (inaktiv)
4856	-	INS	RRI Palembang
4860	+	URS	R. Moskau Kalinin
	-o	IND	AIR Dehli
	-	PRU	R. Naymlap
	i	PRU	R. Chinchaycocha (inaktiv)
	i	AGL	ER da Lunda-Sul (inaktiv)
	--	URS	RM Chita
4865	+	CHN	PBS Gansu
	o	CLM	LV de Cinaruco
	-	B	R. Soc. Feira de Santana
	-	B	R. Verdes Florestas
	-	BOL	R. 16 de Marzo
	--	MNG	R. Ulan Bator Sainshand
4868	-	MOZ	R. Mocambique
4870	o	BEN	ORTB Cotonou
	-	CLN	SLBC Colombo
	-	EQA	R. Rio Amazonas
	--	INS	RRI Wamena
	--	MNG	R. Ulan Bator Ulaangom
4875	o	URS	R. Tbilisi 2
	-o	B	R. Nacional Boa Vista
	-o	B	R. Jornal do Brasil
	-	CHN	PBS Jinling
	-	INS	RRI Sorong
	-	BOL	La Cruz del Sur
4879	-o	PAK	RP Quetta

Freq. (kHz)	S	ITU-Land	Sender, ggf. Hinweise und Bemerkungen
4879	-o	BGD	R. Bangla Desh
4880	o	AFS	SABC R. Five
	-o	B	R. Dif. Acreana
4881	--	PRU	R. Nuevo Mundo
4883	o	CHN	R. Beijing
4885	-o	KEN	Voice of Kenya
	-o	B	R. Clube do Para
	-	CLM	Ondas del Meta (unregelmäßig)
	-	PRU	R. Huancavelica
	-	AGL	ER do Zaire
4886	-	BOL	R. Sararenda
4887	--	VTN	R. Than Hoa
4890	o	GAB	RFI Moyabi (morgens)
	-o	SEN	R. Senegal Dakar
	-o	C	Vo Iranian Kurdistan
	i	BGD	R. Bangla Desh (inaktiv, alternativ zu 4879)
	--	PNG	NBC Port Moresby
	-	EQA	R. Centinela del Sur
4891	-	PRU	Difusora Radio Huanta
4895	+	URS	R. Moskau Auslandsdienst (Winter)
	-o	URS	R. Tyumen
	-o	B	R. Baré
	-	PRU	R. Chanchamayo
	-	MNG	R. Ulan Bator (alternativ 4900 kHz)
	-	IND	AIR Kurseong
	-	CLM	LV del Rio Arauca
	--	MLA	RTM Sarawak
4900	-	INS	RRI Surakarta (alt. 4803)
	--	BOL	R. San Ignacio
	--	EQA	LV de Saquisilí
4902	-	CLN	SLBC Colombo
4903	-	INS	RRI Gorontalo
4904	o	TCD	RNT Ndjamena
4905	-o	B	R. Relogio
	-o	CHN	CPBS 1 Beijing
	-o	B	R. Araguaia
4909	-	CBG	Vo People of Kampuchea (var. 4907–4910)
4910	-o	ZMB	ZBS Lusaka (alt. 3290)
	-o	INS	RRI Bukittinggi
	-	PRU	R. Tawantinsuyo

Freq. (kHz)	S	ITU-Land	Sender, ggf. Hinweise und Bemerkungen
4910	-	HND	LV de la Mosquitía
	--	AUS	ABC / CAAMA Tennat Creek
4911	i	EQA	Em. Gran Colombia (inaktiv)
4915	o	B	R. N de Mapaca
	o	B	R. Anhanguera
	-o	KEN	VoK Nairobi
	-o	GHA	GBC Accra
	-	CLM	R. Armonias del Caqueta
	-o	CHN	PBS Guangxi
4920	-o	EQA	R. Quito
	-o	IND	AIR Madras
	-	AUS	ABC Brisbane
	-	URS	RM Yakutsk
4922	-	PRU	R. Ondas del Titicaca
4923	o	ISL	Rikisutvarpid (abends, Winter)
4925	o	GNE	R. Nacional
	-	CHN	PBS Heilongjiang
	-	B	R. Dif. Taubate
	i	B	R. Dragao do Mar (inaktiv)
4927	-o	INS	RRI Jambi
4930	o	URS	RM Ashkhabad
	-	CHN	PBS Yunnan
	--	HTI	R. 4VEH
4932	-o	NIG	FRCN Lagos
	-	INS	RRI Surakarta (alt. 4803 / 4900)
	--	CHN	PBS Sichuan
4934	-o	KEN	VoK Nairobi
4935	-	B	R. Capixaba
	-	B	R. Dif. Jatai
	-	PRU	R. Tropical
4936	-o	BOL	R. Cordech
4940	+	URS	R. Kiew
	-	CHN	PBS Qinghai
	-	CTI	RTV Ivoirienne
	-	VEN	R. Continental, Barinas
	-	CLN	SLBC Ekala
	-	URS	R. Afghanistan Relais; im Januar 1989, ex 4760
	--	URS	RM Yakutsk
	--		WSZO Majuro, Marshall-Inseln (inaktiv)
4945	o	CLM	R. Caracol Neiva („Radio Reloj")

Freq. (kHz)	S	ITU-Land	Sender, ggf. Hinweise und Bemerkungen
4945	-o	B	RN Porto Velho
	-	BOL	R. Illimani
4946	i	MOZ	R. Mozambique Nampula (inaktiv, sehr selten)
4950	o	PRU	R. Madre de Dios
	-	MLA	R. Malaysia Sarawak
	-	CHN	Vo Pujiang
	-	PAK	RP Peshawar
	-	GNE	R. Africa 2000
	-	C	A Voz da Verdade (UNITA – Station gg. Angola)
4952	o	AGL	RN Angola
4955	o	B	R. Marajoara
	-o	INS	RRI Banda Aceh (alt 3905)
	-	B	R. Clube Rondonópolis
	i	B	R. Cultura da Campos
	-	PRU	R. Cultural Amauta
4958	o	URS	R. Baku
	-	MDG	R. Madagasikara
4960	-o	CHN	R. Beijing
	i	VEN	R. Sucre (inaktiv)
	i	EQA	R. Federacion (inaktiv)
	-	PRU	R. La Merced
4965	-o	B	R. Poti
	-	BOL	R. Juan XXIII
	-	B	R. Alvorada
	-	ZMB	ZBS Lusaka (nur unregelmäßig)
4966	-	PRU	R. San Miguel, Cuzco
4970	o	CHN	PBS Xinjiang
	-o	VEN	R. Rumbos
	i	AGL	ER da Cabinda (inaktiv, sonst häufiger)
	--	MLA	R. Malaysia Sabah
	--	PRU	R. Imagen
4971	-o	EQA	Rdif. Tarqui
4973	-	C	A Voz da Resistencia da Galo Negro
4975	o	URS	R. Dushanbe
	-o	B	R. Timbira do Maranhao
	-	B	R. Tupi
	-	CHN	Fujian PBS
	-	CLM	Ondas del Orteguaza
	-	BOL	R. Maria Auxiliadora, Montero
4976	-	UGA	R. Uganda

Freq. (kHz)	S	ITU-Land	Sender, ggf. Hinweise und Bemerkungen
4976	-	PRU	R. Del Pacifico
4978	--	PRU	R. La Hora
4980	o +	VEN	Ecos del Torbes
	o	CHN	PBS Xinjiang
	-	PAK	Azad Kashmir Radio
	-	SWZ	Swazi Commercial Radio (früher Abend)
4985	-o	B	R. Brasil Central
4990	o	URS	R. Yerevan
	o	NIG	FRCN Lagos
	o	AFS	R. RSA (früher Morgen)
	o	IRN	IRIB Teheran (Auslandsdienst – unregelmäßig)
	-	IND	AIR Delhi (nachts Auslandsdienst)
	-	EQA	R. Bahai
	-	CHN	PBS Hunan
	-	PRU	R. Ancash
	-	LAO	LNR Xieng Khouang
4991	-	BOL	R. Animas
4995	-	MNG	R. Ulan Bator
4996	-	PRU	R. Andina
5004	-o	GNE	R. Nacional Batá
	i	MOZ	R. Mozambique Pemba (inaktiv; sehr selten)
5005	-o	NPL	R. Nepal
	-o	MLA	R. Malaysia Sarawak
	--	BOL	R. Cristal
5006	-	SUR	R. Apintie
5010	o	CME	R. Garoua
	-o	SNG	Singapore BC
	-	CHN	PBS Guangxi 2
	i	PAK	RP Islamabad
	i	PRU	R. Eco
5011	-	MDG	R. Madagasikara (unregelmäßig)
5012	-	ZWE	ZBC Gwelo 1 (alternativ 3396 kHz)
5015	o	URS	RM Arkhangelsk /Aschkhabad
	-	B	R. Cultura Cuiabá
	-	B	R. Pioneira de Teresina
	i	B	R. Copacabana
	-	EQA	Esc. Radiofonicas Populares
	-	C	R. Truth (gegen Zimbabwe)
	-	PRU	R. Moyobamba
	-	PRU	Estación Tarapoto

Freq. (kHz)	S	ITU-Land	Sender, ggf. Hinweise und Bemerkungen
5015	--	URS	R. Vladivostok
5020	-	NGR	ORTN Niamey
	-	CHN	PBS Jiangxi
	-	CLN	SLBC Colombo
	--	SLM	SIBC Honiara
5022	o	VEN	R. Nacional Venezuela
5025	-o	CUB	R. Rebelde
	-	BEN	ORTB Parakou (nur sporadisch aktiv)
	-	AUS	ABC / CAAMA Katherine
	-	PRU	R. Quillabamba
	i	B	R. Borborema (inaktiv)
	i	B	R. Morimoto (auch inaktiv)
5026	-	B	R. Jornal Transamazonica
5027	o	UGA	R. Uganda
	--	AGL	Em.R. do Huambo (nominell 5060 kHz)
5030	o +	CTR	R. Impacto
	-o	CHN	CPBS 2 Beijing
	-	MLA	R. Malaysia Sarawak
	-	PRU	R. Los Andes
5035	o +	URS	R. Alma Ata
	o	AUT	OEY21 Schulungssender
	-o	CAF	R. Bangui
	-o	B	R. Aparecida
	-	URS	RM3 Unk
5039	i	SDN	R. Omdurman (inaktiv)
5040	o	URS	R. Tbilisi
	-o	EQA	LV del Upano
	-	CHN	PBS Fujian
	-	CLM	R. Caracol Cinco
	-	PRU	R. Libertad
	-	VEN	R. Maturin
	-	BRM	BBS Rangoon (Tests, Englischprogramm)
5043	-	AGL	ER de Benguela
5045	o	B	R. Cultura do Pará
	-	PAK	RP Islamabad
	-	B	Rd. Presidente Prudente
	-	PRU	R. Mundo, Cuzco
	-	INS	RRI Jayapura
5046	-o	INS	RRI Yogyakarta
5047	o	TGO	R. Lome

Freq. (kHz)	S	ITU-Land	Sender, ggf. Hinweise und Bemerkungen
5049	-	PRU	R. Rioja
5050	-o	TNZ	R. Tanzania
	-o	VEN	R. Mundial, Caracas
	-	CLM	LV de Yopal
	-	EQA	R. Jesus del Gran Poder
	-	CHN	PBS Guangxi
	-	IND	AIR Aizawl
	-	PRU	R. Municipal de Cangallo
5052	-o	SNG	Singapore BC
5055	o	URS	R. Moskau 3
	-o	CTR	Faro del Caribe
	-	EQA	R. Catolica Nacional
	-	SWZ	TWR Swaziland
	-	GUF	RFO Cayenne
	-	B	R. Continental, Rio
	--	B	R. Jornal „A Critica"
5057	o +	ALB	R. Tirana
5060	o	CHN	PBS Xinjiang
	-	EQA	R. Progreso de Loja (v. 5063)
	-	PRU	R. Amazonas
	--	BRM	BBS Taunggyi
5061	-	AGL	ER do Huambo (wurde gehört auf 5027 kHz)
5066	-	ZAI	R. Candip
5075	o	CHN	CPBS 2 Beijing
	i	CLM	R. Sutatenza (inaktiv)
5090	o	PAK	RP Islamabad
	-	CHN	CPBS, 2. Taiwan-Programm
5095	o	CLM	R. Sutatenza
5110	-	C	Vo People of Burma
5125	-o	CHN	CPBS, 1. Taiwan-Programm
5131	-o	PRU	R. Vision
5140	--	VTN	R. Phu Kanh
5145	-	CHN	R. Beijing
5163	-	CHN	CPBS 2 Beijing
5191	-	AGL	ER Moxico
5200	-	C	Vo National Army of Democratic Kampuchea
5240	-	CHN	VoS 2 Fuzhou
5250	o	CHN	R. Beijing
	-	C	Vo Democratic Kampuchea
5258	-	INS	RRI Sibolga

Freq. (kHz)	S	ITU-Land	Sender, ggf. Hinweise und Bemerkungen
5260	o	URS	R. Alma Ata
5272	-	PRU	R. Nor Oriental
5274	--	PRU	R. Comercial Cosmos
5275	-	TAI	WYFR via VoFC
5283	-	PRU	R. Onda Popular, Bambamarca
5286	-	TCD	R. Moundou
5290	o	URS	R. Krasnoyarsk
5295	-o	CHN	R. Beijing
5320	-o	CHN	CPBS 1 Beijing
5407	-	C	Vo National Army of Democratic Kampuchea
5420	-	CHN	CPBS Beijing
5440	o +	CHN	Xinjiang PBS
5451	-	BOL	R. Machupo
5500	-	INS	RRI Biak
5505	-o	BOL	R. Dos de Febrero
5510	-	C	Vo Iraqi Kurdistan
5539	-	PRU	R. Frequencia Modular
5568	-o	CLM	R. Nueva Vida
5581	-	BOL	R. San José
5617	-	VTN	R. Hoang Lien Son
5657	-	PRU	R. Bambamarca
5661	-	PRU	LV de Cutervo
5700	-	PRU	R. Frequencia San Ignacio
5720	-	PRU	R. San Miguel Arcangel
5780	-o	URS	TASS Moskau
5800	-	CHN	Xinjiang PBS
	-	PRU	R. Nuevo Cajamarca
5816	-	PRU	LV del Altiplano
5825	i	C	Vo Afghanistan
5850	-o	CHN	R. Beijing
5860	-o	CHN	CPBS 1 Beijing
5870	-	KRE	KCBS Pyongyang
5875	+	G	BBC London
	-o	ARS	BSKSA Riyadh (Feeder)
5880	-	CHN	CPBS 1 Beijing
5885	o +	ISR	Kol Israel (Winter)
	-	C	Echo of the Masses
5886	-	INS	RRI Pekanbaru
5889	-	C	R. Liberación (anti-NCG)
5894	-	INS	RRI Pekanbaru (alt. 5886)

Länderregister

Hörbare Stationen aus Afrika	39		Guinea-Bissau	56
Ostafrika	40		Kamerun	56
Dschibuti	40		Liberia	58
Kenia	40		Mali	58
Komoren	41		Mauretanien	59
Madagaskar	41		Niger	59
Tansania	42		Nigeria	59
Uganda	43		Sao Tomé & Principe	60
Untergrund	43		Sénégal	60
Südafrika	44		Togo	61
Angola	44		**Hörbare Stationen aus Lateinamerika**	68
Botswana	45		**Nördliches Südamerika**	68
Lesotho	45		Guayana (Franz.)	68
Malawi	46		Kolumbien	69
Mosambik	46		Surinam	71
Namibia	47		Venezuela	73
Sambia	47		Brasilien	76
Südafrika	47		**Westliches und südliches Südamerika**	85
Swasiland	48		Bolivien	85
Zimbabwe	49		Ekuador	90
Untergrund	50		Falkland-Inseln	94
Zentralafrika	51		Peru	94
Burundi	51		Uruguay	100
Ruanda	51		**Mittelamerika**	101
Sudan	51		Belize	101
Tschad	52		Costa Rica	101
Untergrund	52		Guatemala	102
Zaire	52		Haiti	104
Zentralafrikanische Republik	53		Honduras	105
Westafrika	54		Kuba	106
Äquatorial-Guinea	54		Untergrundsender	106
Benin	54			
Burkina Faso	55		**Hörbare Stationen aus Asien**	113
Elfenbeinküste	55		**Mittlerer Osten und Arabische**	
Gabun	55		**Halbinsel**	113
Ghana	56		Afghanistan	113
Guinea	56		Iran	114

Jemen (Arabische Republik)	115
Saudi Arabien	115
Untergrundstationen	116
Südasien	118
Bangladesh	118
Indien	118
Nepal	121
Pakistan	121
Sri Lanka	122
Südostasien	123
Burma	123
Indonesien	124
Kampuchea	133
Laos	133
Malaysia	134
Singapur	135
Thailand	135
Untergrund	136
Vietnam	136

Ostasien	138
China (Volksrepublik)	138
Hongkong	144
Japan	144
Korea (Nord)	146
Korea (Süd)	147
Mongolei	147
Taiwan	148
Untergrund	148
Hörbare Stationen aus dem Pazifik	152
Australien	152
Marshall-Inseln	154
Neukaledonien	154
Papua-Neuguinea	155
Salomonen	158
Vanuatu	158
Tropenband-Empf. aus der UdSSR	159
Tropenband-Empfang aus Europa und Nordamerika	164

ITU-Landeskenner

soweit sie für dieses Buch relevant sind.

AFG	Afghanistan		C	Clandestine (Untergrundsender)
AFS	Südafrika		CAF	Zentralafrikanische Republik
AGL	Angola		CAN	Kanada
ARS	Saudi Arabien		CBG	Kampuchea
AUS	Australien		CHN	China (Volksrepublik)
AUT	Österreich		CLM	Kolumbien
B	Brasilien		CLN	Sri Lanka
BDI	Burundi		CME	Kamerun
BEN	Benin		COG	Kongo
BFA	Burkina Faso		COM	Komoren
BGD	Bangladesh		CTI	Elfenbeinküste
BOL	Bolivien		CTR	Costa Rica
BOT	Botswana		CUB	Kuba
BRM	Burma			

189

D	Deutschland (BRD)	MOZ	Mosambik
DJI	Dschibuti	MTN	Mauretanien
EQA	Ekuador	MWI	Malawi
F	Frankreich	NCL	Neukaledonien
FLK	Falkland-Inseln	NGR	Niger
		NIG	Nigeria
G	Großbritannien	NMB	Namibia
GAB	Gabun	NPL	Nepal
GHA	Ghana	PAK	Pakistan
GNE	Äquatorial-Guinea	PNG	Papua-Neuguinea
GNP	Guinea-Bissau	PRU	Peru
GRL	Grönland		
GTM	Guatemala	RRW	Ruanda
GUF	Guayana (Franz.)		
GUI	Guinea	SDN	Sudan
		SEN	Sénégal
HKG	Hongkong	SLM	Salomonen
HNB	Belize	SNG	Singapur
HND	Honduras	STP	Sao Tomé & Principe
HTI	Haiti	SUI	Schweiz
		SUR	Surinam
I	Italien	SWZ	Swasiland
IND	Indien		
INS	Indonesien	TAI	Taiwan
IRN	Iran	TCD	Tschad
ISR	Israel	TGK	Tansania
IW	Internationale Gewässer	TGO	Togo
		THA	Thailand
J	Japan		
		UGA	Uganda
KEN	Kenia	URG	Uruguay
KOR	Korea (Süd)	URS	UdSSR
KRE	Korea (Nord)		
		VEN	Venezuela
LAO	Laos	VTN	Vietnam
LBR	Liberia	VUT	Vanuatu
LSO	Lesotho		
		YEM	Jemen (Arabische Republik)
MDG	Madagaskar		
MLA	Malaysia	ZAI	Zaire
MLI	Mali	ZMB	Sambia
MNG	Mongolei	ZWE	Zimbabwe

Leserservice

Der **Siebel Verlag** befaßt sich ganz speziell mit der Herausgabe und dem Vertrieb von Büchern zum Hobby Weltempfang/Kurzwellenhören. Unser Leserservice liefert alle interessanten Bücher per Post überall hin – egal, ob Sie in Wanne-Eickel, Wien oder Wellington wohnen. Ausführliche Informationen über sämtliche von uns angebotenen Bücher gibt der jeweils aktuelle Funk-Buch-Katalog, den wir auf Anfrage kostenlos und unverbindlich verschicken.

Nachfolgend stellen wir Ihnen einige Bücher vor, die im Zusammenhang mit dem vorliegenden Buch für Sie von Interesse sein könnten.

Sender & Frequenzen

Jahrbuch für weltweiten Rundfunk-Empfang

Dieses Standardwerk sollte neben keinem Empfänger fehlen – so urteilte die Fachzeitschrift „Radiowelt" über das Jahrbuch „Sender & Frequenzen". Es enthält alle wichtigen Informationen über sämtliche hörbaren Rundfunksender aus über 170 Ländern der Erde: Sendefrequenzen, Sendezeiten, Sendepläne, wertvolle Hinweise auf die besten Empfangschancen, Adressen und viele interessante Tips.

Weiterhin: Hörfahrpläne der deutsch-, englisch- und französischsprachigen Rundfunksendungen für Hörer in Europa sowie die komplette Frequenzliste der Rundfunksender auf Langwelle, Mittelwelle und Kurzwelle von 150 kHz bis 30 MHz. 464 Seiten, viele Abbildungen, Fotos und Tabellen. Preis: DM 39,80

Im Preis inbegriffen: Lieferung von drei Nachträgen (je 32 Seiten) mit allen up-to-date Informationen im Laufe des Jahres.

World Radio TV Handbook

Dieses englischsprachige Handbuch enthält auf 576 Seiten alle nur denkbaren Angaben über sämtliche Rundfunk- und Fernsehsender der Welt. Für wirkliche DX-Spezialisten ist das WRTH, ggf. als Ergänzung zum Jahrbuch „Sender & Frequenzen", sicherlich immer noch interessant. Wichtig ist es für alle, die außerhalb Europas wohnen oder Fernreisen unternehmen. Das WRTH erscheint jeweils im Februar mit der Ausgabe für das laufende Jahr. Preis: DM 49,80

DX-Vokabular

Wer bevorzugt kleinere Lokal- und Regionalsender empfängt, hat besondere Probleme beim Abfassen von Empfangsberichten. An solche Sender kann man nämlich nicht einfach einen standardisierten Empfangsbericht schicken. Man muß einen persönlichen Brief schreiben, in dem dann auch der eigentliche Empfangsbericht in Worte gefaßt wird. Außerdem ist es erforderlich, diesen Brief in der Landessprache abzufassen. So wird man an afrikanische Sender überwiegend in französischer Sprache schreiben. Sender in Lateinamerika werden in portugiesischer und spanischer Sprache angeschrieben.

Da nur wenige DXer über so umfangreiche Sprachkenntnisse verfügen, wurde dieses „DX-Vokabular" zusammengetragen. Mit Hilfe dieser Broschüre ist es jedem DXer problemlos möglich, Empfangsberichte und Briefe in allen wichtigen Sprachen zu verfassen – eine notwendige Voraussetzung, um die begehrten Empfangsbestätigungen von vielen kleinen Sendern zu bekommen. 72 Seiten. Preis: DM 9,80

Taschenatlas der Welt

Dieser kleine Weltatlas im Taschenbuchformat sollte eigentlich immer griffbereit neben dem Empfänger liegen. 180 Seiten, davon 131 farbige Kartenseiten. Alle Karten basieren auf dem millionenfach bewährten DIERCKE-Weltatlas. Preis: DM 12,80

Und so bestellen Sie ...

Postkarte genügt! Wir liefern innerhalb weniger Tage mit Rechnung. Auch ins Ausland.

Den aktuellen **Funk-Buch-Katalog** erhalten Sie auf Anfrage kostenlos. Bitte richten Sie Ihre Anfragen und Bestellungen an folgende Adresse:

Siebel Verlag GmbH – Leserservice
D-5309 Meckenheim, Bonhoeffer Weg 16, Telefon (0 22 25) 30 32